2013 年 3 月 8 日，出席全国政协十二届一次会议第三次全体会议，代表民进中央做《县区义务教育均衡发展是促进教育公平的当务之急》的发言

↑ 2013 年 12 月 18 日，在甘肃庆阳做讲座
↑ 2016 年 3 月 30 日，在河南新乡调研特殊教育

↑ 2018 年 12 月 22 日至 23 日，出席纪念改革开放 40 年教育改革发展研讨会
↑ 2019 年 5 月 19 日，在未来大学论坛上

↑ 2019 年 10 月 28 日，参加杭州下城区"集体主义教育"传承与发展论坛
↑ 2019 年 11 月 23 日，在第二届世界教育前沿论坛上发言

朱永新教育作品

九四龄童 南怀瑾

我的教育理想

——让生命幸福完整

朱永新·著

漓江出版社
·桂林·

图书在版编目（CIP）数据

我的教育理想：让生命幸福完整 / 朱永新著. --
桂林：漓江出版社，2023.5
ISBN 978-7-5407-9392-0

Ⅰ.①我…　Ⅱ.①朱…　Ⅲ.①教育工作　Ⅳ.①G4

中国国家版本馆 CIP 数据核字（2023）第 036930 号

我的教育理想——让生命幸福完整
朱永新　著

出 版 人　刘迪才
策划统筹　文龙玉
责任编辑　章勤璐
书籍设计　石绍康
营销编辑　俞方远
责任监印　黄菲菲

出版发行　漓江出版社有限公司
社址　广西桂林市南环路 22 号
邮编　541002
发行电话　010-85891290　0773-2582200
邮购热线　0773-2582200
网址　www.lijiangbooks.com
微信公众号　lijiangpress

印制　天津嘉恒印务有限公司
开本　710 mm×1000 mm　1/16
印张　19.5
字数　319 千字
版次　2023 年 5 月第 1 版
印次　2023 年 5 月第 1 次印刷
书号　ISBN 978-7-5407-9392-0
定价　72.80 元

总　序

　　朱永新教授的作品集出版在即，他要我写一篇序，大概是因为他看到我对教育也很关注，又不时地发表点看法的缘故吧，或者因为他和我都是马叙伦、周建人、叶圣陶、雷洁琼等民进前辈的后来人——我们是中国民主促进会的成员。不管他是怎么想的，我出于对他学术成就的敬佩，也出于对比我年轻些的学者的喜爱和对教育事业的兴趣，便答应了，尽管我不是这个领域的专家。不过这样也好，以一个时时关心业内情况的外行人眼光说说对这套作品集和作者的看法，或许能更冷静些，更客观些。

　　我曾经说过，中国的教育人人可得而道之。因为教育问题太复杂，中国的教育问题尤甚。且不说中国以一个发展中国家不强的实力在办着世界上最大的教育，单是中国处于转型期，城乡、东西部间严重的不平衡和几个时代思想观念的相互摩擦、激荡，就可以说是当今世界绝无仅有的了。随着教育普及率的提高，对教育发表评论的人当然也越来越多，多到几乎家家户户都会时常议论。这样就给有关教育的研究提出了许多也许在别的国家并不突出的问题。我认为其中有两个问题最为要紧：一个是教育的问题牵一发而动全身，既不能就教育论教育，更不能只论教育的某一部分而不顾及其他，要区别于人们日常的谈论；另一个是教育学如何走出狭小的教育理论圈子，让更多的人理解、评论、实践，也在更大范围内检验自己的理论是否能为群众所接受，以免专家和社会难以搭界。朱永新教授的这套作品集，恰好在这两个问题上都给了我很大的欣慰。

　　在这套作品集中，他从国际国内、政治经济、文化社会、古往今来的广阔视野来考察、思索中国的教育问题；他的论述几乎遍及受教育者所经历的整个教育过程；大到教育的理念、原则，小到课程的改革、课外的活动，他都认真思考，系统调查，认真实验，随时提升到理论层面；与教育学密切关联的心理学，在研究中国教育的同时展开的对国外教育的认识和分析，也是他涉及的范围。

朱永新教授并不是一位"纯"学者，虽然教育理论研究永远是他进行多头工作时在脑子里盘旋的核心。他集教师、官员和研究者三种角色于一身，随着自己孩子的出生和成长，他又多了一个家长的身份。这就使他不可能只观察研究教育体系中的某一段或某一方面，而必须做全方位、多角度、分层次的研究。他是中国民主促进会中央委员会副主席，作为同事，我见过他极度疲劳时的状况，心里曾经想过，这是天将降大任于是人的考验，还是他"命"当如此，不得不然？其实，这正是给他提供了他人很难得到的绝好的研究环境和条件：时时转换角色，就需要时时转换思维的角度和方法，宏观与微观自然而然地结合，积以时日，于是造就了他独特的研究方法和风格。

我们对任何事物的研究，如果只有理性的驱动，而没有基于对事物深刻认识所生发出来的极大热情，换言之，没有最博大的挚爱，是难以创造性地把事情做得出色的。朱永新教授对教育进行研究的特点之一就是全身心地投入。身，有那三种角色和一种身份，自然占据了他所有的时间和精力；心，是不可见的，但贯穿在他所有工作、表现在他所有论著中的鲜明爱心，则是最好的证明。

他说"教育是一首诗"。他常用诗一般的语言讴歌教育，表达他的教育思想：

教育是一首诗/诗的名字叫热爱/在每个孩子的瞳孔里/有一颗母亲的心

教育是一首诗/诗的名字叫未来/在传承文明的长河里/有一条破浪的船

如果是纯理性的，没有充沛的、不可抑制的感情，怎么能迸发出诗的情思？但他不是浪漫派。他本来已经够忙的了，却又率先自费开通了教育在线网站，开通了教育博客和微博，成了四面八方奋斗在教育改革前沿的众多网民的朋友。每天，当他拖着疲乏的脚步回到家后，还要逐篇浏览网站上的帖子和来信，并且要一一回应。有人说，这是自找苦吃。但他认为，这是"诗性伴理想同行"，是"享受与幸福"。他曾经工作生活在被颂为"人间天堂"的苏州，那里早已普及了十二年义务教育，现在正朝着普及大学教育的目标前进，但这位曾经主持全市文教工作的副市长，却心系西部，为如何缩小东西部教育的差距苦苦思索，不断地呼吁……他何以能够长期如此？我想，最大的动力就是那伟大的爱。

情与理的无缝衔接，正是和把从事教育工作及理论研究单纯当作职业的最大区别，而且是他不断获得佳绩、不断前进的要素。

教育是人类社会得以延续发展的根本保障。人之所以为人，区别于其他动物，从某种意义上讲，就是因为通过不同渠道，接受了不同程度和内容的教育。就一个国家而言，教育则是保障发展壮大的基础性工程。这些，都已经成为人们的共识。但是，教育又是极其复杂庞大的体系，需要大批教育理论专家、管理专家。身在其中者固然自得其乐，但是，在局外人看来，教育理论的研究是枯燥的、艰难的，有许多的教育学著作也确实强化了人们的这种感觉；管理工作给人的印象则是繁杂的、细碎的。这种感觉和印象往往是理论工作者、管理工作者和广大的教育参与者（包括家长、学生和旁观者）之间产生隔膜的原因之一。社会需要集理论研究和管理于一身，而且能把自己对教育的挚爱传达出去的学者，与人们一起共享徜徉在教育海洋里的愉快和幸福。但是，现在这样的学者太少了。是我们对像教育理论这样的人文社会科学的所谓"学问"产生了误解，以为只有用特定的行业语言，包括成堆成堆的术语和需要读者反复琢磨才能弄清楚的句子才是学术？还是善于用最明了的语言表达复杂事物的人还不多？抑或是教育理论的确深奥难测，必须用"超越"社会习惯的语言才能说得清楚？而我是坚信真理总是十分朴实、十分简单这样一个道理的。真正的大家应该有能力把深刻的思考、复杂的规律用浅显生动的语言表述出来，历史上不乏其例。

作为一名教育理论家，朱永新教授正在朝这一目标努力着，而且开始形成了自己的风格：论述、抒情、问答并举，逻辑严密的理性语言、老百姓习惯于说和听的大白话、思维跳跃富于激情的诗句兼而有之，依思之所至、情之所在、文之所需而施之。有的文章读时需正襟危坐，有的则令人不禁击节而赏，有的还需反复品味。可贵的是，这些并非他刻意为之，而是本性如此，自然流露。这本性，就是他对教育事业的爱，归根结底是对人民的爱。

在某一种风格已经弥漫于社会，许多人已经习惯甚至渗透到潜意识里的时候，有另外一种风格出现，开始总是要被视为"异类"（我姑且不用"异端"一词）。我不知道朱永新教授是不是也有过这样的经验。我倒是极为希望他能坚持下去，即使被认为"这不是论文"也不为所动，因为学术生命的强弱最后是要由人民来判断，而不是仅仅由小小的学术圈子认定的。我还希望他在这方面不断提高锤炼，让这股教育理论界的清风持续地吹下去。

教育，和一切与人民生活紧密相连的事物一样，都要敏感地紧跟时代的步伐，紧贴人民的需求，依时而变，因地制宜。如今朱永新教授的作品集改版并增补，主要收录了他从踏入教育学领域至 2023 年的论著。这从一个侧面反映了我国改革开放以来教育领域理论研究与实践的过程。"战斗正未有穷期"，在过去和未来的日子里，有层出不穷的教育问题需要解决，因而需要不停顿地观察、思考、研究。我们的教育学，就在这个过程中发展成长；有中国特色的教育学，也许就将在这一时期内形成。朱永新教授富于创造——"永新"自当永远常新，他一定会抓住这百年难逢的机遇，深化、拓展自己的研究，为中国教育事业、为中国的教育理论多奉献自己的才干和智慧，再写出更多更好的篇章。

我们期待着。

兹忝为序。

许嘉璐

写于 2010 年 12 月 14 日

修改于 2023 年 4 月 29 日

于日读一卷书屋

（作者为第九届、第十届全国人大常委会副委员长，著名语言文字学家）

序言：我是一粒种子

我认识朱永新是在20世纪90年代初。当时收到苏州大学朱永新的一封信，邀请我去参加由日本国际教育学会委托他在苏州举办的教育研讨会。我以为他是一位老同志，会上见面才知道是一位青年学者。那时他才30多岁，刚从日本留学回来，在日本学的是心理学。他给我第一个印象是很热情，并且有一种意气风发的激情，想为我国的教育做一番事业。

过后不久，他与江苏教育出版社策划要编一部《世界教育大事典》，邀请我担任主编。我当时有点儿犹豫，觉得工程浩大，编一部《教育大辞典》已耗了我12年的时间，不太想再来接手这样大的工程。无奈受到他热情的"蛊惑"，再加上袁振国等一批青年学者的助阵，我只好败下阵来，接受了他的邀请。该书编了差不多五年多时间。其间，永新作为副主编，出了好多力，使我感到他是一个务实的人，很好合作的人。

以后我们的接触就比较多了。他担任苏州市副市长期间，我们中国教育学会与江苏省教育厅、苏州市政府合作于2001年举办了"21世纪教育论坛"，讨论教育国际化、数字化与基础教育问题。这次论坛组织了专家对话，形式新颖，内容丰富，会议开得很成功，中央电视台连续做了好几集专题报道。后来中国教育学会又在苏州市召开第19次学术年会，民进中央和叶圣陶研究会又在苏州召开了海峡两岸教育研讨会。我和永新都参加了这些会议。他为这些会议做了精心的安排，使会议开得很顺利、很圆满。

永新对教育有一种特别的情结，而且能够畅想教育之梦。按他的话来说，"一个理想的教师，应该是个天生不安分、会做梦的教师"。他在2000年出版了一本书叫《我的教育理想》，2002年又出版了一本书叫《新教育之梦》，同时开始了新教育的实验，至今已十多年，全国 800 多所学校参加。每次开研讨会总有几百名、上千名教师参会，讨论十分热烈。于是他的教育理想和梦想变成了行动。新教育的理想和梦想在哪里呢？他自己总结了四个方面：一是改变中国学生的生存状态——成为学生享受成长快乐的理想乐园；二是改变中国教师的行走方式——成为教师实现专业发展的理想舞台；三是重塑中国教育的人文精神——成为学校提升教育品质的理想平台；四是打造中国的"新教育共同体"——成为教育的精神家园和成长的理想村落。一句话，就是要改变传统教育的陈旧观念，克服当前教育的弊端，回归教育的本真。教育就是学生幸福成长的活动，也是教师专业成长的舞台，不应该像现在这样戴着脚镣跳舞，痛苦不堪。

教育大计，教师为本，教师是教育成败的关键。我们主张教育要以学生为主体，但启迪学生的主体性，要靠教师。因此，教师的成长至关重要。永新提倡教师要读书，要写读书笔记。他对我说，教师参加他的实验，要每天读书，每天写作。每天读，每天写，必然会有心得，有领悟。为此，他开启了网上博客，与教师对话，启发教师对教育的体悟。他不仅主张教师要读书，学生也要读书，家长也要读书，全体国民都要读书，通过读书来提升我们的素养。他在担任全国政协委员、人大代表期间几次提议国家设立读书日，提倡全民阅读。

永新十分勤奋，在公务十分繁忙中不忘读书，不忘教学和研究。他一直担任着苏州大学博士研究生导师的职务，承担国家级教育科研项目，开展新教育实验。他深入基层，到处演讲，宣传他的新教育理想和梦想。希望他的理想和梦想能在中华大地早日实现。他勤于写作，每有体会，就记录下来。所以十多年来能够有洋洋几百万字十几卷本的文集出版。

他的文章有一个很大的特点，就是有理论有实际，平易近人，用广大教师能够听得懂的语言说出具有教育科学规律性的理论，案例中含有教育的哲学。广大教师容易理解，容易接受。所以他的书会拥有众多的读者。

永新的教育文集又要增订重新出版了，嘱我写几句话。我这个人不善辞令，不会说许多华丽赞美的词句。但永新的热情、勤奋、多产着实令人钦佩。

最后我愿意以永新最近写的一首诗《新教育的种子》中的一段诗句作为本文的结尾：

我是一粒种子

一粒新教育的种子

我来自理想与激情催开的花儿

我无法选择我落到怎样的土壤

——富饶还是贫瘠，北国还是南方

无论把我埋得多深，我终将穿越泥土

向着明亮的那方

……

顾明远

2011 年 3 月 12 日

教育的理想与理想的教育（卷首诗）

教育是神圣而崇高的，

教育是育人的事业。

教育的伟大使命是让人们从无知走向睿智，从幼稚走向成熟，

教育的最高境界是形成自我教育的人格。

教育需要激情，需要全身心的投入与无私的奉献；

教育需要诗意，需要洋溢着浪漫主义的情怀；

教育需要机智，需要把握每一个转瞬即逝的机遇；

教育需要活力，需要以年轻的心跳昂奋地工作；

教育需要恒心，需要毫不懈怠地追求与探索；

激情、诗意、机智、活力、恒心的源头活水是理想。

理想也是神圣而崇高的，

理想是行为的动力。

理想是人与动物的界限，理想使人成为万物之灵；

理想是伟大与平庸的分野，理想使人与众不同；

理想产生激情，激情使理想的主旋律铿锵有力；

理想产生诗意，诗意使理想的调色板光彩照人；

理想产生机智，机智使理想的追求充满智慧的美感；

理想产生活力，活力使理想的实现有了不竭的源泉；

理想产生恒心，恒心使理想的探索成为快乐的进程；

激情、诗意、机智、活力、恒心使理想变为现实。

教育因为有了理想而更有目标，

教育因为有了理想而更有理性。

教育的理想是为了一切的人

——无论是城市的还是乡村的，

富贵的还是贫贱的，

聪慧的还是笨拙的；

教育的理想是为了人的一切

——无论是品德的还是人格的，

生理的还是心理的，

智力的还是情感的。

理想因为有了教育而薪火相传，

理想因为有了教育而色彩斑斓。

理想的教育是个人潜能的发挥

——让每个学生扬起希望的风帆，

让每个教师领略教育的趣味，

让每个父母享受成功的喜悦；

理想的教育是民族利益的福祉

——让每个人接受从摇篮到坟墓的全程教育，

让每个人体验到地球村的绝景佳色，

让每个人生活在宁静和平的永恒时空。

教育的理想要坚持三个面向

——面向现代化

引入现代观念和现代技术，

领略网络教育的无限风光；

——面向世界

融入世界教育的大潮，

与世界教育的脉搏一起跳动；

——面向未来

捕捉地球上每个角落、每个窗口的消息，

用后发的优势迎接新世纪的晨曦。

理想的教育要树立四大支柱

——舆论支持

营造一个全社会尊师重教，

全民族关注、理解和支持教育的社会氛围；

——经费投入

确保教育经费的超前增长与合理使用，

让教育为可持续增长保驾护航；

——立法保障

建立完整的教育法规体系，

创造良好的教育法制环境；

——科研指导

发挥教育科研的决策、解释、批判和辐射功能，

使教育走上科学化的轨道。

教育的理想与理想的教育都需要创新，

创新是民族进步的灵魂，

创新是国家强盛的动力，

创新是人才成长的基因。

"在迈向新世纪的过程中，

一种最好的教育，就是有利于人们具有创新性，

使人们变得更善于思考，

更有追求的理想和洞察力，

成为更完善、更成功的人。"①

在新世纪的第一缕阳光即将投来的时候，

我们需要教育的危机感，

需要教育的忧患意识。

只有对未来有忧患意识的民族，

才会奋力拼搏，

---

① 《哈佛校长坦言挑战》，《中国教育报》1998 年 5 月 4 日。

才会战胜危机，

才会摆脱和超越困境。

我们需要教育的自信心，

需要教育的崇高理想。

只有对未来具有崇高理想的民族，

才会消除恐惧，

才会抛却悲观，

才会乐观昂奋地拥抱未来。

我深信——

教育的理想会奏响新世纪中华民族的英雄乐章，

理想的教育会开创新世纪中国文明的灿烂辉煌！

朱永新

世纪之交前夕的一个拂晓

写于姑苏滴石斋

目 录／Contents

上 篇

第三章 我心中的理想体育

第四章 我心中的理想美育

第五章 我心中的理想劳技教育

第九章　我心中的理想学生

第十章　我心中的理想父母

下 篇

第十五章 中国基础教育改革的趋势

第十六章 中国高等教育改革的方向

第十七章 中国课程改革的发展趋势

上　篇

上篇里有五篇文章是我应《新教育周刊》主编宗平之约而完成的。2000 年夏，在美丽的太湖之畔，我给参加创新教育笔会的老师们做了题为《我心中的理想教师》的演讲。从现场及会后的反馈来看，讲演所产生的积极效果远远超过了我的预想。根据讲演整理的文章发表后也引起了强烈的反响，《中国教育报》头版摘要转载。大家认为，我们太需要这种充满激情和诗意的理论文章了。在大家的鼓励下，我又陆续撰写了《我心中的理想学校》《我心中的理想校长》《我心中的理想父母》《我心中的理想学生》等一组文章。后来应广大读者的强烈要求，又写了我心中理想的德育、智育、体育、美育、劳技教育五篇文章。这十篇文章的共同主题讲我的"教育理想"，自然免不了带有理想化的色彩。但我始终认为，没有理想的教育者就不可能具有追求卓越的精神，不可能在教育活动中洋溢着激情、诗意和活力。"高山仰止，景行行止，虽不能至，然心向往之。"让我们用远大的教育理想来拥抱新世纪的阳光吧！

第一章　我心中的理想德育

近些年来，一些青少年学生中存在的人格扭曲、道德沦丧现象，向全社会敲响了警钟。从浙江金华的中学生徐力杀母，到中央音乐学院的大学生陈果自焚，从北京的 14 岁男孩残忍地杀害同学的妹妹，到江苏徐州的违纪学生疯狂地砍死校长的四位亲人……面对这些令人发指的事件，人们不禁要问：我们多年的教育究竟有没有深入孩子的心灵？我们的德育怎么了？

鲁洁教授在《教育的返本归真》一文中写道："20 世纪的一切都说明人类患下了'分裂症'。在物质方面，人类已达到造物主的水平，几乎已经无所不能，可以无所不为；但是在精神和道德方面，在自我认识、自我把握等方面，却是如此的发育不良，水平低劣。"缺乏大智慧的中国人其实是用小智慧在毁灭自己，"这就使人类处境特别危险，就像一个刚满周岁的孩子拿起一把子弹上了膛的手枪"[1]。鲁老师讲的返本归真，一条重要的途径就是重视德育。

古今中外的教育家都十分重视德育，都把德育置于一个特殊的崇高地位。德国著名的教育家赫尔巴特曾说："道德普遍地被认为是人类的最高目的，因此也是教育的最高目的。"著名的物理学家爱因斯坦在应《纽约时报》教育编辑之约发表的《教育声明》中指出："用专业知识教育人是不够的。通过专业教育，他可以成为一种有用的机器，但是不能成为一个和谐发展的人。要使学生对价值有所理解并产生强烈的情感，那是最基本的。他必须获得对美和道德上的善的鲜明的辨别力。否则，他——连同他的专业知识——就更像一只受过很好训练的狗，而不像一个和谐发展的人。"

我国现代著名的教育家陶行知先生也曾说过："道德是做人的根本。根

---

[1] 鲁洁:《教育的返本归真——德育之根基所在》,《华东师范大学学报（教育科学版）》2001 年第 4 期。

本一坏，纵然你有一些学问和本领，也无甚用处。否则，没有道德的人，学问和本领愈大，就能为非作恶愈大，所以我在不久以前，就提出'人格防'来，要我们大家'建筑人格长城'。只有这样，才能使学生自觉地创造真善美之人格。"古今中外教育家对德育重要性的论述当然远远不止这些，但是我们仅从这三位教育家的论述中就可以看出，他们把德育放到了一个至高无上的重要地位，德育的确应该是整个教育的灵魂。

一、重视让学生在自然活动中养成德行

我心中的理想德育，应该重视在自然的活动中养成学生的德行，让学生在游戏和丰富多彩的自主活动中体验和感悟道德的境界。

德育，最重要的是研究人的德行的形成规律。人的德行必须在自然的活动中形成，这是德行形成的一个基本规律。抽象的道德戒律光靠说教是不能深入人的心灵的，是不能为人所掌握的。

比如在以往的家庭中，一般都有两三个子女，这些子女在良好的家庭教育氛围中，就会自觉地认识到自身的权利、义务和责任等。如吃苹果，几个小孩就会自觉地遵从优先法则，年龄大的要自觉少吃点儿，给年龄小的多吃一点儿。又如做家务，每个人都会自觉地分工合作，使每个人的权利、责任、义务得到统一。这本身是一种自然而然的道德实践。这样自然的活动就可以让儿童学到许多道德规则，许多的道德问题就已经解决了，不需要父母的反复说教。但在当今社会，绝大多数孩子是独生子女，这些孩子就缺少了相互交流的机会，上学前被关在"铁笼子"里，孩子们大多时候与外面的世界隔绝。上学后，尽管生活在一个集体的环境中，学生从七八点钟到校到下午四五点钟放学回家，其间的大部分时间也主要是忙于上课和做作业，仍不能随便交流和活动。

有一点可以肯定，这种学生缺乏一种和别人相互交往的基本品德，他们不知道怎样去处理矛盾，不知道怎样去面对挫折，不知道怎样去处理冲突，这些基本的德行不是靠简单的说教就能养成的。

在我们的德育工作中，我们一直热衷于搞道德教育课题，把道德教育文字化、大纲化，其实，这样的道德教育效果是很脆弱、很苍白无力的。

道德教育应该存在于活生生的生活中，在孩子与孩子的交往中，在孩子与老师的交往中，德育才能收到良好的效果。

在现实生活中，我们经常会发现文化和道德相脱节的现象，社会上有一些人尽管文化素质不高，但是他们的道德境界却很高，乐善好施，助人为乐，勤于奉献。这些人德行的形成原因肯定有其不同于学校道德教育的部分。从这里我们也可以看出，知识和道德虽然有着一定程度的正相关性，但是没有绝对的必然性。所以，学校道德教育的开展必须要创造良好的教育条件和环境，即能创造自然的德育活动，在活动中去培养学生的良好品行。

苏霍姆林斯基在其教育中就十分注重让学生在自然的活动中培养自己良好的品行，使学生的心灵在自然的环境中得到净化，人格得到陶冶。苏霍姆林斯基曾在《关于全面发展教育的问题》一书中描述了他把学生置于自然环境和自然活动中进行教育的经历。他说："经历了学校生活的第一个秋季，我们就深信：美是善良和诚恳之母。赞叹长着火红色的硬果的野蔷薇，欣赏还挂着几片黄叶的枝干匀称的小苹果树，心疼被初冬的寒风吹僵了的西红柿株——这一切都在唤起儿童对有生命的美好事物的亲切、爱护的态度。在儿童心里，一株植物变成了有生命的东西，这个生命在凛冽的寒风中会索索发抖，于是孩子就想保护它抵挡严寒。……教育者的最重要的任务，就是要使儿童、少年和青年形成关于人的美，关于人的思想、情感和体验中的高尚和神圣的东西的观念。我们要使这些观念成为有血有肉的东西——用高尚的道德行为的生动的实例来充实它。"遗憾的是，现在我们周围，这样拨动心弦的德育已经很少很少了。

二、重视让学生与书本为友，与大师对话

我心中的理想德育，应该重视让学生与书本为友，与大师对话，在人类优秀文化遗产中净化自己的灵魂，升华自己的人格。

读书，是孩子们净化灵魂、升华人格的一个非常重要的途径。前面强调在自然的活动中培养学生的德行，主要是侧重从感性的角度让学生感受和领悟道德的准则。通过读书来净化学生的心灵，则是强调把道德的体验、道德的感悟升华为道德的理性层次，上升到一种自觉的境界。

其实，许多的文学著作和社会科学作品本身就具有强大的感染力，渗透着一种无形的德育力量，例如你去讨论什么是美，什么是善，那么去看看雨果的《巴黎圣母院》《悲惨世界》，去读读《简·爱》《钢铁是怎样炼成的》《平凡的世界》等名著。通过阅读这些优秀的作品，必然会给学生以强烈的心灵撞击，学生会把书中弘扬和推崇的道德境界作为自己的一个自觉追求目标，这种内化的道德教育力量是其他方式难以企及的。因此，实施有效的道德教育，一定要建立起"书香社会"，建立起"书香校园"，让学生养成热爱读书的习惯。如果一个孩子热爱读书，那么他会从书籍中得到心灵的慰藉，从书籍中寻找生活的榜样，从书籍中净化自己的心灵，书中的人物往往就成为他生活的旗帜，书中的道理往往就成为他人生的坐标。

令人十分遗憾的是，我们现在的绝大多数学生却很少有时间去读课外书，尤其是中学生，整日被"正统"的教科书所包围，这不能不说是我们教育的失策。学生阶段是人生读书的黄金时光，学校要采取一定的措施，鼓励学生多读书，读好书，要让学生把人类文明中最经典、最精华的内容大致浏览一遍，这已经不仅仅是一种单纯的读书行为，它对学生良好德行的养成具有深远意义。

三、重视培养学生健康的生活情趣和才艺

我心中的理想德育，应该重视培养学生健康的生活情趣和才艺，丰富学生的精神世界。

在美的氛围中推进善的教育、健康的生活情趣和才艺对品德的发展是非常重要的。过去，我们往往把一些生活情趣和才艺看成是一种技能，看成是与道德无关的东西，我们很容易忽视它们在德行养成中的作用，如绘画、书法、音乐、舞蹈等。其实，真善美是一个有机的整体，德智体美劳也是一个不可分割的整体。我们只是为了论述的方便，才人为地把它们分离。真正的教育是整体的、和谐的、兼容的。古人要求才子佳人不仅要熟读四书五经，还要精通琴棋书画。古人之所以提出这样的要求，是因为他们已经意识到这些健康的生活才艺绝不仅仅是一种技能，意识到琴棋书画在人的德行养成中的陶冶功能。我们可以理解，当这些健康的生活情趣和

才艺充满一个人的生活空间的时候，他还有时间去钩心斗角吗？他还会去胡作非为吗？所以我们与其给学生规定诸多"不准如何如何"，还不如把这些高雅健康的东西充实到学生的生活之中，让学生自然地不去"如何如何"。

苏霍姆林斯基在这方面的德育实践非常值得我们借鉴。苏霍姆林斯基曾经提出了丰富学生精神生活的三点措施：一是在启发和吸引学生完成各门学科的学习任务的同时，一定要让学生还有一门自己特别喜欢的学科，让他们在这门学科上超出教学大纲的要求，自己去钻研更多更深的问题；二是要设法使每一个学生都有一样自己最喜爱的劳动项目和科技活动项目，使他们在业余时间去搞自己的发明创造和科学试验；三是使每一个学生都有自己喜爱的书籍，热爱课外阅读。苏霍姆林斯基认为，如果我们的学生把自己的整个身心投入这些活动中，如果我们的学生都具有丰富的精神生活，那么他们还有什么值得我们担心的呢？因此，培养学生某方面的才艺，绝不仅仅是培养一种技能，它对人的德行养成具有重要作用。

四、注重用真实、感人的道德形象激励学生

我心中的理想德育，应该注重为学生寻找生活的榜样，用真实、感人的道德形象激励学生，培养学生的英雄主义精神。

有人说，当今是一个没有英雄的时代，许多人越来越感觉到，像雷锋、张海迪、孔繁森这样的英雄离我们越来越远，很难使学生在心中树立时代的英雄形象，很大程度上影响了道德教育的开展。因为一个人德行的形成，很大程度上取决于他心中的英雄，很大程度上取决于他生活中的榜样。当我们研究世界上伟大的人物时，就可以发现，他们的成功轨迹中都有形无形地刻印着英雄的影响痕迹。正因为如此，我们才有必要呼唤英雄，并尽量让我们的孩子走近英雄。

如果仅就人的生物性而言，人是很容易懈怠、很容易满足、很容易停滞的。但是当一个人在心中树立了崇拜的英雄形象，他就可以找到自己与英雄的差距，通过英雄的形象给自己前进的力量，给自己克服困难的勇气，激发热情、激情和活力。通过英雄的激励，给人以奋发的冲动。如果教师能够有意识地引导学生树立起心中的英雄形象，那么这样的德育效果比教

师在课堂上口干舌燥地讲解要好得多。

法国著名作家罗曼·罗兰在《贝多芬传》序中说："这些传记中人的生涯，几乎都是一种长期的受难。或是悲惨的命运，把他们的灵魂在肉体与精神的苦难中磨折，在贫穷与疾病的铁砧上锻炼；或是，目击同胞受着无名的羞辱与劫难，而生活为之戕害，内心为之碎裂，他们永远过着磨难的日子；他们固然由于毅力而成为伟大，可是也由于灾患而成为伟大。所以不幸的人啊！切勿过于怨叹，人类中最优秀的和你们同在。汲取他们的勇气做我们的养料罢；倘使我们太弱，就把我们的头枕在他们膝上休息一会罢。他们会安慰我们。在这些神圣的心灵中，有一股清明的力和强烈的慈爱，像激流一般飞涌出来。甚至毋须探询他们的作品或倾听他们的声音，就在他们的眼里，他们的行述里，即可看到生命从没像处于患难时的那么伟大，那么丰满，那么幸福。"①

如果我们每个人能够不断地在英雄们的膝上休息一会儿，感受英雄的气息，能够不断以英雄作为我们生活中的榜样，那么，每个人的人生会因此变得伟大，为此变得精彩。其实，英雄并不是高不可攀，每一个人都能够成为英雄。如果每个人能够不断地从英雄身上吸取力量，不断地从英雄身上受到启迪，不断地以英雄主义的情怀对待人生，那么，自己也终究会成为英雄。在我们的德育中，教师应该有意识地用英雄去改造学生，用学生家乡、学校中亲切感人的榜样去教育学生，让学生以一种崇敬的心理去对待英雄，用英雄的高尚德行感化学生，将其内化为学生的道德修养。没有英雄的时代，也很难造就一代英雄。

五、科学合理地设置循序渐进的德育目标

我心中的理想德育，应该科学合理地设置循序渐进的德育目标，使其兼具现实性和理想性的双维视角，形成层次递进、不断完善的德育目标体系。

学校道德教育的一个重要问题就是目标定位问题，即在每个阶段让学

---

① 罗曼·罗兰：《贝多芬传》，傅雷译，安徽文艺出版社，1999，第16页。

生必须掌握什么样的道德规范和准则。一般来说，道德教育大致可以分为三个层次。第一个层次是必须的层次，这是在现阶段最基本的道德教育目标，它要求学生遵守社会的基本公德，即道德的底线；第二个层次是弘扬的层次，这是以集体主义、爱国主义、人道主义、见义勇为、尊老爱幼等为基本内容的德育目标；第三个层次是追求的层次，这是以马克思主义世界观为基础，以共产主义理想为目标的德育体系。这是德育的最高层次和境界，不要求每个学生都能达到。这三个层次是相互联系、由低到高的递进关系。我们的德育只有遵循科学的层次目标体系，才能使德育工作落到实处。

但目前我们的学校道德教育中却明显存在层次不清的问题，甚至与科学的德育层次目标体系恰恰相反，严重影响了道德教育的效果。如要求小学生做共产主义的接班人，至于什么是共产主义，小学生一无所知；我们要求初中生热爱社会主义，要求高中生发扬集体主义，然而在大学，许多大学生却连基本的公德都不具备，因而不得不进行基础道德补课。因此，科学合理的德育目标的建立必须从学生的实际出发。

苏霍姆林斯基就非常注意从学生的实际出发来加强学生的道德教育。他所在的帕夫雷什中学在每年迎接新生入学时，总是在一进大门的墙壁上挂着这样一幅大标语："要爱你的妈妈！"当有人问他为什么不写"爱祖国""爱人民"之类的标语时，苏霍姆林斯基回答说：对于7岁的孩子，不能讲这么抽象的概念，而且如果一个孩子连他的妈妈都不爱，他还会爱别人、爱家乡、爱祖国吗？爱自己的妈妈易懂易做，也能为日后进行爱祖国、爱人民的教育打下基础。

所以，中共中央颁布的《公民道德建设实施纲要》中提出了"爱国守法、明礼诚信、团结友善、勤俭自强、敬业奉献"的基本道德规范，着力培养有理想、有道德、有文化、有纪律的社会主义公民，目标定位是比较准确合理的。

德育心理学的研究表明，学生的年龄特征制约着德育内容的广度和深度。从广度而言，不同的年龄阶段应有不同的德育内容；从深度而言，不同年龄阶段的同一德育内容也应有不同的程度。如日本某小学，为培养小学生尊重别人的道德品质，在整个小学阶段都反复进行这方面的教育，但对各年级的要求是不同的。一年级的主题是"相好"，二至六年级的主题分别是"和睦""不造谣中伤""体谅""尊重人格""大家幸福"。一年级的目标是"不欺负轻视别人，同学之间团结友爱"，二至六年级的目标分别是"能考虑对方的立场，不以自我为中心""不在背后说别人坏话和做令人讨厌的事""知道别人的优缺点，不刺伤别人""理解人的尊严，尊重自己，也要尊重别人""同学之间能互相了解、齐心协力，谋求幸福"等。日本这所学校在德育目标的制定和施行方面的成功之处，非常值得我们借鉴学习。

总之，学校的道德教育应该建立起一个由低到高、不断发展，既有理想，又更具现实性的目标体系。

六、重视心灵的沟通，建立温馨的对话场景

我心中的理想德育，应该重视心灵的沟通，建立起温馨的对话场景，使心理健康教育和心理咨询活动能在学校的教育中安营扎寨。

德育和智育不同，假如我们反对在知识的传授中实行单向传递，那么德育更是绝对不能实行单向灌输的。道德的教育是在润物细无声中进行的，是在教师和学生平等的心灵沟通中进行的。上海的特级教师冯恩洪早在20世纪80年代就提出"淡化教育痕迹"的德育理论，认为过去的德育过程角色分工太明确，教师是教育者，学生就是受教育者。其实，在知识方面，教师也许会比学生丰富一些，但从道德的角度而言，教师和学生应该是平等的，甚至有些学生的品行可能会超过教师。

学生们最不满意在课堂上和办公室里用两种声音说话的教师，最不满意用那些连自己也不相信的东西来征服学生的教师，最不满意那种盛气凌人、以教育者自居的教师。他们会用自己的眼睛去观察，用自己的头脑去思考，他们欢迎没有教育痕迹的交流，欢迎没有心理距离的对话，欢迎促膝谈心的气氛。总之，他们希望教师成为中间人（学校和社会之间）、引导者、商讨者、唤起者，成为自己的朋友；而不希望教师成为间隔者、强令者、教训者、监督者，成为自己的"先生"。在德育过程中，教师必须和学生有一种平等的沟通、一种平等的探讨，一起在教育教学活动中培养德行。

德育尤其需要一种宽松、宽容和温馨的环境，对学生偶然的错误和失误，不要过分求全责备，即使是教师，偶尔也会有背离道德的言行。在学生形成良好品行的过程中，尤其需要教师的鼓励和表扬。鼓励和表扬的力

量远远大于批评和处分的力量，学生在接受教师表扬和赞赏的过程中，会自觉地把自己的优点无限放大发挥，对自己表现出强烈的自信，极力使自己更优秀，一些不良的品行会在不知不觉中消除。

但在现实教育活动中，许多德育教师扮演的角色却常常是"警察"，他们最常用的"武器"就是批评，班会经常开成"批斗会"，批斗某一个同学的不良行为，批斗某一种倾向，把学生的缺点无限放大，而很少去发现和挖掘学生身上的闪光点，推动学生内心中那种积极向上的内在力量。那些经常受到教师批评和处分的学生，很可能只看到自己的缺点，找不到自己的优点，久而久之会产生一种破罐子破摔的思想，放弃本身一些固有的良好品质，一直处于一种消极的防备状态。

美国的教育心理学家盖杰和伯令纳在《教学心理学》一书中指出："对于教师来说，表扬是最易使用和最自然的、有效的形成动机的方法。最重要的是，表扬伴随某种行为的频率而增加。"他们还说："有时，教师忘记了他们对于学生的评论是多么重要。我们看到一些教师从不对学生说一句好话，这种行为是不可原谅的！"这对那些只会充当"警察"角色的教师不是最好的忠告吗？

此外，加强德育还有必要充分重视学生的心理健康教育。过去，我们经常把学生的品行问题和心理问题混为一谈，两者固然有密切的关系，但毕竟还是不一样的。很多人在生活中所犯的错误往往被看成是德行问题，实际却是心理问题，如学生拿别人的东西，一直被看成是品德问题，但是据研究，许多都是一种心理障碍问题，因为许多学生根本不缺少这些东西，但是他通过拿别人的东西而获得一种满足感。如果把这些由于心理问题而犯的错误曝光于大庭广众之下，作为品德败坏而进行处理，则会大大挫伤学生的自尊心，妨碍其人格的正常发展。教师必须从学生的心理和行为等角度正确分析学生产生问题的原因。这就给我们的教育提出了新的要求，要普遍地对学生进行心理教育。

教育部印发的《关于加强普通高等学校大学生心理健康教育工作的意见》，要求各地教育部门和各高校把加强大学生心理健康教育工作当作进一步加强和改进高校德育工作、全面推进素质教育的重要举措来抓。通过大学生心理健康教育，帮助大学生树立心理健康意识，优化心理品质，增强心理调适能力和社会生活的适应能力，预防和缓解心理问题；帮助他们处理好适应环境、自我管理、学习成才、人际交往、交友恋爱、求职择业、人格发展和情绪调节等方面的困惑；通过心理健康教育，提高高校德育工作的针对性、实效性和主动性，健全学校德育工作的管理体系。这充分说明，我国已经开始重视心理健康教育在学生道德品质发展中的作用，不仅大学生应该加强心理健康教育，中小学生也同样需要加强心理健康教育。

七、教给学生自我教育的方法

我心中的理想德育，应该教给学生自警、自诫、自励等自我教育的方法，使学生在陶冶情操、磨砺意志的过程中形成"不教之教"的自律习惯。

德行的养成归根结底还是要靠学生的自我教育。苏霍姆林斯基说过："真正的教育是自我教育。"的确是这样。在我看来，"不教之教"是教育的最高境界，是通过学生自己教育自己。

这里包含两个重要观点：

一是德育要注重学生良好行为习惯的养成。很多东西都是习惯成自然。叶圣陶先生说过，教育就是习惯的养成，教学就是养成学生求知的习惯，德育就是养成学生求善的习惯，教师要在学生求善的过程中不断地鼓励和强化，使学生的求善倾向不断地定型化，形成特有的道德品质。

二是，让学生进行"道德长跑"是培养学生良好德行的另一个重要途径。一个人做点儿好事并不难，难的是一生做好事，不做坏事。而要做到这一点，就是不断让学生给自己警策，这需要教师帮助学生养成一种自我教育的习惯，才能够不断地让学生提醒自己。有许多人经常在自家的墙上或书桌上写上自己的座右铭，古人在胸前的玉挂上刻上自己的座右铭，随时提醒自己应该如何做人，这些都是自我教育的方法。另外，写日记也是一种非常有效的"道德长跑"方式。写日记不仅是学习语文的方法，也是道德教育的重要手段。通过日记，可以不断反思自己的所作所为，可以使自己不断得到新的感悟。

学生不可能永远接受教师的教育和指导，他们终究要长大，终究要离开教师，因此，真正的道德教育应该达到"不教之教"的效果，要尽可能让学生独立地生活，让学生能够时刻反省自己的言行举止，不断完善自我。

八、建立家庭、学校和社会三位一体的德育网络

我心中的理想德育，应该在全社会形成"做人为本"的共识，建立起家庭、学校和社会三位一体的德育合力网络，使各种力量形成时空交叉影响的德育优势力量。

早在20世纪80年代，中曾根康弘首相曾批评日本教育中"智肥德瘦"的倾向。而时至今日，我们的教育活动仍然笼罩着"唯智主义"的阴影，还普遍存在"一俊遮百丑"的现象。家庭、学校、社会关注的都是学生的学习成绩，"分分分，学生的命根；考考考，教师的法宝"，学校中的英雄都是分数英雄，而对学生的人格成长和德行的养成往往不太重视。许多家庭的教育，甚至就是反德育的，如许多家长在教育自己的子女时，以自己几十年的经验告诫子女不要相信任何人，不要轻易帮助别人，等等。诸如此类的教育对学生良好品行的养成产生了不利影响，在学校里几年的道德教育效果也许就在父母的几句话中毁于一旦。

我们应该反思一下，社会因素在学生道德教育中的作用。现在让学生去找一个游戏厅和网吧很容易，但是如果找一个让教师和家长真正放心的场所还真是不容易。以前众多的青少年宫等重要的德育基地，现在许多都变成了游戏娱乐场所。抗战时，爱国学生惊呼"华北之大，已经安放不下一张平静的书桌了"；而现在，偌大的中国却很难找到一处真正让老师、家长放心的有益学生的活动场所。

此外，社会媒介在学生的德行发展中的宣传、渗透和感染作用也没有充分地发挥出来。我们目前的媒体为吸引观众或读者，提高经济效益，大都充斥着色情、暴力等内容，却又缺乏正确的引导，产生了许多负面效应。《中国青年报》在20世纪80年代曾报道了三名十九岁罪犯的犯罪经过，他们的作案手法就是结合了《福尔摩斯探案集》和《加里森敢死队》里的犯罪手法。当记者问这三个学生，学校是否组织学生评论一些小说、电视或电影时，罪犯之一韩旭回答说，学校根本就不管这些事，进入高中后，学校只管学习，学生有什么思想，根本没有人管。高中毕业时，韩旭对人生、理想等许多问题想不清楚，但是很少有谁在思想上给予他正确的帮助。

韩旭的父亲是位工程师，在写给上大学的儿子的信中经常这样说："以我三十年的经验，不要对人轻易说真话。"这三个青年走上犯罪道路，不正是大众媒介、学校影响、家庭教育的消极因素共同作用的结果吗？

因此，增强道德教育的效果，有必要建立家庭、学校、社会三位一体的德育合力网络，使各种力量形成时空交叉影响的德育优势力量。家庭是人们接受道德教育最早的地方。道德教育必须从娃娃抓起，要在孩子懂事的时候，深入浅出地进行道德启蒙教育，循循善诱，以事明理。父母要通过自身良好的言行举止影响孩子，学校必须加强与学生家长的沟通，帮助家长提高教育水平，形成良好的家庭德育氛围。学校还应该注意社会信息的内容和传播方向，抵制和消除不良的信息影响，对社会环境的各种影响做出选择与调节，力求创造良好的社会氛围，以使受教育者朝着社会所期望的方向发展。

"世界上有两种伟大的事物，我们越是经常执着地思考它们，我们心中就越是充满永远新鲜、有增无已的赞叹和敬畏——我们头上的灿烂星空，我们心中的道德法则！"（康德语）道德的升华是人类不断向文明进化的载体，抓好学生的德育工作是每个教育工作者的一项神圣使命，也是整个社会的共同责任。

第二章　我心中的理想智育

中国的教育界，似乎从来没有像现在这样表现出对智育的高度重视："以教学为中心"，成了各中小学最响亮的口号；中考和高考的升学成绩，成了学校的生命线，同时也是教师的生命线；为子女的学习掏钱，几乎成了所有家长哪怕是倾家荡产也心甘情愿的投资；各门学科的补习班和家教，成了最有市场的产业；各种与教材配套的参考书和练习册，成了最热门的畅销书……有人将如此激烈的升学竞争上升为"理论"："考试才是硬道理！"

中国的社会，也似乎从来没有像现在这样表现出对智育的强烈不满：由于"智育"，学校的其他教育成了橱窗式的摆设，学生的全面发展成了一句空话；由于"智育"，学生成了一部部学习机器和考试机器，头脑中装了不少知识而能力却几乎等于零；由于"智育"，学习成了学生唯一的生活内容，分数成了学生唯一的荣耀或耻辱；由于"智育"，学生的身心受到严重损害，人格遭受扭曲，自杀甚至杀父弑母的悲剧时有发生……人们把这种畸形的智育概括为"应试教育"。一方面，是智育受到空前的重视；另一方面，是智育遭到猛烈的抨击。这看似矛盾的现象，却明白无误地告诉我们每一个教育者：智育改革势在必行！

由此，我呼唤着我心中的理想智育——

一、超越知识，走向智慧，激发创造

我心中的理想智育，应该是超越知识，走向智慧，激发创造，健全人格，为学生将来拥有终身幸福的精神生活打下坚实的知识能力基础。

智育在整个教育中无疑有着极其重要的位置。但智育的目的是什么？

为数不少的教育者认为传授知识是智育的全部内容，或者至少是主要目的。这种认识显然是片面的，而这种片面的认识，正是"唯知识论""唯分数论"的畸形智育得以泛滥的原因之一。智育当然离不开知识传授，但传授知识并不是智育的真正目的。

科学巨匠爱因斯坦在美国高等教育300周年纪念会上，曾说过这样一段发人深省的话："如果一个人忘掉了他在学校里所学到的每一样东西，那么留下来的就是教育。"联合国教科文组织出版的《教育——财富蕴藏其中》一书，在谈到"学会认知"时指出："这种学习更多的是为了掌握认识的手段，而不是获得经过分类的系统化知识。它既可被视为一种人生手段，也可被视为一种人生目的。作为手段，它应使每个人学会了解他周围的世界，至少是使他能够有尊严地生活，能够发展自己的专业能力和进行交往。作为目的，其基础是乐于理解、认识和发现。"

在传统农业社会和工业社会，知识更多的是"经验"，因此，那时智育的主要目的甚至唯一的目的就是传授知识，让经验一代代传下去。但在今天这个科学技术不断发展更新的信息时代，学生在学校学的大多数知识今后直接派上用场的可能性很小，虽然仍有一些知识对学生来说是"有用"的，但从总体上说，学生学习知识的主要目的已经不是学以致用，而是学习知识的过程本身——通过学习而成为一个聪明的人、文明的人、有高尚精神生活的人。

就目前中国的教育来说，学生学习知识最主要的目的是为了升学考试，这个目的本来无可厚非，因为升学是学生得以进一步发展的必要条件。问题是，现在许多中小学的智育全部是为了应付那几天的考试，这种"智育"在提高学生应试能力的同时却剥夺了学生精神发展的权利。在这样的"智育"下培养出来的孩子，即使通过了升学考试，他们中的大多数也失去了进一步发展的潜力和能力。把考试作为人生的目标，把考进理想大学作为目标的终结而不是真正的起点，这是中国教育的一大特色，也是许多人追捧《哈佛女孩刘亦婷》的原因。无疑，这是一种"急功近利"的智育。这样的智育是有害的，对于一个孩子的发展来说，它是残酷的；对于一个国家的进步来说，它是可怕的。

英国哲学家、数学家怀特海曾经说过："在你丢失你的课本，焚毁你的听课笔记，忘记你为考试而死记的细节之前，你的学习是无用的。"这就是说，理想的智育是把知识转化为智慧，只有在智慧引导下，才可能有真正意义上的心智活动。

一般来说，知识关注的是现成的答案、现成的公式、现成的历史事件的归纳，而智慧关注的是未知的世界，是求知的过程。因此，我们有必要来一个智育观念的更新。

必须明确，知识不过是智育的载体，学生学习知识固然重要，但更重要的是学生在获取知识过程中所得到的获取知识的能力。教师传授知识，是给学生进行智力体操的训练，目的是为了让孩子们的思维能力、想象能力和创造能力得以发展。通过智育，让学生养成良好的学习习惯和自学能力，并具备持久的学习兴趣、浓厚的学习情感、坚韧的学习意志，为他们的终身学习奠定坚实的智力和能力基础。

《教育参考》2001 年第 4 期的特约评论员写下了这样一段话："教育是人的灵魂的教育，而非理性知识和认识的堆积。教育活动关注的是人的潜力如何最大限度地调动起来并加以实现，以及人的内部灵性与可能性如何充分生成。"这当是对理想智育之目的的最好诠释。

只有这样认识智育的地位，认识智育在学生发展中的作用，我们的智育才能够真正成为理想的智育。

二、把"以学生为主体"的理念体现于教学的全过程

我心中的理想智育，应该充满民主精神，真正"以人为本"，把"以学生为主体"的理念体现于教学的全过程。

在传统的智育中，教师是真理和知识的化身，是无所不能的圣人；教师的使命就是给学生空荡荡的大脑中填装知识。于是，"一日为师，终身为父"便是顺理成章的了；于是，"填鸭式""满堂灌"便是自然而然的了；于是，教师以自己的思考代替学生的思考，学生把教师的思想作为自己的思想，便是理所当然的了。

我心中理想的智育，首先要重新审视师生关系，并确立民主的师生关系。

苏霍姆林斯基在谈到师生关系时认为，师生应该是共同探求真理的志

同道合者，这就决定了在教学过程中师生之间必须进行平等的交流。为此他特别强调："学习——这并不是把知识从教师的头脑里移注到学生的头脑里，而首先是教师跟儿童之间的活生生的人的相互关系。"①

另外，过去人们常常说："要给学生一碗水，教师首先要有一桶水。"这话强调了教师自身素质的不断提高对于教育的重要性，从这个意义上看，这当然是对的。但今天看来，这句话是有局限性的。第一，在信息时代，教师在任何方面的知识都超过学生是不可能的，有时候，学生在某方面所获取的知识也许远远超过了教师。第二，学生的大脑不是空荡荡的容器，而是一口蕴藏着丰富水源的深井，教师的使命正是要引导学生去挖掘这口井，让每一个学生都成为一口知识的泉水喷涌而出的"井"。只有确立这样的学生观和这样的教学观，我们的智育才能够真正做到"以学生为主体"。

充满民主精神的课堂教学，应该把教师"教"的过程变成学生"学"的过程。过去我们一些教师在备课时，往往更多的是考虑自己怎么上这堂课，而很少把自己当成学生来想想：如果我是学生，我会遇到什么问题？同样，这些教师在上课时，也主要是沿着自己的教学思路去"引导"学生，往往依自己的教学愿望将学生巧妙地引入自己的教学设计，因而忽视了让学生自己去钻研、领悟和感受的过程。这就是所谓以"教"代"学"。或者说这是按照事先的"脚本"来演戏的"教学表演"。在这样的教学中，我们考虑得比较多的是如何"教"，但即使教师的教学思路非常清晰，课堂表达非常清楚，这也不过是用教师的思维代替学生的思维。

现在，我们应更多地思考学生如何"学"，即以学生的求知需求为主线，追求教师和学生面对知识共同探讨、平等对话。在这样的教学过程中，教师力求贯穿两条线索：学生的"学"（感受、质疑、钻研、讨论、联想等）和教师的"教"（求疑、交流、争鸣、释疑、归纳等），这两条线索通过教师对学生的思维训练、情感体验和人格熏陶交织在一起。这里关键还是教师角色的重新定位，用《教育——财富蕴藏其中》的话来说，就是教师要"从'独奏者'的角色过渡到'伴奏者'的角色，从此不再主要是传授知识，而是帮助学生去发现、组织和管理知识，引导他们而非塑造他们"。

现在越来越多的教师主张要教给学生获取知识的方法，这当然是对的。

① B.A.苏霍姆林斯基：《给教师的建议》，杜殿坤编译，教育科学出版社，1984，第407页。

但我所谓"教给方法"仍然不能是空洞而孤立的"传授",而是让学生在学习中学会学习,在研究中学会研究,在创造中学会创造。目前国内外流行的"研究性学习"(project learning),就值得提倡。在这样的"研究性学习"过程中,学生改变了在原有的教育教学条件下偏重于记忆和理解、立足于被动接受教师知识传输的学习方式,而形成了一种主动探求知识、重视解决实际问题的积极学习方式,这是一种有益于终身学习、发展学习的方式。在这样的学习过程中,学生自然而然地掌握并运用了许多学习方法和研究方法。这种方式不但把传授方法变成了训练方法,而且真正把"以学生为主体"落到了实处。

江苏省太仓高级中学从 2000 年 9 月起开设了研究性学习课程,还不到一年时间,就已小有成就,不仅提高了教学效率,而且锻炼了教师与学生。教师开展研究性学习后,领略了教学的新境界,有的教师"感觉自己回到了童年时代,有一种久违了的新鲜感";有的教师"真正理解了'团结就是力量'的真谛,感受到了文人相亲、愉快合作产生的魅力";有的教师感受到了"和学生一起成长的喜悦";而学生们则普遍认为,"研究性学习"使学习过程不再枯燥,极大地激发了学习的好奇心与探究心,使他们真正地成为学习的主人。

三、尊重个性,因材施教,让学生享受学习的快乐

我心中的理想智育,应该面对个性,挖掘潜能,真正做到"因材施教",让学生快乐地学习,让每个学生体验学习的成功,享受学习的快乐。

有一本曾经产生轰动效应的畅销书《学习的革命》,其中固然有不少教育的"神话",但有一些意见还是切中肯綮的。作者戈登·德莱顿和珍妮特·沃斯在书中写道:"世界上最好的系统是引向成功的。目前大多数的教育体制是引向失败的。它们的规划并不把每一个人引向失败,但是它们把很大比例的学生引向了失败,在某些情况下高达 50%。"

我国的一位中学老师在其进行的一项调查中差不多"验证"了上述两位学者的"假设"。某中学一位班主任,曾在 2000 年 9 月对刚刚进校的高一新生做过一个关于学习情感的调查,结果有 46% 的学生对学习没有兴趣,

33% 的学生对学习表示明显的厌恶，真正对学习持积极态度的仅 21%。一些学生在解释厌学原因时，往往是"成绩不好""学习很累""从来没有考好过"等。简言之，学生在学校生涯的"失败体验"，已经彻底摧毁了他们学习的自信心，在被"分数"打倒的同时，自己也已经在心理上打倒了自己。

其实，即使不看这个调查结果，我们几乎每一个教师也会从自己的教学实践中感受到为数不少的学生对学习的冷漠态度。应该承认，传统智育偏重于选拔，所以它必然要通过一次又一次的考试淘汰大多数"差生"，以造就极少数"高考状元""奥赛冠军"。于是，它在造就少数"成功者"的同时，也造就了大批的失败者，让大多数学生还在人生的求知阶段便成了心灵自卑、个性萎缩的"精神侏儒"。这实在是有悖于基础教育的全民性、普及性——孔夫子还讲"有教无类"呢！我绝对不是反对老师们培养学习上的出类拔萃者，我仅是反对只把教育的眼光钉在少数"优生"身上，反对让多数人陪少数"优生"读书的怪异现象。我认为体现民主、平等、公平原则的智育，应该让每一个学生都享受学习的成功感。

学生在学习上的成功感从何而来？从教师的"因材施教"而来。"教育要面对个性"不是一句空话，它应该指向我们每天面对的每一个学生。苏霍姆林斯基有一句名言："让每个孩子抬起头来！"他进一步阐述道："人的天赋、可能性、能力和爱好确实是无可限量的，而每一个人在这些方面的表现又是独一无二的。……共产主义教育的英明和真正的人道精神就在于：要在每一个人（毫无例外地是每一个人）的身上发现他那独一无二的创造性劳动的源泉，帮助每一个人打开眼界看到自己，使他看见、理解和感觉到自己身上的人类自豪感的火花，从而成为一个精神上坚强的人，成为维护自己尊严的不可战胜的战士。"教育悲剧的产生往往缘于用一个标准去要求所有的学生，而只有针对每一个学生的实际实施教育，让每一个学生都能在自己的基础上不断提高，才真正是教育的成功，也是每一个学生的成功。

"因材施教"对学习上的"后进生"尤其有着重要的意义。有的教师认为，"后进生"的学习之所以欠佳，是因为其行为习惯不好。这种认识虽然没错，但并不全面。我在"八五"期间主持过关于"差生"心理与教育的课题，通过对近万名学生的调查及对优秀教师的访谈，发现相当一部分"差生"的行为习惯不好,其实是学习成绩欠佳造成的。试为这些学生设身处地地想一想,面对老师讲授的知识他一窍不通,面对老师布置的作业他束手无策,而每次考试他总是不及格,他能对学习产生兴趣、对自己充满信心吗?既然无法在学习中体验成功、享受乐趣,他必然厌学。因此,欲转变"后进生",除了加强深入细致的思想教育和进行科学严格的行为规范训练,还应帮助"差生"获得学习上的成功感,并以此树立起一种健康而稳定的精神追求。只要我们的教师真正面对每一个具体的学生"因材施教",让每一个学生都感到求知的快乐、思考的快乐、创造的快乐,那么,所有学生都可以成为学习上的成功者。

在这方面,上海闸北八中的"成功教育"便是一个典范。该校校长刘京海先生把"成功教育"通俗地表述为"用成功激励孩子获得更多更大的成功"。他认为,儿童天生喜欢成功,反复成功可以提高一个人的成就动机,成功也是成功之母,教育教学过程的本质是追求成功;成功是一种方法,更是一种目标。在这一思想的指导下,闸北八中形成了适合学校实际的"帮助成功(以'低''小''多''快'为基本特点)、尝试成功(通过问题情境组织学生尝试探索)、自主成功"的三套课堂教学模式,并取得了积极的成效。

四、注重学生德智体美劳的全面发展

我心中的理想智育,应该注重协调和谐,融德智体美劳诸育为一体,着眼于学生的全面发展,着力于"合格＋特长"的个性养成。

智育无疑是十分重要的,但包括智育在内的任何一种真正有效的教育都不可能是孤立的。学校的德育、智育、体育、美育和劳动教育,总是有机地互相联系、互相渗透的。比如,学生的主要任务是学习,学校的中心工作是全面提高教学质量,这当然是对的。但智育并不是单纯地传授知识,在智育的过程中有对学生正确人生观的教育、求真信念的塑造、审美情感的熏陶、坚强毅力的培养、实践能力的训练等德育、美育、体育、劳动技术教育等因素。同样的道理,除了课堂上的智育,学校的德育、体育、美育、劳动技术教育,无一不可以渗透着智育因素,成功的德育、体育、美育和劳动技术教育，无不充满知识因素并体现着科学精神。

即使就传授知识而言，也应该自然而然地伴随着能力的培养。知识当然是能力的基础，古往今来，所有大科学家、大教育家、大政治家、大学问家无一不是百科全书式的人物，但知识本身并不等于能力。现在有一些教师有一种误解，认为能力属于知识的运用，而对学生来说，知识的运用是将来的事，现在还是把知识基础打好。这种看法肯定是片面的。

应该说，中小学阶段既是孩子们奠定基础知识的阶段，也是他们形成基本能力的阶段。1986—1989年美国促进科学协会经过将近四年的调查，研究完成并公布了一份报告，题为《普及科学——美国2061计划》。该《计划》认为，如何在普及科学基础知识的同时提高学生各种技能是美国教育面临的一个亟待解决的问题。《计划》强调在传授科学知识的同时，还应该注重这些技能：质疑的能力、参与实践的能力、搜集整理和使用证据的能力、清晰地表达自己思想的能力、与人交流与合作的能力、科学研究的能力、创造的能力。

科学技术处于世界领先地位的美国尚且对其教育中的能力培养有着如此的忧虑感，我们每一个中国的教育者更应该有一种危机感。中国的智育再也不能培养高分低能的"书呆子"了！

我们的智育还应该处理好"减负"与"增负"的关系。素质教育注重减轻学生过重的课业负担，这无疑是正确的。但所谓"减负"绝不是简单地少布置作业或减少课时，其实质应该是让学生变被动学习为主动学习，减少教育中师生的无效劳动，增加学生发展的目标。具体说来，我们在"减轻学生过重课业负担"的同时，应该"加重"学生思维训练的"负担"。

长期以来，学生的学习状况存在"三重一轻"的问题——心理负担重，记忆负担重，作业负担重，而学习过程中思维能力训练的"负担"太轻！正如爱因斯坦应《纽约时报》教育编辑请求而写的声明中所说："由于太多和太杂的学科造成青年人的过重负担，大大危害了这种独立思考的发展。负担过重必然导致肤浅。"

因此，"减负"后我们要从应试技巧的训练转向学习能力的培养，重要的一点，就是要变"三重一轻"为"三轻一重"。

另外，"减轻学生课业负担"的同时，还应"加重"学生能力培养的"负担"。关于能力培养的重要性，我们前面已经说过了。改革智育必然使学生学得主动和轻松，从而有更多的时间和精力多方面地拓展自己的视野，培养自己的能力。这就要求我们教师在提高学生学习效率的同时，加强对学生其他能力——尤其是创造能力和社会实践能力的培养。这才是科学的"减负"。

需要说明的是，我们在强调学生的协调和谐、全面发展的同时，千万不能"打着全面发展的旗号，实施全面不发展的勾当"。从学生的发展潜力来看，每个学生都是一个独特的个体，都有可能在某些方面发展得特别优秀，取得骄人的成就。但在"大一统"的教育体制下，统一的目标、统一的大纲、统一的课程、统一的评价，无疑扼杀了不少学生生命的冲动、创造的激情和个性的张扬，使学生变成千人一面的"雷同体"，成为没有个性的"克隆儿"。

因此，我非常赞赏上海建平中学冯恩洪校长提出的"合格＋特长"的教育理念。我认为教育的真谛是帮助每个人成为他自己，实现自己的人生价值，把个人的独特性发挥到极致，从而为民族、为人类做出自己独特的贡献。

五、培养学生的科学精神和人文情怀

我心中的理想智育，应该使教学活动走出分数的误区，培养学生的科学精神和人文情怀，使学生成为人类文明之火的传薪者。

至今还有不少教师认为，智育就是抓学生的考试分数，而考试分数就是衡量智育水平的唯一标准。这个认识是错误的。智育要追求高质量，其中包括理想的考试成绩，但智育的成果绝不仅仅是分数，而是学生的发展——思维的发展、智慧的发展、求知欲的发展、创造力的发展，等等。所以，邓小平同志关于"发展才是硬道理"的观点同样适用于智育。

著名学者徐惟诚先生在李镇西的《爱心与教育》一书序言中写道："（教育者）首先要认清自己教育活动的目标，不是一张张的成绩单，不是一堆分数，不是高一级学校的录取通知，而是活生生的人，是人才，是能够在未来社会中站住脚跟，开创事业的人才。这样的人才，不仅要在学校里读书，通过读书获得一定的扎实的知识，更需要终身有读书的兴趣，求知的欲望，并且有能力自己学习，有能力找到所需要的知识，有能力吸取这些知识。"

新加坡的中小学教育基础扎实，学生在国际性的学科测验中屡得高分。1996年，"第三届国际数学和科学调查"对来自41个国家和地区的大约50万名学生进行了测验，这是有史以来规模最大的一次学科测验。结果显示，新加坡学生在数学和自然科学方面均名列第一，平均分数分别为643分和607分，遥遥领先于第二名的韩国和捷克。英美等发达国家学生的成绩大多在20名以后。就在新加坡舆论为自己的学生考高分而大力宣传的时候，新加坡政府却没有因此而沾沾自喜，他们很清醒地认识到，学生在国际学科测验中考高分是一柄双刃剑。如果学生的高分不能转化和体现为学生创造力的提高，甚至反而成为独创性的障碍，那么，这种高分是有害的。新加坡副总理李显龙专门发表讲话说，我们需要重新检验我们评估学生的方式。他认为，仅仅用分数来衡量学生的学业并作为国家教育质量的标准是片面的；新加坡现行的教育方式正是适应了考试的要求，缺少的恰恰是对独立性、创新性的鼓励和培养。李显龙的这个讲话为新加坡教育界注入了一支清醒剂，促使教育界把思考的重点从高分转到创造力上来。

中国现在智育的弊端也是如此。我国中学生参加国际数理化奥林匹克竞赛，几乎每次都拿金牌，但自从诺贝尔奖设立以来，鲜少有中国的学者问津。这和我们基础教育单纯追求考试高分有很大关系。直到现在，有些地方的教育行政部门还以学校的考试成绩作为评估的主要标准，大搞分数排名。我认为，我们的智育也应该走出分数的误区，把追求的重点从高分转移到创造力上来。要让我们的优生不但学科知识扎实，而且能力全面，特别是在创造能力方面也具有国际竞争力。

苏联教育家阿莫纳什维利认为："数字本身说明不了儿童的具体学业成绩。""儿童不需要分数，因为分数会阻碍他们对知识的渴求，阻碍他们在学校快乐和愉快地生活。"正是这位教育家，在每学期结束时，不向家长送成绩分数单，而是送一个纸袋。在这个纸袋里面，装有学生智力劳动的作品：学生写的书法，学生编写的故事，精选出来的学生完成的各科作业，学生的绘画，学生的资料剪贴，学生的作文，以及有校长阿莫纳什维利签名的鉴定，这份鉴定没有一句空话、套话，都是对学生的智力分析和对学生的热情鼓励。毫无疑问，比起几个抽象的分数，这个纸袋才真正全面反映了学生的学习状态、学习成绩以及学生智力与能力的发展水平。我热切盼望我们中国也能有这样真正科学全面而又富有人情味的智育评价方式。

仅仅体现分数的智育，无疑是目光短浅的，忘却了教育的真正使命。对于学生而言，主要任务就是读书，但现在学生除了读教科书之外恰恰很少读书。对于学习成绩好的学生来说，他们成天陷于题海之中，无暇涉猎其他书籍；对于学习成绩不好的学生来说，教师和家长给他们的学习量更多，又是补课又是补充作业，他们更没有时间读课外书。《文汇读书周报》曾经登过一篇对中学生课外阅读情况的调查，结果显示现在的中学生的课外阅读量少得可怜。最具讽刺意味的是，相当多的中学生能够把中外名著的书名、作者背得滚瓜烂熟，但对作品本身的内容却一无所知！

可能有些教育者认为课外阅读是学生额外的任务，而我则认为，大量的阅读正是我们智育的分内任务。因为大量的阅读，其作用不仅仅是扩大学生的视野，更重要的是它能直接促进学生的课内学习。

苏霍姆林斯基认为，要使学生掌握深刻而牢固的知识，就必须使学习有一个巩固的"大后方"，或者说，要把知识建筑在一个广阔的"智力背景"上。苏霍姆林斯基非常善于把课堂上要教的教材跟学生的课外阅读结合起来，从而使两者互相促进，提高学生对两方面的兴趣。他说："对于读书多的学生来说，在课堂上所学的任何一个新概念，能够纳入他从各种书里汲取的知识的体系里；这时候，课堂上所教的科学知识就具有了特殊的吸引力，学生会感到它们是帮助把自己头脑中已有的东西弄得更明白的必不可少的东西。"为此，苏霍姆林斯基为学生的课外阅读做了明确的规定，并把这个规定列为"第二套教学大纲"。特别值得一提的是，在提高"后进学生"学习成绩方面，苏霍姆林斯基的"第二套教学大纲"发挥了奇妙的作用。他说："三十多年的教育工作使我深信，对于这类儿童，正是前面说过的'第二套教学大纲'能起到特别重要的作用。对这些儿童来说，把学习仅仅局限于背诵必修的教材是特别有害的，这种做法会使他们养成死记硬背的习惯，变得更加迟钝。我曾试用过许多手段来减轻这些学生的脑力劳动，结果得出一条结论：最有效的手段就是扩大他们的阅读范围。"正是在这个意义上，苏霍姆林斯基把建立图书馆和提倡读书，视为学校教育的本质所在。

因此，我再次呼吁我们的老师，把更多的时间留给孩子们读书。教师要通过指导学生阅读，给他们打开一扇又一扇文学的窗口、文明的窗口、文化的窗口，最后要使学生养成自己主动阅读的习惯。要让学生明白，阅读是生活不可分割的组成部分；我们之所以要阅读，并不仅仅是因为要考试，而是因为我们要生活。让阅读成为伴随学生终身的生活习惯，让阅读成为他们人生旅途所必须经历的精神跋涉。无论是古代的还是现代的，无论是中国的还是外国的，无论是科技的还是人文的……一切凝聚着人类文化精华的读物都应进入学生的视野，让他们在阅读的过程中鉴赏文化精品，提高审美情趣，充实精神营养，完善人格塑造，最终将这些文化精华转化为自己人生的火炬，使自己也成为人类文明之火的传薪者。唯有这样，我们的学生才能真正成为新世纪的精神巨人。

基于这样的考虑，我们在20世纪90年代就组织国内外的著名专家、学者，研究了规模巨大的"新世纪教育文库"（约400种书目），把人类文化中最精华的东西展现和推荐给我们的教师和学生，使师生们在有限的时间内，和书本拥抱，与大师对话，与人类的崇高精神交流。我们执着地认定，未来的时代是一个竞争与挑战的时代，是一个充满生机活力的时代，同时，它也应该是一个潜心读书的时代。"风声雨声读书声，声声入耳；家事国事天下事，事事关心。"这样才能俯仰于天地之间，塑造一代新人坚强的灵魂和崭新的形象，实现中华民族的伟大复兴。

六、重视实践，使学生关注生活和社会

我心中的理想智育，应该具有开放性，注重实践性，与生活相联系，与社会相沟通，使学生关注窗外的世界、校外的天空。

"两耳不闻窗外事，一心只读圣贤书"，这是中国传统教育中私塾先生对学生的要求。这种情形至今还存在于我们的学校中，所谓"读死书，死读书，读书死"，便是对这种教育弊端的概括。不少教师和家长都喜欢把孩子关在房间（学校、家庭）里"专心致志"地读书，以为这样孩子便能成才。殊不知，这种封闭式的智育只会扼杀孩子的智慧和才能。

对于教育（特别是智育）的开放性和实践性，我国伟大的教育家陶行知有极为精辟的论述。针对长期以来封闭孤立的"教育"，他鲜明地提倡："生活即教育，社会即学校。"他主张"把笼里的小鸟放到天空中去，使他

能任意飞翔，把学校的一切伸张到大自然里去"。

为此，他大声疾呼要给儿童以"六大解放"："在现状下，尤须进行六大解放，把学习的基本自由还给学生：一、解放他的头脑，使他能想；二、解放他的双手，使他能干；三、解放他的眼睛，使他能看；四、解放他的嘴，使他能谈；五、解放他的空间，使他能到大自然大社会里去取得更丰富的学问；六、解放他的时间，不把他的功课表填满，不逼迫他赶考，不和家长联合起来在功课上夹攻，要给他一些空闲时间消化所学，并且学一点他自己渴望要学的学问，干一点他自己高兴干的事情。"①

素质教育的重点是培养学生的创新能力和实践能力，而无论是培养创新能力还是实践能力，都必须同社会相联系，同生活相联系，这样才能真正有效。在这方面，国外许多做法值得我们借鉴。

在日本，有一种教育教学活动叫"修学旅行"，即由学校定期组织学生去外地进行参观、学习的一种集体旅游活动，是一种开放性的课外学习。其目的在于开阔学生的视野，增加实践知识，培养参与精神与能力。在澳大利亚的中小学，专门开设有野外实践考察课。出发前学生人手一册考察提纲，上面绘制有地图、考察项目、填充思考题及相关资料。这是一堂容量大、综合性强的实践课，涉及水文、地质、环保、建筑、经济、文化、历史等领域。在美国沿海城市梅斯蒂克市的各级学校中，有着规模宏大的海洋学教学计划。该计划不但拥有强大的专业教师队伍，而且还拥有自己的实验室、教室和渔船，而教学过程实际上就是教师带着学生们到海上去捕鱼。学生们在教师的指导下撒网捕鱼，取出水样进行分析，了解鱼的分类以及不同类别的鱼的鉴别方法，动手解剖鱼，等等。

需要特别说明的是，我主张智育同生活相联系、同社会相联系，绝不是反对系统的书本知识的学习，而是希望教师们能够引导学生在实践中把知识学活用活，同时把这种活的知识变成能力，特别是创新能力。当然，我之所以提倡智育的实践性和开放性，不仅仅是因为知识只有与社会生活相联系才能真正变成学生自己的知识，还因为社会生活本身也是获取知识的重要渠道；更重要的是，只有当学生在社会生活的实践中获取知识、巩固知识、运用知识时，他们才能把知识化为修养、注入信念、铸进人格，同

---

① 陶行知：《小学教师与民主运动》，《陶行知全集》第4卷，四川教育出版社，1991，第635页。

时也才能真正逐渐形成改造生活和社会的能力。

七、让课堂充满活力、情趣与智慧

我心中的理想智育，应该让课堂充满活力、情趣和智慧，让课程具有丰富性、回归性、关联性和严密性，使学生真正成为教学活动的主人。

课堂对于学生的意义，不亚于田野对于农民，车间对于工人，战场对于士兵的意义。而且，课堂对于学生来说，不只具有智育的意义，更具有生活的意义。

吴康宁教授在《课堂教学社会学》一书中曾深刻地指出："课堂"本身确实是一个"小社会"。在这个小社会中，存在着特殊的社会组织——班级与小组；特殊的社会角色——作为权威的教师与有着不同家庭及群体背景的学生；特殊的社会文化——作为"法定文化"的教学内容及作为亚文化的教师文化与学生群体文化；特殊的社会活动——有目的、有计划的教育人际交往；特定的社会规范——课堂规章制度，以及由此发生的各种基本的社会行为。因此，"过去我们常常说学生在课堂中学习着课程，现在则可以说学生其实也是在，而且更确切地说首先是在课堂社会中亲历着生活，体验着由服从、沉默、反抗、竞争、合作、展示、回避、成功、失败等带来的种种酸甜苦辣、喜怒哀乐"。

因此，什么是理想的课堂？什么样的课堂能够充满活力、情趣与智慧？我们认为有以下特征。

一是参与度，即学生的全员参与、全程参与和有效参与。英国牛津大学出版社的"牛津英语教师宝库"中有一本《以学生为主体的英语教学》（*Learner-Based Teaching*）。该书作者认为，课堂教学需要"提倡学生参与决定教学内容，力图使学生自己的输入成为主要的教学内容资源，并成为整个教学活动的中心"。这就是说，如果课堂上"满堂灌"，而没有学生的参与，就根本不可能激发学生的思想。在这个定义上，我主张一般的课堂，学生发言与活动的时间不能少于1/2。

二是亲和度，即师生之间愉快的情感沟通与智慧交流。吉尔·哈德斐尔德（Jill Hadfield）在《课堂活力》一书中说："班级里可能充满了欢乐、友谊、合作和渴望，也可能是沉默、不快、矛盾和敌意。"前者无疑是亲和度高的表现，也是课堂教学成功的基础。

三是自由度。我们的课堂犹如军营，强调的是铁的纪律，正襟危坐，学生如履薄冰，战战兢兢，少了一些轻松，少了一些幽默，少了一些欢声笑语，少了一些神采飞扬。尤其是要求学生齐声回答，不允许交头接耳，不允许与老师争辩等。这无疑是给学生的身心自由发展套上了枷锁。

四是整合度，即整体地把握学科知识体系。整合度不高的课堂教学，往往把完整的知识支离为鸡零狗碎，如语文老师把字、词从具体的语言环境中分割出来，历史老师让事件从时代背景中游离出来，学生得到的只是被肢解的知识，而不是真正的整合知识的智慧。

五是练习度，即学生在课堂上动脑、动手、动口的程度。根据维果茨基的理论，学生们是通过与教师和同伴的共同活动，通过观察、模仿、体验，在互动中学习，在活动中学习的。学习的效率与成果如何，取决于在互动与活动过程中能否充分地运用自己的能动器官。所以，一堂好课，不在于它有条不紊，不在于它流畅顺达，而在于它能真正地让孩子练习和实践。

六是延展度，即在知识整合的基础上向广度和深度延展，从课堂教学向社会生活延伸。课程是智育过程中仅次于课堂的又一个重要问题。现在对"国本课程""地本课程""校本课程"的讨论日趋增多，但究竟怎样的课程是理想的课程，可谓见仁见智。

让课程具有丰富性（Rich）、回归性（Recursive）、关联性（Relational）和严密性（Rigorous），是美国路易斯安那州立大学课程与教学系教授 E. 多尔在《后现代课程观》中提出的观点，即所谓"4R"。课程的"丰富性"是指课程的深度、意义的层次、多种可能性或多重解释；"回归性"是指由对话引起的与环境、与他人及与文化间的反思性相互作用，以此来实现提高师生的已有经验；"关联性"是指课程的教育联系与文化联系；"严密性"是指有目的地寻找不同的选择方案、关系和联系，"自觉地寻找我们或他人所持的这些假设，以及这些假设之间的协调通道，促使对话成为有意义的和转变性的对话"。

这里的"4R"读起来有些费解，但其定义与上述的"六度"是相通的，其宗旨都是激活学生的思维，把握整体的世界，注重生活的关照，让学生真正成为教学的主人。

八、充分利用现代信息技术，拓宽智育途径

我心中的理想智育，应该充分利用现代信息技术，更新学习工具，拓宽智育途径，让学生在网络世界的时空中纵横驰骋。

以计算机技术、微电子技术和通信技术为特征的现代信息技术，已在社会各个领域中得到广泛应用，正在改变着人们的生产与生活方式、工作与学习方式。数字化生存的今天，对智育提出了新的挑战。它要求新世纪的学生具备以下新的能力：

1. 新的读写能力。读书不仅涉及传统文本，而且涉及形象和屏幕，这就要求学生从多媒体文本中学习，从中选取所需的资料。

2. 新的导航搜索能力。我们在图书馆浏览或在网上冲浪时，会经常发现新东西，因此学习不单是听讲，还有基于发现和基于实验的学习。

3. 新的推理能力。推理不单是抽象的逻辑演绎，更与查找能力相关，查找目标、工具、代码、文件，并以一种新的方法使用它们，把它们运用到新的文本中去。

4. 新的判断能力。按理说，课本和新闻报道都还有值得信赖的理由，但在网络上，非常多的信息不具备这一点，判断在今天显得比任何时候都更为关键。

我们的教育不能无视这一时代发展趋势，理应做出积极的回应。教育部于 2000 年颁布的《关于加快中小学信息技术课程建设的指导意见（草案）》明确指出："在全国中小学积极推进信息技术教育，促进中小学课程、教材、教学的改革，是贯彻邓小平同志'三个面向'指示精神，实现教育现代化的需要；是落实《面向 21 世纪教育振兴行动计划》，深化基础教育改革，全面实施素质教育的需要；是面向 21 世纪国际竞争，提高综合国力和全民素质，培养具有创新精神和实践能力的新型人才的需要。"

现在的问题是，许多学生已经开始接触网络，并受到网络或积极或消极的影响，而我们相当多的教师连计算机操作都还不会，这是令人忧虑的。互联网的发展趋势是不可抗拒的，它对学生的诱惑更是难以抵御的。我们

应该对此加以科学的研究，在此基础上对学生进行引导，最大限度地发挥其积极因素，限制其消极影响。我认为，我们的智育理应把对学生进行现代信息技术教育作为自己的任务。

现代信息技术的发展给我们的智育注入了富有时代气息的内容，同时更新了我们的教育手段，也拓宽了学生求知和实践的途径。今天的智育任务，已不仅仅是给学生传授传统教材中的知识和培养传统意义上的能力，它还包括培养学生对信息技术的兴趣和意识，让学生了解或掌握信息技术的基本知识和技能，使学生具有获取信息、判断信息、传输信息、处理信息和应用信息技术手段的能力，形成良好的文化素养，为他们适应信息社会的学习、工作和生活打下必要的基础。

互联网的出现，使传统教育受到了巨大的冲击，它对教师的"教"与学生的"学"都提出了新的挑战。在传统教育中，教师比学生具有更多的知识资源优势，而现在师生同样面对互联网，教师的资源优势不复存在了；相反，有时候学生所拥有的知识比教师多，因为学生可以通过网络自由地获取任何知识。同时，如果说过去学生的学习主要是积累知识的话，那么现在面对知识爆炸，学生的学习主要是选择知识。在这种情况下，教师的角色必然发生变化。面对互联网，教师应该是"引导者"。互联网是一个巨大的资料库，如何引导学生辨别、选择最有价值的信息，是教师义不容辞的责任。同时，教师又应该是"保护人"。网上也有不少无用甚至对青少年有害的信息，这就需要教师通过与学生的交流，引导学生思想不出偏差，让他们健康成长。

因此，教师必须首先熟悉并运用互联网技术。如果教师不会用电脑，不会上网，就谈不上对学生的教育和引导。同时，教师对当代最新的信息、知识，应该有很强的敏感性，有全面的了解和独到的见解，只有这样才能掌握引导的主动权。另外，互联网的出现，使得师生在教育资源获得上取得平等的地位。教师要转变观念，彻底放下权威的架子，做学生的学习伙伴，共同探讨交流，真正实现教学的民主化。

苏霍姆林斯基曾把教育比作一朵花，而智育只是其中的花瓣之一。的确是这样，从某种意义上讲，智育本身不是目的，只是手段，是让人成为"人"的手段。培根早就说过："读史使人明智，读诗使人聪慧，演算使人思维精密，哲理使人思想深刻，伦理学使人有修养，逻辑修辞使人善辩。

总之，知识能塑造人的性格。"

因此，完全可以这样说，就根本目的而言，智育是服务于学生的人格塑造的——通过智育与德育、体育、美育、劳动技术教育等其他教育的和谐配合，让我们的学生终身拥有科学的态度、科学的精神和科学的世界观，拥有能够正确认识自己、他人、人类社会和自然世界并处理好这几者之间的和谐关系的品质和能力，拥有一颗富有智慧的大脑，成为一个在精神上永远幸福的人。

第三章　我心中的理想体育

体育是力量的角逐，两军对垒，谁能逐鹿问鼎，让人惊心动魄。

体育是智慧的较量，排兵布阵，谁有锦囊妙计，使人捉摸不定。

体育是美丽的展示，刚柔兼具，谁更技高一筹，令人赏心悦目。

从古罗马竞技场上奴隶间的角斗，到现代奥运会赛场上运动员们的竞争，体育从来都是人类社会的兴奋点，也从来都成为教育的关注点。

随着人类历史的发展，随着社会进步和文明的发展，体育在人类发展中的地位和使命也在不断变化，体育的功能和价值也正不断走向成熟和完善。尤其是现代社会，对人的素质与身心和谐发展的要求越来越高，使得体育日益蓬勃发展，体育对社会文化和人们生活的影响也越来越大。

但是，在学校里，体育的性质和功能却发生了偏移与弱化，在升学应试的压力之下，体育在一些学校成为可有可无的"小课"或装潢门面的"花瓶"，体育仅仅满足于传授技艺与增进体能，体育的精神意义和体育的崇高境界却被淡化和遗忘了，这无疑使体育走进了死胡同。因此，有必要重新审视体育，呼唤我们心中的理想体育。

一、培养学生在人生路途上追求"更快、更高、更强"

我心中的理想体育，应该能体现奥林匹克精神，培养学生在人生路途上追求"更快、更高、更强"，并能完善自我，体现人性之崇高。

不断适应自然和改造自然，不断追求新的成就及新的突破，这是人类本性的反映，而这一本性因体育运动得以展现和弘扬，又因奥林匹克的存在和发展而得以提高和升华。

奥林匹克的格言"更快、更高、更强"是由现代奥林匹克运动的创始人顾拜旦的好友、法国巴黎阿奎埃尔修道院院长迪东神甫提出来的，后被顾拜旦借用于奥林匹克运动。1920 年国际奥委会将其正式确认为奥林匹克格言，并在安特卫普第 7 届奥运会上首次使用。追求"更快、更高、更强"，对无穷力量的无限向往，向人类能力的极限不断挑战，正是竞技运动所体现的价值，也是奥林匹克所要追求的目标。

在西方的文化观念里，肉体和精神是不可分离的。没有强健的肉体，就难以有坚强的精神。为了让坚强的精神能够寄寓强健的肉体，就有了马拉松，有了掷铁饼，也有了斗牛、拳击、摔跤……正是在这些我们看来近乎残忍的体育运动项目中，人的竞技精神、奋斗精神、冒险精神、创新精神等得以培养和展现。

当登山探险队拿生命做抵押，征服了一座山峰又去征服另一座山峰时；当长江第一漂的壮士将自己投进惊涛骇浪之中时；当蹦极运动员纵身跳下万丈悬崖时；当举重运动员打破世界纪录又向新的目标挺进时，他们是要干什么？他们的目标只有一个，就是"更快、更高、更强"。竞技选手们这种永无止境的追求，每 0.01 秒的提高，每一个新技术动作的出现，每一场精彩的表演，都是这种精神的集中表现和生动写照。而这种精神，难道不是现代社会所要提倡和弘扬的吗？难道不是人类生存与发展所必备的吗？

这种追求"更快、更高、更强"的奥林匹克精神，对于成长中的学生是非常重要的。只有不断地追求卓越，挑战自我，才能做出非凡的成就，才能拥有辉煌的人生。"没有最好，只有更好"，这不仅是郎平为澳柯玛电器所说的广告词，更是中国女排精神的写照，也是这位优秀运动员和教练员的人生写真。在体育教学中，鼓励学生向"更快、更高、更强"冲击，鼓励学生不断向上、进取，在某种意义上比掌握某些体育技能、获得某些体育成绩更重要。

追求"更快、更高、更强"，向人类能力的极限挑战，这是奥林匹克运动提倡的精神，但不是唯一目标。现代奥林匹克运动着重体现的是一种人文精神，它表现为尊重人性、人权、人的本质，它以身体活动的方式提倡关心人、尊重人的价值。在人文主义体育的视野中，体育不只是强力的冶炼，它也把人的情绪、态度、理想等作为教育取向的重要领域，从而体现人性之美好和崇高。顾拜旦复兴奥运会的根本目的，也不仅仅是推动竞技运动的普及，而是将它纳入教育和人文的范围，即通过科学的锻炼和平等的竞争来实现教育的人文目标。因此，体育精神也是一种人文精神。

首先，体育运动是人类进行自我完善、自我发展的重要形式。体育运动是以人体本身作为作用的对象，在科学的训练和锻炼原则指导下，以一系列有规律的身体运动方式，对人的有机体直接产生影响，使人体的肌肉结构、生理机能得以积极改造，从而达到肌肉发达、反应灵敏、精力充沛的效果，体现力与美的完美结合。这种功能和价值是人类活动的其他形式无法取代的。

其次，体育运动不仅作用于人的身体，同时对人的精神世界产生重要影响。在体育运动中所表现出来的进取精神、拼搏精神、公平竞争及团结友爱的精神、爱国主义和国际主义精神等，无不是美好人性的体现。所以，无论从生理方面还是精神方面来看，体育都能促进人类自身的完善，体现人性的崇高。

对于体育的上述作用与功能，长期以来的教育无疑是忽视了。《辞海》对体育的定义也只停留在"增强身体素质，提高健康水平的教育"的水平上，《中国大百科全书·教育》也这样界定体育："向受教育者传授健身知识、技能，增强体质、培养自觉锻炼身体习惯的活动，是全面发展教育的重要部分。"这样，体育追求"更快、更高、更强"的境界，体育体现人性之崇高的魅力，在学校教育中就被大打折扣了，而这恰恰应该是体育追寻的理想。

二、磨炼学生的意志，使学生养成坚韧不拔的品质

我心中的理想体育，应该注重磨炼学生的意志，使学生永不言败，永不停歇，养成坚韧不拔的品质。

鲁迅先生在《最先与最后》一文中说过："我每看运动会时，常常这样想：优胜者固然可敬，但那虽然落后而仍非跑至终点不止的竞技者，和见了这样竞技者而肃然不笑的看客，乃正是中国将来的脊梁。"这种竞技者最重要的品质，就是坚韧不拔的意志。

意志是自觉确定目的、按照目的调节内外活动、克服各种困难的心理

过程。积极健康的意志活动有如下的品质：

一是自觉性，即能根据自己对客观事物发展规律的认识，自觉确定行动的目的，有步骤地采取有效的行动方式，从而提高自觉性，减少盲目性。二是果断性，即在需要做决定时能毫不犹豫，当机立断；而在需要延缓决定时，又能深思远虑，直到情况成熟时才采取相应的措施。三是坚韧性，即能持之以恒地把采取的决定进行到底，而不会被形形色色的诱惑所干扰，也不会被各种各样的困难、挫折所吓退；既不会因成功而自满，也不会因失败而气馁。四是自制性，即能够为达到既定目的而控制自己的情绪，约束自己的言行，忍辱负重，在所不辞，善于用理智驾驭情感，用远大的目标抑制过度的欲望，用自制的方法收拢分散的注意力，等等。

显而易见，体育作为一种强力的运动，需要参与者具备这些优秀的意志品质。而恰恰又因为体育是一种强力的运动，会对个体意志品质的培养起到独特的作用。体育的魅力之一就在于它体现了人类意志力的能量。无论是在课堂上的训练，还是在竞技场上的比赛，它都要求学生或运动员挑战自己的体能，挑战自己的过去，挑战自己的极限，要求学生或运动员咬紧牙关，抗衡对手，坚持到最后一刻。"两强相遇勇者胜"，在势均力敌的情况下，往往是意志力成了决定胜负的关键。

我们看到，在2000年悉尼奥运会上，每一枚奖牌的获得无不与参赛选手们在长期体育训练中所养成的顽强意志、坚韧不拔的品质密切相关。当占旭刚奋力举起自己从未举起过的重量时，当孔令辉咬紧牙关战胜世界强手瓦尔德内尔时，当张军、高崚这对年轻的羽毛球选手毫无惧色地面对世界排名第一的强劲对手时，当竞走选手王丽萍以其耐力及毅力走至终点时……此时此刻，金光闪闪的奖牌在观众的眼里并不是那么重要，大放异彩、让人激动不已乃至终生难忘的不正是运动员们那种自强不息、永不言败、坚韧不拔、百折不挠的精神和信念吗？

一位从美国回国的友人感慨道："在美国，许多儿童可以不知道克林顿，但很少有不知道乔丹的。"热爱运动，追求健壮，参与竞争，崇拜英雄，这种体育文化从小就在孩子的心灵中植根。

也正因为如此，世界各国都十分重视体育教学。如德国的十年一贯制学校中，体育在学校教育计划中的课时数居第三位，仅次于德语和数学。古巴、法国等国规定中小学生体育课不及格或达不到大纲要求，学生不能升学或毕业。在英国的公学中，学生甚至是整个下午都在进行各种各样的体育活动，其目的是培养学生适应未来各种生活环境和担负各种艰巨繁重的工作的能力。英国许多保守党大臣和87%的皇家将军、83%的教会大主教、65%的法官、88%的外交官，都毕业于这类学校。

而我国近些年来由于受追求升学率的影响，体育在现代教育中呈现萎缩趋势；由于独生子女的"独"，孩子吃苦耐劳的品质、承受挫折的能力以及果断、自制、坚忍等良好的意志品质难有培养的氛围和机会，孩子从小被喂娇了、抱懒了、惯坏了，有的成了"小胖墩"，有的成了"小豆芽"，还有的成了"药罐子"等，这与时代发展对人的强健体魄的要求是格格不入的。

学校体育必须承担起磨炼学生意志的使命与责任。我个人对此也深有体会。在读大学时，并不擅长运动的我参加了学校长跑队，为了锻炼体能，我差不多每天早晨要在操场上跑十圈（4000米以上），跑完后稍事休息，洗个冷水浴，下午则打一场篮球。这样的训练虽然不可能把我造就成一个专业的运动员，但毕竟给了我充沛的精力和顽强的毅力，在学习上也赢得了"拼命三郎"的雅号。

桑新民等在其《教育哲学对话》中谈及现代体育的有关问题时说道：现代教育很需要一点儿斯巴达教育的精神，就是强调体育训练，加强身心磨炼；需要设置一些粗犷的、粗鲁的、剽悍的、严格的半军事化的运动课程，要自觉地让学生吃点儿苦头、摸爬滚打、强壮筋骨，增强体质。因此，唯有进行强有力的体育运动，让学生心智"苦"，筋骨"劳"，不断体验欢乐与痛苦、成功与失败，其坚韧不拔的毅力和信念才会得以养成，也才能承担起"天降大任"。

需要说明的是，意志力不仅是体育魅力的体现，更是伟人成功的要诀。美国发明大王爱迪生说道："伟大人物的最明显的标志，就是他坚强的意志，不管环境变换到何种地步，他的初衷与希望仍不会有丝毫改变，而终于克服障碍，以达到期望的目的。"在体育教育中培养的意志力，如果延伸到其他学科的学习和今后的工作、生活中去，无疑将会绽开绚丽的成功之花，使人生更加充实。

三、培养学生的合作精神、集体情怀和爱国情操

我心中的理想体育，应该注重培养学生的合作精神、集体情怀和爱国情操，使体育活动成为德行养成的重要途径。

美国女科学家朱克曼做过统计，在诺贝尔奖设立的第一个 25 年，合作研究获奖人数仅占 41%，第二个 25 年里占 65%，第三个 25 年里占 79%。时至今日，已极少有人孤军奋战、独享荣誉了。美国的"阿波罗登月计划"耗资 250 亿美元，直接参与的科学家及工作人员达 42 万之众。"合作"成为科学研究的一种基本形式。"学会合作，学会共处"（learning to work together）是现代教育的基本理念之一。2001 年，在瑞典举行的世界教育大会把它作为会议的主题，并确定它为 21 世纪教育的基本目标。

体育作为一种竞技活动，是培养学生竞争意识的有效手段。同时，体育运动又能培养个体的合作意识，并求得两者间的内在统一。实践证明，一个优秀的运动队不但要求运动员有优良的运动天赋和高水平的竞技能力，更要为运动员提供充分挖掘和展现其运动才能的集体氛围。特别是集体比赛项目，更需要有效地发挥每个运动员的个体水平与整体协同作战的群体水平。即使是个人比赛项目，运动员的成功也凝聚着集体的智慧。2000 年悉尼奥运会以及 2008 年北京奥运会上，中国男子体操、乒乓球、羽毛球、举重等项目取得举世瞩目的成绩，无不与运动员的合作精神、集体情怀及爱国情操息息相关。

体育中的各种项目总是带有竞赛评比的特点，然而在对抗的竞争中，个人之间、集体之间不仅在竞技上有交锋，在思想、感情上也有交融。无论是田径类、球类，还是体操类、游泳类等，参与其中的队员的运动行为，除了受自身的身心因素影响，还会受到队友、教练、裁判、观众的影响，受到运动规范、赛场气氛、队员间角色及责任等因素的影响。

正是在这种综合因素的影响之下，运动员的运动行为已经不再是单纯的个人行为，他应在运动中养成友好、同情、体谅、协作、团结、礼貌等优秀品德，树立起团队精神及集体情怀。有了这种团队精神和集体情怀，队员之间就能在思想感情上相互了解、相互信任，在行动上相互协调、相

互支持，全队战术配合就更容易奏效；有了这种团队精神和集体情怀，队员间才能形成共同的心理氛围，困难时相互激励，胜利时相互庆贺。此外，团队精神与集体情怀会对运动员个人比赛心理起到强有力的支持作用，使其在比赛中更能保持适宜的精神状态，增强比赛中的自信心、果敢性及合理的荣誉感，强化个体"我是林中木"而"独木不成林"的责任心及合作意识。

体育活动中的合作精神，如果延伸到其他工作领域中去，无疑会释放出巨大的能量。中国女排老队长孙晋芳曾用她们团结协作的团队精神，征服了"东洋魔女"，征服了"世界列强"，独领风骚十余年。在她出任国家体育彩票中心主任后，曾深有体会地说："长期的集体训练和比赛，培养了运动员的团队精神。在彩票工作中体现为相互学习，相互帮助，令行禁止，协调一致，小局服从大局。"1997年，在统一全国体育彩票电脑网络的过程中，之所以没遇到太大的障碍，就是因为已建立了本地区电脑网络的地方都坚决地服从国家体彩中心的决定，放弃自己独立的网络，并入全国统一的网络中，自觉接受国家体彩中心的统一控制和管理。

因此，在学校体育教学中，体育教师不仅要教会学生掌握基本的体育技能，教会学生追寻奥林匹克精神，也要让他们学会合作。要引导学生成立自由组合的体育兴趣小组或俱乐部，鼓励学生开展丰富多彩的课外体育活动。在指导学生进行对抗团体竞赛时，既要鼓励学生敢打敢拼，又要鼓励学生默契配合，反对个人英雄主义。

在跨地区、跨国家的体育比赛中，运动员的合作精神和集体情怀往往上升为高尚的爱国主义情操和国际主义情怀。当年中国女排从20世纪50年代水平很低的起点，到20世纪80年代登上世界高峰，这一过程是与她们恪守"勇攀高峰，为国争光"这一运动员的信念紧紧相连的。著名作家严文井在给中国女排的一首诗中写道："无论祖先给我们留下多少值得骄傲的遗产，我们需亲手创造新的足以自豪的东西。"中国乒乓球队在世界乒坛大放异彩，战功赫赫，长盛不衰，也正是一代又一代乒乓骁将为国拼搏的结晶。当每一次国歌奏响、国旗飘扬时，运动员、教练员那激动的泪水不仅是胜利的喜悦，更是他们内心最诚挚的对祖国的自豪感、幸福感的显现，那一时刻也唤起了无数国人的爱国激情。

体育教学要充分利用各种活动和机遇对学生进行爱国主义教育。当中国奥委会征服评委会成员的心，成功争取到 2008 年奥运会举办权之时；当中国足球队在沈阳击败阿曼提前两轮冲出亚洲之时；当中国运动员在赛场中捷报频传、凯歌高唱之时；体育教师要不失时机地举行各种活动，既让学生了解各类体育知识，也让学生形成爱国主义的情感，形成对祖国的认同感与自豪感，激励他们在今后的学习与工作中努力进取，为国争光。

四、培养学生遵守规则，学会公正、公平

我心中的理想体育，应该是注重培养学生遵守规则，确立公正、公平的观念，远离弄虚作假，形成诚实的品格。

体育作为一种竞技运动，它是规范的、合作的、有组织的。每种运动项目，每个动作都有严格的规范及比赛规则，这些规范对运动员的行为起着"戒律"作用，表现为一种秩序、节制、约束，体现出体育的科学性与公平性。体育训练首先就应该是规范的养成，引导学生对规范进行践行、履约，并逐步形成习惯。

特别是在当今世界范围内体育水平不断提高的趋势下，体育比赛的规则也逐渐严格化、复杂化。作为运动员和教练员，必须对各种运动和比赛的规则、技术发展动向进行研究，制定并实施符合规范和技术要求的科学的训练方法和措施。体育老师要在体育训练中扎实培养学生对规范的服从，并在客观规范制约下，发挥其主观能动性和创造性。

学生或运动员、教练员、裁判员在比赛中具有规范意识和纪律修养，是文明的表现，也是对体育事业高度责任感的体现，是一种道德义务。我国优秀运动员容志行，文明踢球 18 年，从不故意伤人，即使受到对方的有意侵犯，也从不施加报复，形成了为人称道并影响一代又一代运动员的"志行风格"。中国女排原队长孙晋芳在第三届世界杯排球赛上，在裁判错判时，举手微笑表示服从。比赛结束时，她被授予"优秀运动员"及"最佳运动员"奖。

随着科技水平的提高，人类社会物质生活和消费水平也在迅速提高。与此同时，人们对物质利益的追求也成了主要的价值取向。在此影响下，体育作为一种竞技运动也出现了明显的重物质轻精神的现象，给本应公正

比赛的体育精神带来了消极的影响，引发了体育比赛中种种不良行为，出现了诸如嫉妒、虚荣、弄虚作假等不良风气。

江苏省体育局局长孔庆鹏先生在分析运动员身份和资格的"异化现象"时说："有那么一些人为了沽名钓誉，骗取成绩、荣誉和利益，千方百计地在运动员参赛资格上大做手脚，以致把比赛搞得面目全非。基层传统的项目比赛成为地区性学校比赛；青少年比赛成了大哥哥大姐姐与小弟弟小妹妹的比赛，成了有胡子的和没胡子的比赛，甚至是长辈与小辈的比赛；省比赛成了小全运会；中学生比赛、大学生比赛、职工比赛、农民比赛中大量的假学生、假职工、假农民乔装打扮，混杂其间夺金掠银，瓜分奖牌。"

在各类重大比赛上，少数运动员、教练员急功近利，铤而走险，以服用兴奋剂来提高成绩，以踢"假球"来搞幕后交易；也有极少数裁判在物质利益的引诱下，在比赛中做出偏袒的仲裁，等等。可以想象，所有这些与现代体育精神背道而驰的丑恶现象会给青少年的心理带来怎样的负面影响。

当今体育运动本应是以促进人的身心和谐发展为宗旨的。体育中各种运动规范及标准，以及运动员、裁判员、教练员"守则"，在发挥其约束、控制功能的同时，也会使人的行为变得高尚，赋予体育运动以高尚的公平、公正的价值观念。

在规范面前，没有个人、等级、国家、种族、财产的差异。正因如此，公正、公平成为全球性的体育伦理道德。通过竞技运动促进人道主义在全世界的传播，并谋求各国人民的共同利益与和平交往，这是奥林匹克运动创始人的理想。2001年，雅克·罗格出任国际奥委会主席后指出，在新世纪，或许对于体育来讲更需要新的格言，那就是：更干净、更人性、更团结。我们期盼这种理想通过学校体育、社会体育、群众体育、竞技体育的无数实践变为现实。

学校体育要率先垂范，要让我们广大的体育教师和学生自觉地遵守社会基本公德和体育竞赛的基本规则，使学生认识到体育的本质特点之一是竞争，而失去公平的竞争，就丧失了体育的本质意义，从而也丧失了体育特有的魅力和生命力。在体育教学和各类学生间、学校间、地区间的比赛中，应该远离弄虚作假，鼓励学生无论在体育竞技中还是在今后的人生旅程中，都要凭自己的实力去赢得荣誉、赢得尊重。

五、培养学生坦然面对竞争，养成健全的心理素质

我心中的理想体育，应该培养学生坦然面对竞争和胜不骄、败不馁的心态，让学生学会自我心理调节和科学训练，养成健全的心理素质。

英国著名教育家洛克有一句名言："健康的精神寓于健全的身体。"世界卫生组织对于健康的定义，也明确把精力充沛、充满活力、思维敏捷、心胸宽广、情绪良好等心理健康内容作为健康的有机组成部分。在现代社会，拥有健康的心灵已成为现代人生存、发展及成功的重要前提。

首先，从时代发展来看，现代社会对人的冲击主要指向人的心理层次。生存环境及生存问题的日益尖锐，高技术要求的劳动市场和竞争的加剧，错综复杂的人际关系等，都增加了人的心理负担，使人不断处在焦虑和应急状态中，这就要求现代人必须具备良好的心理素质以适应社会发展的需要。从青少年儿童的成长来看，青少年的生理和心理发展都处在激烈变化的时期，他们同时又身处纷杂的社会环境及沉重的学习负担中，极易导致心理问题或心理疾病。因此，对学生进行心理素质教育，进行心理健康指导，养成学生健全的人格，是现代教育迫切而又重要的任务和使命。

体育作为教育的一部分，在促进学生良好的心理品质形成过程中起着独特的作用。同时，体育本身作为一种强力的训练，它不仅需要运动者承受一定的生理负担，更需要运动者承受一定的心理负担或心理考验。因为缺乏优良的心理素质，本来具备高水平技术的运动员也会发挥失常，导致失败；而因为拥有健康的心理素质，运动员超常发挥自己的水平，取得胜利，这样的例子在体育比赛中屡见不鲜。

"养乎吾生，乐乎吾心"，既健体又健心，既强健筋骨又振奋精神，这是竞技体育从产生之日起就具备的功能和价值。为此，近二三十年来，各国在体育运动的训练上，除了技能、体能训练，还开设了专门的心理训练课程，以此来消除运动员在竞技运动中的心理障碍，通过心理训练，促成运动员在竞赛中发挥心理力量，提高运动成绩。同时，这种训练又使得体育运动发挥了强身健体的作用，有利于学生身心的和谐发展。

在体育运动中，运动员良好的心理素质不仅体现在技术水平的发挥方

面，还体现在正确对待比赛的成功与失败上。胜不骄，败不馁，这是优秀运动员必备的素质，也是学校体育应首先训练学生的心理品质。当年在第22届世界体操锦标赛的男子团体比赛中，中国体操健儿在前五场顺利过关，总分名列首位时，李宁意外地从单杠上掉下来，造成了接着上场的童非必须以9.85以上的高分才能取胜的紧张局面，而恰恰在这种紧张的形势下，童非沉着冷静，以胜不骄、败不馁的优秀心理素质赢得了9.90的高分，使中国体操队第一次登上了世界冠军的宝座。在2000年悉尼奥运会女子个人体操全能比赛中，俄罗斯选手霍尔金娜在高低杠比赛时掉下来而使成绩受到影响，但她经过短暂的心理调整后，以平静的心态再一次跃上高低杠，并向观众展示了她精湛的、几乎无可挑剔的技艺，赢得了全世界观众的赞叹和敬佩。世界乒坛名将瓦尔德内尔稳定的心理素质既令对手望而生畏，又令世人羡慕不已。

在学校中，如何做到既让学生勇于争先，敢于拼搏，又让学生正确对待名次、成绩，做到胜利了不骄傲，失败了不气馁；如何指导学生既能够在游戏、比赛、竞技前做好充分的准备，发挥自己的实力及原有水平，又能够坦然地接受各种结果，把运动和比赛作为一个"过程"，这是在我们的体育教学中亟待解决的问题。

在当前国内的重大比赛中，许多观众在主队胜利时，会欣喜若狂，但往往狂得毫无节制；而当主队失败时，则悲愤交加，而且往往"怒不可遏"，甚至发生乱扔瓶子、砸毁汽车等不文明行为。这多少反映出我们学校体育在培养未来的观众上做得还不够。这就要求我们必须更新体育教师的知识结构，加强体育教师自身心理素质的训练和人文情怀的养成。

六、让学生注重体能训练的同时，感受力与美的和谐

我心中的理想体育，应该在注重体能训练的同时，为学生打开世界体育之窗，感受力与美的和谐。

在古希腊，奥运会召开之前，人们往往会在奥林匹亚宙斯神庙旁举行神圣的仪式。他们在祭坛点燃火炬，然后高擎火炬奔赴希腊各个城邦，一边奔跑，一边高呼："停止一切战斗，参加运动会去！"火炬到达之处，战

火无不熄灭，即使是剑拔弩张的双方，激烈厮杀的城邦，也开始了"神圣休战"，人们似乎忘记了仇恨，忘记了战争，全身心地投入奥运会的竞技中去。奥林匹克运动成为和平的使者。

在现代社会，体育也为各国人民的友好往来做出过重要贡献。著名的"乒乓外交"创造了"小球"转动"大球"的历史，为中美关系的解冻做出了不朽的贡献。

即使是竞争性很强的竞技体育，也为我们的学生和社会打开了一扇认识世界的窗口，成为展示一个国家和民族的政治、经济、文化和科技等综合实力的"橱窗"。这种体现不同国家与地区间经济、科技、文化教育等多种因素竞争与较量的竞技体育，为学生打开了世界体育之窗，使之体验到蕴含在体育运动中的跨国家、跨地域的丰富多彩的文化内涵。这些文化从不同的角度，用不同的方式相互补充，为学生们提供了多姿多彩的文化景观，启迪他们对真善美的追求，潜移默化地提升他们的精神境界。这正是现代体育中人文精神的表现。

现代奥运会已经将体育与文化融为一体，它将各民族、各国家、各地区之间的相互理解、相互尊重、崇尚奋斗、崇尚英雄等，弘扬为全人类所认同的道德规范。《奥林匹克宪章》指出："奥林匹克运动的精神是持续的、全球性的。其最高层次的活动是在世界上最盛大的体育节，即在奥林匹克运动会上相聚一堂。"奥林匹克运动是通过奥运会这一东西合璧、雅俗共赏的体育载体，将富于时代气息的人文精神传播到世界的每一个角落。

随着现代社会的发展，人类社会全球化的趋势日益加强，人群、信息、文化等方面的交流更加密切，各个国家、各个地区之间，不同肤色、不同语言之间相互影响、相互作用的趋势日益明显，世界正成为一个相互依赖的整体。事实也证明，体育竞赛的主体是有国别的，但体育活动本身以及人们对体育活动的欣赏是超越国家的。乔丹那出神入化的篮球技艺，马拉多纳那近乎完美的足球脚法，精彩绝伦的美国职业篮球联赛、意甲联赛、英超联赛，恐怕是世界任何一个角落都难以拒绝的视觉诱惑。在这种背景下，迫切需要通过教育来培养和增强学生的全球意识，唤醒学生对全球共同利益的关注。在这一点上，作为教育组成部分的体育更是责无旁贷。在跨国家、跨地域的各种体育运动与竞赛中，应该让学生学会尊重"差异"，并注意吸取各国体育运动及体育文化的优秀之处，欣赏其独特之处。

总的来看，当今的体育运动，尤其是奥林匹克运动，已逐渐将全世界一些具有普遍意义的真善美集中起来，具有了跨时代、跨地域的审美价值。其中，象征着五大洲团结的奥林匹克五环标志，象征着人类追求光明与理想的奥林匹克圣火，记载奥运会举办地和举办时间的历届奥运会会标以及作为奥运会象征物的富有特色的吉祥物等，都已成为全世界体育文化的标志，成为一种"国际语言"，鲜明而又独特地印在全世界无数人的心中。奥林匹克运动这一国际性的体育节日，以及其他跨国家的体育竞赛，成了全世界不同国家和地区、不同语言、不同人种和肤色的人相聚一堂"共唱同一首歌"的世界人文奇观。

在体育活动中，人的身体的各个器官有可能得到最充分的运动以及获得一系列最基本的感受。这些感受往往是迈向审美境界的开始。在体育活动中，我们通过奔跑、跳跃、冲刺、滑行、旋转、翻腾、滚动、摇晃、碰撞、升降等，强烈地刺激着身体的各种系统与感受器官，引起运动感、肌肉感、节奏感、时空感、立体感，从而产生对力量的震撼、对速度的惊奇、对勇敢的赞叹，引导我们走进精神世界的美。

现代体育更是把这种美推向极致。诸如艺术体操、团体操、冰上芭蕾、冲浪、花样游泳以及其他比赛，为我们展现了无数美的瞬间，定格了无数美的永恒。

在学校体育中，应该引导学生进入体育美的精彩世界，培养他们对美的感受能力、鉴赏能力、表现能力和创造能力。体育教师要努力改变散漫、荒疏的恶习，以自己语言的优美、行动的文雅、生活的朴实、衣着的整洁、态度的积极、思想的进步和作风的正派，给学生以美的感染；在示范教学时，要以精湛的技术、优美的形象、娴熟的技艺，给学生以美的感受。要把体育的美育功能淋漓尽致地表现出来。

七、使学生在体育活动中发现自我，享受自我

我心中的理想体育，应该尊重学生的个性和特长，不把体育作为惩罚学生的手段，而使学生在体育活动中发现自我，享受自我。

在学校，体育课往往是学生们最喜欢的课程之一，这不仅是因为在体

育课上学生可以从事自己喜爱的游戏和活动，更因为体育可以把学生从沉重的课堂负担中解放出来，清新的空气、和煦的阳光，使学生充分享受自然的气息。但是，在某些学校竟然有不少学生最头疼、最讨厌上体育课，因为某些体育老师把体育作为惩罚学生的手段，强迫学生从事自己不擅长、不喜欢的体育项目。尤其是体质较差或体重过重的学生，被迫去做不适合自己身体素质的运动，被迫去接受统一的达标测试，被迫去咀嚼在运动中失败的苦果。

事实上，学生有很大的个体差异，尊重这些差异，满足学生的不同需求，是现代学校体育的基本特征。

随着社会发展水平的提高，社会的各行各业正朝着满足人的个性化方向发展，个人的生活方式、工作方式和消费方式等个性化的趋势正在增强。作为与人文精神紧密联系在一起的现代体育，应当把体能的发展和训练与个性的培养和完善统一在一起，应使体育成为个人享有的一种权利，成为个体的一种需要，成为个体展现自我、发展自我的途径和方式。

美国小学的体育以运动游戏为主，升中学以后开始上正式的体育课，学生在众多的运动方式中寻找自己的兴趣点，选择自己修身益智的项目。全美各中学大约有2万个提高各项竞技水平的运动队。这在我们看来虽嫌散乱，但他们恰恰是在这种自由的体育活动中培养了活生生的有个性的人。而在上大学以后，基本上没有中学那种体育课了，学生们选择自己感兴趣的项目，参加俱乐部的活动。各大学每年为中学生提供上万个体育奖学金名额，平均每所著名大学约200个。这对大多数中学生及其家庭来说，有着巨大的诱惑力。这样的活动，不仅保证学生体质的增强，更为学生个性的充分自由发展，为学生主动性、创造性及独特性的发展创造了条件。

近代体育传入我国时，正值西方体育由于战争和殖民扩张被扭曲为政治工具的特殊时期。当时，衰弱的中国从日本接受了军国主义思想影响下的体育方式，让"兵操"进入了学校。它压抑个性、提倡服从，个人的自由、个人的欲望受到无情的抵制和忽视。这种缺乏人文精神的体育运动，至今仍在学校体育中存在。

有的学校把体育活动作为整饬课堂纪律、训练学生遵守规则的手段，体育教师成了变相的教导员。一些学校的体育课常常用三分之一甚至二分之一的时间进行遵规守纪的操练，甚至用强迫性训练作为对不遵守纪律的学生的惩罚手段，如罚跑多少米，罚站多少小时等。这样，体育不仅失去了它特有的魅力，而且成了学生恐惧的"魔鬼"；体育不再成为强身健体的使者，而堕落成为摧残人性的工具。我想在这里不客气地说：谁这样糟蹋体育，谁这样理解体育，就请谁离开体育这个神圣的殿堂。

这里有必要分析一下体育评价的重要形式——"达标"。达标本是国家关于学生运动能力和运动水平的标准，是对学生的一种期望。而有的学校把达标等同于体育，把体育仅仅局限于达标训练，使体育成为达标的应试教育，致使一些难以达标的学生放弃自己感兴趣、有特长的运动，而全力投入达标的努力中。

事实上，学生的体质与体能状况是大不相同的，有些学生根本不需要努力就可以达标，有的反复训练也难以提高成绩，达不了标，这样，本应是展现力量、令人精神松弛、令人焕发朝气与活力的体育课，竟然会招致学生厌烦乃至恐惧也就毫不奇怪了。所以，我主张学校体育要搞达标，但又不能"唯达标"，对那些由于各种原因不能达标的学生，要根据他们的体育态度、体质状况和某些特殊体育才能给予实事求是的评价。这样才不至于把体育达标作为评价教学的根本目标。

从体育自身来说，任何运动都具有其结构上、形式上的规范标准，但是这种规范的结构形式并非千篇一律的刻板单调。它恰恰能体现出各种运动的独特性及由此独特性所决定的独特的美。如，体操体现形体、动作之美，田径则体现速度、力量之美，等等。

因此，学校的体育教学，无论其教学目标、课程设置，还是组织形式、教学模式等，都应体现多样化、多维性及针对性，让学生在多彩的体育活动中展现特长与个性，从中发现自我，享受自我。我国有些学校在设置体育课程时不仅注重以学生兴趣、爱好为主要依据，体现体育教学的多课型并举，而且能根据学生所学专业开设一些选修课及专项课，如地质院校增加登山、负载行军等内容，商业院校增加保龄球、台球等内容。这不仅有健身、娱乐的功效，而且体现因材施教，使学生适应毕业后各自的生活和工作。

在中小学，更要紧密结合学生的个性和特长，有针对性地因势利导，帮助学生认识自己的优势，发展自己的潜能，张扬自己的个性。要组织学生按照自己的兴趣和特长开展体育活动，在体育成绩的考核与评价上要更具灵活性和多样性，让每个学生都能在体育项目中找到自己的位置，在体育课堂上寻找到自己的乐趣。

只有充满乐趣的体育教学，才能赢得学生的欢迎，才能收到真正的实效。同样，只有充满快乐的体育训练和比赛，才能充分发挥运动员的潜能。2002年中国足球队之所以能够在世界杯预选赛中脱颖而出，主教练米卢的"快乐足球"理念立下了汗马功劳。他曾经说："从现在开始，我将给球员灌输我所经历过的快乐。我会让参加集训的球员都闭上眼睛好好地想一想，当我们置身于世界杯赛场上，听着全世界球迷在场内发出的如山呼海啸般的欢呼声时，想象一下，你的体内将燃烧起一股熊熊烈火，你的内心将为此产生极其强烈的兴奋感。谁不想享受这种快乐呢？我们正是为了实现这种快乐梦想而去踢球的。"

首都体育学院的毛振明教授在谈到未来体育教学改革的方向时用两句话加以概括：让体育在孩子们心中更美好，让体育在孩子们未来的生活中更有用。如果真正以这两句话来指导我们的体育，体育将会以其独特的魅力为更多的师生所接受。

八、有机融合学校体育与社区体育，使体育社会化、生活化、终身化

我心中的理想体育，应该使学校体育与社区体育有机联系起来，充分利用社区或民间的体育资源，同时向社会开放学校的体育设施，体现体育发展的社会化、生活化、终身化的趋势。

体育活动的生活化、社会化是学校体育改革的一项重要内容。现在有一种奇怪的现象：学校的体育"尖子"毕业离校后不会锻炼身体了，大多数学生是为体育而体育，为达标而达标。这与学校体育过度"学校化""课程化"有很大的关系。而持之以恒的体育活动已经成为现代人身心健康不可或缺的重要的生活组成部分。

在现代社会中，生产的自动化程度越来越高，劳动者在生产中的体力消耗日益减少，闲暇时间日益增多。同时，生产过程日益转向单一化，劳动者在生产过程中脑力的紧张程度、心理的负荷程度都日益增加。特别是

科技发展在给人类带来福音的同时，也给人类带来一些负面影响，如环境污染的加剧，人的体力活动的减少，"现代文明病"的增加等，这势必促使劳动者在工作之余对各种强身健体、调节身心的体育活动的追求和依赖越来越强烈。此外，中青年人对形体美的追求和老年人对健康的渴望也更加强烈。所有这一切，使得体育在现代人的生活中占有了比以前任何时候都重要得多的地位。体育的终身化、社会化、生活化的趋势正逐渐增强，体育已经从少数体育工作者专门的职业和少数社会成员享有的消遣和娱乐，扩展为现代人生活的重要组成部分，扩展为现代人终身的需要和习惯。

再从体育本质来看，体育不仅具有健体的功能，它同时也具有娱乐和观赏的价值。优秀运动员在赛场上表现出的力与美的结合、勇与智的对抗、高超的技艺、优美的姿态、顽强的意志与作风等，都会成为光辉的榜样和成功的范例而吸引更多的人参加，它反过来又刺激和带动各种民间体育比赛和娱乐运动的普及与提高，促成竞技体育、学校体育同群众体育、社区体育的结合，从而使体育活动拥有广阔的群众基础。

过去，人们习惯于把体育课当成是学校围墙内的学校体育，与社会、家庭截然分开，结果学生上了十几年体育课，参加了多少次体育课外活动，毕业后仍不会进行体育锻炼。上海体育学院沈建华教授指出，要把高墙深院中封闭式的学校体育活动向开放式转化，要把娱乐体育、保健体育、生活体育和竞技体育纳入课外活动中，同时打破学校体育与社会体育的界限，建立新型体育活动模式即学区体育，如建立俱乐部制等。这或许是体育教学改革的一个主要方向。

为了适应体育终身化、社区化、生活化的趋势，学校体育在制定教学目标及设置课程时，应充分把握体育在现代社会中的地位，按照"终身体育"的原则来设置和调整学校的体育模式，将学校体育与群众体育有机结合，充分利用社区或民间的体育资源，同时向社会开放学校的体育设施，在学校内建立丰富多彩的体育文化和体育生活，立足于国民整体身心素质的提高和改善。

国家体育总局和教育部曾联合发布了《关于开展"亿万青少年儿童体育健身活动"的通知》，明确要求广泛吸纳青少年儿童参加形式多样的野外、户外体育活动，从各地实际出发，充分利用寒暑假日，积极组织开展冬长跑、春郊游、夏游泳、秋登山等丰富多彩的课外体育活动和形式多样的夏（冬）令营体育健身活动，让青少年儿童在大自然中磨炼意志，锻炼体能，陶冶情操。

在这方面，我们已经有成功的范例。上海一些中小学的体育教学中，特别注重传统体育项目与继承民族民间体育项目及引进新型体育健身项目并举，力争体现体育的人文性、基础性、娱乐性、多样性，如引进现代人身心发展需要的新型项目有越野、保龄球、台球、高尔夫球、软式排球等，引进民间体育内容有拳术、踢毽子、滚铁环、登高等。许多城市学校的运动场、体育馆、游泳馆等定期向社会开放。在学校的运动场及其他健身场上，校外群众男女老少举家健身，在欢声笑语中挥汗如雨的场景，已经成了当今校园一道独特的风景线。

学校体育设施向社会开放，当然会遇到一些诸如学校安全、设施维护等具体的问题，但是只要科学管理，合理安排，应该不会有太大的问题。事实上，国外的许多学校是没有围墙的，体育设施是免费向社区居民开放的。这不仅提高了体育设施的利用率，也增强了学校与社区的亲和力，潜移默化地对学生们施加了热爱体育的影响，其综合效应是显著的。

在古希腊奥林匹亚阿尔菲斯河岸的岩壁上有这样一段格言：

如果你想聪明，跑步吧！
如果你想强壮，跑步吧！
如果你想健康，跑步吧！

我在这里试将这段格言稍加修改，献给诸位读者：

如果你想拥有健康的心灵，请参加体育活动吧！
如果你想拥有强壮的体魄，请参加体育活动吧！
如果你想拥有成功的人生，请参加体育活动吧！
如果你想拥有参加体育活动的习惯，请从学生生涯开始吧！

第四章　我心中的理想美育

亲爱的朋友，你为初春时悄然绽放的第一枝新绿而欣喜吗？你为晨曦中喷薄而出的第一缕阳光而欢呼吗？你的思想曾经为莎士比亚、雨果、托尔斯泰和罗曼·罗兰震撼过吗？你的情感曾经为贝多芬、肖邦、柴可夫斯基和冼星海、阿炳激荡过吗？你是否具备宽广而纯洁的胸襟，在人生的旅途中笑傲风云？你是否拥有美丽而善良的心灵，在生活的海洋中助人扬帆？对这一切来自自然、来自社会、来自人生的美的享受和体验，便构成了我们生命的美丽。

而离开了理想的美育，上述所有的美丽都是不可思议的。

一、培养学生热爱自然的情怀

我心中的理想美育，应该是一种"自然美育"，应该注重培养学生热爱自然的情怀，让学生亲和自然，与自然和谐相处。

20 世纪是人类征服自然成就最辉煌的世纪。我们的科学技术成就几乎是过去所有世纪的总和。但是，20 世纪也是人类破坏自然"成果"最"辉煌"的世纪——河流与空气的污染、森林的毁灭、酸雨的肆虐、臭氧层的破坏……也在这个世纪愈演愈烈。这一切，毫无疑问与我们缺乏对自然的亲和态度和审美情趣有关。

恩格斯在欣赏自然美时，曾经感到过"幸福的战栗"："你抓住船头桅杆的缆索，望一望那被龙骨冲开的波浪，它们溅起白色的泡沫，远远地飞过你的头上。你再望一望远方碧绿的海面，波涛汹涌翻腾，永不停息。阳光从无数闪烁的镜子中反射到你的眼里，碧绿的海水同蔚蓝的镜子般的天空和金色的太阳融化成美妙的色彩，于是你的一切忧思，一切关于人世间的敌人及其阴谋狡计的回忆，就会烟消云散，你就会融化在自由的无限的精神的骄傲意识中。"①

不知这种对于自然美敏锐地感受而产生的"幸福的战栗"是否是恩格斯献身人类美好事业的精神动力之一，但在 1935 年 5 月的南昌国民党监狱里，面对死亡的方志敏遥想铁窗外"雄巍的峨嵋，妩媚的西湖，幽雅的雁荡，与夫'秀丽甲天下'的桂林山水"等"无地不美""可以傲睨一世，令人称羡"的"中国天然风景"，更加激起了对祖国的无比热爱和对自己信仰无比坚贞的壮丽情怀，因而深情地写下了《可爱的中国》这不朽名篇，最后宁死不屈，从容就义。

理想的美育应该是与自然融为一体，与自然和谐，感受自然的灵气。中国古代的山水画家王微曾谈到自然美对于精神超脱和心灵解放的意义："望秋云，神飞扬，临春风，思浩荡。"法国启蒙思想家卢梭非常崇尚自然，他认为自然是美的观念的源头，美存在于自然中，自然美高于人工美。他还认为，人生来就与自然有着息息相通的密切关系，对大自然怀有深沉的热爱，人是最善于感受大自然之美的鉴赏家。

确实如此，自然界中的一草一木、山山水水都具有美的含义，因而都是审美的对象，它可以让人们忘掉生活的烦恼，唤起对生命和爱的渴望。理想的美育必须走出书本的"小天地"，融入大自然，在大自然的怀抱里享受它的温馨，感受它的灵气。

是的，自然美能够给人以心灵的愉悦乃至生命的滋润。那秀丽、清雅、柔和的景色，如水的月光、碧绿的菜田、涓涓的溪流、鹅黄色的柳丝，让人感到安静、舒适；那汹涌的大海、奔腾的长江、陡峭的山崖等壮丽、粗犷的景色，使人心旷神怡，一种雄伟之美油然而生，人们情不自禁地赞赏大自然的博大和豪迈。

但现在我们的学生离大自然何其远矣！当我们把学生关在教室里进行所谓"美育"时，学生早已不懂什么叫"两个黄鹂鸣翠柳"，不懂什么叫"炊烟四五家"，不懂什么叫"惊涛拍岸"，也不懂什么叫"春风亲吻草地的和煦"和"秋雨敲打树叶的凄婉"……

---

① 马克思、恩格斯：《马克思恩格斯论艺术》第四册，人民文学出版社，1966，第 393 页。

大自然是一部无与伦比的"美育教材"，是美育的源头活水。美学大师宗白华在《看了罗丹雕刻以后》一文中深有感触地写道："大自然中有一种不可思议的活力，推动无生界以入于有机界，从有机界以至于最高的生命、理性、情绪、感觉。这个活力是一切生命的源泉，也是一切'美'的源泉。"①苏霍姆林斯基在《把整个心灵献给孩子》一书中更饱含深情地说："我竭力要做的是，让孩子们在没有打开书本去按音节读第一个词之前，先读几页世界上最美妙的书——大自然这本书。……到田野、到公园去吧，要从源泉中汲取思想，那溶有生命活力的水会使你的学生成为聪慧的探索者，成为寻求真知、勤于治学的人，成为诗人。我千百次地说，缺少了诗意和美感的涌动，孩子就不可能得到充分的智力发展。儿童思想的本性就要求有诗的创作。美与活跃的思想犹如阳光与花朵一般，是有机联系在一起的。诗的创作始于目睹美。大自然的美能锐化知觉，激发创造性思维。"②

因此，我强烈地呼吁：让学生走进大自然，全身心地去阅读大自然。没有对大自然发自内心的亲近，没有与大自然水乳交融的和谐，就不可能有真正理想的美育！

目前，在自然美育的问题上有两个误区。一是担心在学生走进自然的过程中出现各种安全问题，因而"封杀"所有的郊游和各种亲近自然的行为，有些地方甚至用教育行政主管部门的文件规定学校不得组织此类活动。二是总是希望每一次野外活动都有"教育意义"——"了解家乡的巨大变化"呀，"感受祖国山河的美丽"呀，"认识环境保护的重要性"呀，等等，而且这样的郊游对于学生来说，往往还承担着写作文的"重任"。如此一来，对自然美的感受成了一种沉重的负担。其实，不用那么多的"设计"，从某种意义上说，对自然的接近、对自然美本身的感受就是教育。

无论是小桥流水的幽雅情趣还是大江东去的磅礴气势，无论是朝阳初升时小草上的一颗露珠还是暮色降临时原野的一缕炊烟，都会让我们对自然、对宇宙的亲切感和崇高感油然而生，正如冰心在《繁星》中写道："我们都是自然的婴儿，卧在宇宙的摇篮里。"

① 宗白华：《美学散步》，上海人民出版社，2005，第459页。

② B.A.苏霍姆林斯基：《把整个心灵献给孩子》，唐其慈、毕淑芝、赵玮译，天津人民出版社，1981。

二、引导和教育学生热爱生命，珍惜生命，享受生命

我心中的理想美育，应该是"生命美育"，应该引导和教育学生热爱生命，珍惜生命，享受生命，优化生命，激扬生命。

著名诗人顾城有一句广为传诵的诗："黑夜给了我黑色的眼睛，我却用它寻找光明。"这句诗曾经为复旦大学辩论队在新加坡大专辩论赛夺冠画上了圆满的句号，也曾经给很多失去生活信心的年轻人以勇气和力量。但是，这个歌唱生命的人，最后却沦为摧残生命的凶手——他用斧头砍死了自己的妻子，又自缢在新西兰激流岛的一棵树上。一个创造出美丽诗文的人，却毁灭了美丽的生命，其本质还是缺乏真正的生命意识。

随着科学的推进，现在人类对自身生命的重视达到了前所未有的地步。克隆羊"多利"的成功，不仅推动了作为自然科学的生命科学的迅速发展，而且引起了社会科学的强烈反响。生命伦理学、生命法学、生命美学等新学科方兴未艾，其中生命美学又和审美教育、素质教育相结合，开启了美育的新视野——生命美育。用这门学科的创始人之一姚全兴的话来说，它"使人们对生命意识和生命状态的关注，对生命之力和生命之美的关注，对生命的艺术境界和哲学境界的认识，达到更高更新的层次"。

通过生命美育，要让学生懂得，生命本身就是美的，自己的生命就是美的杰作，因而应该为自己拥有生命而自豪。尽管先天赋予我们不同的容貌和身材，我们诞生在不同的家庭和地区，但因为都是"人"，我们便无比伟大，因而足以自豪！是的，就每个具体的人而言，其生命在浩瀚的宇宙中不但是短暂的而且是微不足道的，然而，每一个生命所铸造的个性是绝对独一无二的，而且每一个人的生命也是绝对不可替代的——每一个人的生命由此而显出其神圣。正是因为无数充满个性的生命的存在，这个世界才富有生机而且色彩斑斓。

我们还要让学生感受生命发展的流程，在成长中享受不同生命阶段的美。约三十年前有一部名为《晚霞消失的时候》的中篇小说，其中的主人公有这样一段评论："人在自己一生的各个阶段中，是有各种各样的内容的。它们能形成完全不同的幸福，价值都是同样的珍贵和巨大。幼年时父母的

慈爱，童年时好奇心的满足，少年时荣誉心的树立，青年时爱情的热恋，壮年时奋斗的激情，中年时成功的喜悦，老年时受到晚辈敬重的尊严，以及暮年时回顾全部人生毫无悔恨与羞愧的那种安详而满意的心情，这一切，构成了人生全部可能的幸福。它们都能给我们带来巨大的欢乐，都能在我们的生活中留下珍贵的回忆。"这不同人生阶段的幸福，同时也是不同人生阶段所特有的生命之美。

近几年，媒体关于中小学生自杀或者杀人的报道越来越多，也越来越触目惊心。往往只是一些在成人看来微不足道的小事，便足以让孩子放弃自己如花的生命或剥夺他人本不应被剥夺的生命。

面对这些现象，教育者和专家往往从教育体制、思想教育、心理素质培养等方面进行分析，这当然是对的，但我认为还不够。我们还应该从生命美育缺失的角度来分析这个问题。一个人如果对生命没有起码的热爱和珍惜，那他是非常可怕的。

我们现在的教育太"直面现实"，有太多的社会阴暗面的"实况转播"，或者在严酷的升学竞争中训练孩子的"生存能力"，即使有所谓"理想教育"，也是"吃得苦中苦，方为人上人"，以及"读书就是为了挣大钱娶美女"之类的"切身利益"诱导，还有各种暴力凶杀电影、电视、卡通漫画的耳濡目染……于是，在儿童精神的天空中没有了追逐云彩的鸟儿，在少年心灵的原野上没有了随风起舞的花朵；于是，在孩子们的意识中，没有了纯真，没有了童话，没有了梦想，没有了对生命的一往情深的爱怜与呵护，以及对人生的一往情深的憧憬与向往。于是，小学生向同学的心脏刺出了尖刀；于是，中学生向母亲的头颅举起了榔头！

持刀杀人的孩子当然是极少数，但小小年纪便"看透了世界""看破了红尘"，因而变得冷酷起来，这样的孩子应该说现在是相当多的。本来应该是享受生命的年纪，却表现出了对生命令人震惊的麻木乃至蔑视！如果一个人动不动就"拼命"，你还指望他能珍惜什么或者对自己、对亲人、对周围的人有什么起码的责任感呢？

对生命的热爱，不仅仅是对人的生命的热爱，还包括对地球上所有生灵的呵护与疼爱。我常常看到天真无邪的孩童欣赏昆虫之间的厮杀，欣赏蚯蚓被弄成两截之后的挣扎，欣赏受伤后的蝙蝠无助的颤抖……这样的孩子无论在学校表现得如何"品学兼优"，我认为其人格构成都是有缺陷的，因为离开了对生命本身的热爱，很难形成我们所期望的真正美的心灵。

台湾一个收养流浪犬的网站，在首页上写着这样一些文字："长期以重摔、活埋、电击等残酷捕杀方式处理流浪犬问题，为群众提供了极恶劣的示范：对弱势生命可以任意欺凌、伤害；凡是看不顺眼的对象——杀；对我们生活构成干扰的对象——杀；我们认为没有价值的对象——杀！倘若受此观念引导，人们对于有血有肉的生命遭遇伤害而哀号、惨叫不仅无动于衷，甚至觉得理所当然。"因此，真正欣赏生命美的人是不会虐待动物的，他甚至能超越一般意义上的以人为中心的"环保"观念，而把一切生命都视为美的对象。

生命美育的目的，就是要让学生懂得生命至高无上的美的价值，特别是要悦纳自己，善待自己，享受生命成长的快乐，也尊重他人和其他形态的生命。只有这样，我们的学生不管今后遇到怎样的人生挫折，都不会轻易放弃生命；不管处于什么样的人生阶段，他都能享受到属于自己生命的乐趣。这是我们的生命美育应该达到的最高境界。

三、引导和教育学生热爱生活，做生活的强者

我心中的理想美育，应该是"生活美育"，应该引导和教育学生热爱生活，创造生活，做生活的强者和生活的主人。

贝多芬的交响乐至今还在震撼着人类的灵魂，而创造出如此壮丽旋律的贝多芬首先是一个感悟并享受生活之美的人。他说："生活是这样美好，活他一千辈子吧！"须知说这话时，贝多芬的两耳已经失聪。我们可以想象，如果不是对生活之美的眷恋，贝多芬很难创作出《命运》《英雄》等不朽乐章。

生活如此之美，但不热爱生活的人是很难被生活之美所感动、所激动的。法国文学家加缪的小说《局外人》，描写了一个叫莫尔索的公司小职员，他在生活中对一切都是冷漠的、麻木不仁的，甚至在恋爱时，在死亡时，也都如此。这种感官的迟钝症和心理的"不感症"，使人的生活变得异常贫乏、单调和枯燥，也使人越来越远离他人，远离社会，远离自然，远离整个世界。我们的教育要防止培养出今天的"莫尔索"！

我所理解的"生活美育"，就是将学生审美的目光引向生活本身，让学生在平凡的生活中感受美，进而热爱生活并产生创造更美好的生活的欲望。但是，我们现在的美育恰恰忽略了生活美育。现在不少学生小小年纪便对生活失去信心，觉得什么都"没劲"，一遇挫折便唉声叹气："没意思，活着真累！"在他们的人生还没有真正开始的时候，他们便已经在精神上萎缩了。对这样的学生，我们当然可以对他们进行理想教育，进行"挫折教育"，但我们还可以从"生活美育"的角度，引导学生享受生活的乐与苦、成功与失败、高歌猛进与低吟徘徊、轻舟已过万重山与东风无力百花残……

法国艺术大师罗丹说过："生活里并不缺少美，而是缺少发现美的眼睛。"一个善于领略生活之美的人是不可战胜的，哪怕是在逆境之中。在第二次世界大战时期的德国集中营里，德国人强迫每一个被关押的囚徒干单调乏味的活，如编织女人草帽之类。许多人在单人囚室里每天重复着这样的劳动，不久就由于苦闷、忧郁而生病死亡。但有一位革命者却不是这样闷闷不乐地完成每日的限量，焦急地等待每一天的结束，而是满怀兴趣、精神饱满、创造性地投入编织中去，他觉得编织本身也是值得品味的生活的一部分。结果，他战胜了孤独、单调，精力充沛地熬到了出狱，又重新投入了革命工作。

面对同样的境遇，对生活的不同感受便使不同的人达到了不同的境界。

要让我们的学生懂得，生活的美就在生活本身而不在生活之外。魏巍的散文《谁是最可爱的人》中最后有一段著名的排比："亲爱的朋友们，当你坐上早晨第一列电车驰向工厂的时候，当你扛上犁耙走向田野的时候，当你喝完一杯豆浆提着书包走向学校的时候，当你坐到办公桌前开始这一天工作的时候，当你往孩子口里塞苹果的时候，当你和爱人一起散步的时候……朋友，你是否意识到你是在幸福之中呢？"这就是生活的美！还要告诉我们的孩子，生活的美不等于生活的完美，生活的阴影、曲折与困境也是生活的组成部分，是生活应有的色彩，而且，我们每一个人通过自己的行动也在创造着生活的美。

在意大利作家亚米契斯所著的《爱的教育》中，面对早晨不愿冒着严寒上学的儿子安利柯，父亲说了这样一段话：

每晨上学去的时候，你要这样想想：此刻，这个市内，有和我同样的三万个小孩都正在上学去。又，同在这时候，世界各国有几千万的小孩也正在上学去。有的正三五成群地经过着清静的田野罢。有的正走在热闹的街道罢，也有沿了河边或湖在那里走着的罢。在猛烈的太阳下走着的也有，在寒雾蓬勃的河上驶着短艇的也有罢。从雪上乘了橇走的，渡溪的，爬山的，穿过了森林，渡过了急流，踯躅行着冷静的山路的，骑了马在莽莽的原野跑着的也有罢。也有一个人走着的，也有两个人并着走的，也有成了群排了队走着的。着了不同的服装，说着各样的国语，从被冰锁住的俄罗斯以至椰子树深深的阿拉伯，不是有几千万数都数不清楚的小孩，都挟了书学着同样的事情，同样地在学校里上学吗？你想象想象这无限数小孩所成的团体！又想象想象这样大团体怎样在那里作大运动！你再试想：如果这运动一旦终止，人类就会退回野蛮的状态了罢。这运动才是世界的进步，才是希望，才是光荣。要奋发啊！你就是这大军队的兵士，你的书本是武器，你的一级是一分队，全世界是战场，胜利就是人类的文明。安利柯啊！不要做卑怯的兵士啊！[1]

　　看，就是早晨上学这么一件司空见惯的小事，父亲却让他的孩子感到这是在享受一种气势磅礴的美，同时也是在创造着人类进步的美。如此引导孩子在生活的不经意处感受到美的震撼，进而产生奋进的勇气，这就是"生活美育"。

　　所以，我非常主张审美教育的生活化，使我们的生活永远充满阳光。我曾经参加过苏州市聋哑学校举办的"共浴阳光，同献爱心"的文艺晚会，其中一个舞蹈《梦红》给我强烈的心灵震撼。它表达了一群聋童和三个盲童对向往已久的红色的渴望，也表达了残障儿童对美好生活的挚爱和向往。那象征美好生活的红色至今还经常浮现在我的眼前，激励我珍惜和热爱生活。

　　李范等在《美育的现代使命》一书中曾高度评价"生活美育"对于提高人的生活质量的意义：当生活成为最好的艺术品之日，将正是生活成为人生最好的享受之时，生活不再是苦役，不再是痛苦。即使有痛苦、有挑战，甚至面临灾难，人们也不会逃避，而是充满勇气，充满坚定的信念。此时，

---

① 亚米契斯:《爱的教育》，夏丏尊译，南海出版公司，2011，第20-21页。

"痛苦和灾难将成为显示人性尊严，证实和发展人的本位力量的最佳舞台，从而呈现出它积极的一方面，人生将成为艺术的人生，这种人生将是生活的最高境界"。

四、引导和教育学生热爱艺术，并具有一定的才艺

我心中的理想美育，应该是"艺术美育"，应该引导和教育我们的学生热爱艺术，欣赏艺术，并具有一定的才艺。

理想的美育，当然要借助艺术特长作为载体。从全面发展的角度看，青少年学生除了应具有丰富的课本知识和健康的体魄，拥有某些艺术技能也是十分必要的，因为这是丰富学生精神生活和形成健康的生活情趣所必不可少的。

从学校教育的角度看，除了给学生传授美术、音乐等审美基本知识，还必须培养学生一些实在的艺术技能，让他们在参与艺术活动的过程中体验美而不仅仅是美的旁观者。因此，理想的美育，不是等学生成人了，"懂事"了，才给他们传递一些艺术知识，而是从娃娃起，社会就应为他们创造条件，重视对他们的艺术教育。许多有条件的家庭，应该从陶冶孩子情操的角度，利用业余时间让孩子学习诸如钢琴、小提琴、书法、绘画等艺术，通过多种渠道施展他们的才华。

在普通中小学进行艺术教育，主要是从素质教育的角度对学生进行一些艺术训练。有条件的学校，可以充分利用课余时间，组织文学作品阅读小组、书画小组、艺术体操队、声乐队、器乐队、舞蹈队等，通过这些活动，陶冶学生的情操，培养学生琴、棋、书、画等艺术才能，通过这些活动，丰富学生的业余生活，创造美的意境。

不过，我所憧憬的艺术美育还不止于此，因为——恕我直言——教孩子会乐器不一定都是艺术美育。正如中国音协副主席王立平所说：美育的主要目的不是要培养某种吹拉弹唱的技能，而是要给人一种良好的文化生活习惯。有人说"不可一日无乐"，也有人说"不可一日无美食"，这些差别也有习惯上的。它的养成与家长、学校、环境都有关，这中间最怕把某种功利化的东西掺杂进来。

如果教育者只是对孩子进行某种乐器的技能训练，我认为这不是艺术美育而只是"技艺训练"。什么叫作"艺术美育"？什么叫作"技艺训练"？我还是援引余秋雨教授招收艺术类研究生时所经历的一件小事来说明吧。有一年，余秋雨在招生试卷中附了一幅欧洲现代绘画，要考生当场写下观赏感受。有考生清楚地写出了该画产生的年代、所属流派、画家生平，至于观赏感受，只说了几句"笔法灵活、色彩鲜明"之类。有位考生则相反，他根本不知道这幅画属于哪个国家，出自哪位画家之手，却十分投入地进行了欣赏，凭着即兴感受把握着画家的内心，甚至联想到自己童年时的机遇、老树下的邂逅。结果，余秋雨决定录取这位考生。余秋雨评论道："我赞赏这位考生有属于自己的对艺术的切实深挚感受。"余教授所说的"对艺术的切实深挚感受"，正是我们的"艺术美育"所要教给学生的。

现在"会"艺术却不"懂"艺术的学生并非少数。我认为原因在于这种"艺术训练"或多或少被抹上了功利色彩，比如，今后当什么"家"，或者是为了在中考、高考中"加分"。即使有的学校举办一些艺术类的兴趣班，某些家长或老师也从功利的角度来对待。

当前，许多成人对艺术追求的动机不纯，把学习艺术、掌握艺术技能当作谋生的一种手段，当作"成名成家"的捷径，只要有"成才"的可能，会不惜一切代价，当牛做马也心甘；而一旦发现难成"大器"，则停止孩子的艺术实践。因此，急功近利的现象十分严重。有的家长想把自己的缺失在孩子身上找回来，一厢情愿，拔苗助长，逼着孩子学习钢琴、书法等艺术，与其说是陶冶孩子的情操，不如说是通过对孩子的折磨而圆自己的"艺术梦"。孩子还没有步入艺术的殿堂，甚至连通往艺术之路都还没有找到，一些家长就迫不及待地要求孩子参加各种形式的"考级"，逼着孩子走上学艺的歧途。这种功利性行为严重地遏止了孩子的创造欲望，阻碍了孩子创造能力的发挥。

请不要误会，我并不反对孩子掌握某些艺术技能，而只是反对在把这种技能赤裸裸地功利化的同时，远离了应有的艺术修养和审美能力。我主张让孩子们迈着轻松的脚步，怀着纯洁的童心步入艺术的殿堂。

在摆脱了功利羁绊的前提下，孩子们会乐器、会书法、会舞蹈、会画画当然是一件大好事，但我所期待的艺术美育，则是更希望他们在流行文化喧嚣的时代能够走近李白、杜甫、泰戈尔、雨果、莎士比亚，能够亲近徐悲鸿、齐白石、毕加索、雷诺阿、罗丹，能够沉醉于《春江花月夜》《二泉映月》《梁山伯与祝英台》《蓝色多瑙河》《田园交响曲》……

说到这里，我还特别要强调，应该引导我们的学生学会欣赏中国的传统戏曲。昆曲、越剧、京剧等被称作国粹的艺术，是经过数百年锤炼而成的艺术瑰宝，里面积淀着我们民族的文化精华，我们的艺术美育理应让我们的孩子成为新一代戏迷、"票友"。

就艺术之美而言，其基础是真，其前提是善。因此，艺术美育的目的，是通过艺术之美把学生导向求真、为善、尚美的境界。

五、树立大美育观，构建浓郁的美育氛围

我心中的理想美育，应该是"立体美育"，应该树立大美育观，形成立体化、网络化的美育模式，构建浓郁的美育氛围。

传统美育模式往往是单一的、平面的，这种美育仅仅是通过学校开设的美术课、音乐课来进行。我认为，这是远远不够的。美存在于我们生活的每一个空间，美育也应该无处不在。

学校教育过程中的每个环节，社会、家庭、学校中的每个空间都充满了美育的成分，因此，我心中的理想美育应该是全方位的、立体的大美育。正如苏霍姆林斯基曾指出的那样："我们竭力使那种要珍惜和爱护美的思想贯穿于学生精神生活的一切领域：贯穿于他的脑力和体力劳动，他的创造、社会活动、道德审美态度、友谊和爱情。"在我看来，这"一切领域"，就包括了学生生活的所有空间和时间。

"立体美育"首先意味着美育与德智体劳诸育的互相渗透。除了专门的美育（这也是需要的），我们还应该将美育融于德育、智育、体育和劳动教育。在德育中进行审美教育，就是要变抽象的道德说教为生动形象的美的感染，通过引导学生对美的欣赏进而升华为对真和善的追求。在智育中进行审美教育，就是要在给学生传授知识、培养能力的同时，引导学生感受科学之美、智慧之美、创造之美，体验发现的愉悦和理智的美感。在体育中进行审美教育，就是要学生在掌握体育运动的操作程式和规范模式的同时，在各种运动中切身体验健康之美、形体之美、力量之美等体育所特有

的魅力。在劳动教育中进行审美教育，就是让学生在劳动实践中感受并理解马克思所说的"劳动产生了美"，包括通过自己的双手在劳动中创造美。

"立体美育"还意味着注重发挥隐性审美教育的功能。所谓隐性审美教育，就是教育者追求教育教学过程的美，在教育过程中创设或激发出各种美的因素，让学生享受教育过程的美或者不知不觉地受到美的感染。如课堂上教师端庄得体的仪表美、典雅优美的语言美、课堂宽松和谐的人际关系美，以及教学过程中富有情趣、生动活泼的教学氛围的美，都能让学生在美的氛围中受到感染，使他们智力的、非智力的品质在充满美的学习氛围中得到最佳的培养。即使是在音乐课、美术课等专门的艺术类教学中，也不能仅仅向学生灌输美术、音乐等方面的基础知识，而应该让教学过程（包括必要的训练过程）本身对学生就有一种美的吸引力。

"立体美育"还包括校园环境、教室环境等美的环境对学生的审美熏陶。美的环境是潜移默化的无声的美育。

遗憾的是，现在我们一些豪华的学校越来越像宾馆或商场购物中心：在水磨石地面或大理石圆柱上缺乏自然的绿色藤蔓，明亮的走廊墙壁上挂的往往是各级领导同志视察该校的照片和题词，而不是高雅的国画或油画。

苏霍姆林斯基曾这样自豪地介绍他的帕夫雷什中学："我们十分重视给孩子们积累美的印象——我们关心环境美就是从这一点着眼的。孩子跨进校门所看到的一切，所接触的一切都是美的。绿树葱葱的校园全景是美的；绿叶映衬的串串琥珀般果实的葡萄丛是美的；各楼之间甬道两旁的排排蔷薇是美的；学校果园中的繁茂果木一年四季都是美的；盘绕着野葡萄蔓的学校正门门廊也是美的……"

苏州平江实验学校也是一个注重环境美育的典型。整个校园古木参天、绿树成荫，花廊、假山、池塘点缀其间，错落有致，古朴、雄伟的大成殿和18棵两百年以上树龄的银杏树相映成趣，学校的每条道路都冠以格调高雅的名字，每幢大楼都有充满诗意的标识，每个教室都挂上了别具一格的招牌，学校以"银杏娃"为主题成立了艺术团，有"银杏娃之歌""银杏娃之舞"，浓郁的文化艺术氛围使学校美育蓬勃发展，也使学校教学质量不断提高，声名鹊起。

可以想象，在这样令人陶醉的环境中生活和学习的孩子们将会拥有怎样美丽的精神世界！我希望，在中国有越来越多这样美丽的校园。

　　"立体美育"还应该是学校美育、家庭美育和社会美育的协调统一。孤立的学校美育是很难真正取得实效的，它必须与家庭美育和社会美育相配合才能成功。每一位家长都应该是孩子美育的启蒙者，不单单是陪着孩子练琴，而且应该给孩子提供一个高雅的美育家庭环境，让古典名曲回荡客厅，让文学名著列满书橱，让世界名画悬挂四壁。我们的社会要为孩子们提供尽可能多的美的精神养料：美术馆、博物馆可不可以向孩子们免费开放？艺术家们可不可以义务为孩子们举办一些美学讲座？可不可以让孩子们也参与城市建筑的设计？可不可以建一些艺术主题公园？可不可以开辟具有艺术特色和氛围的街道？

　　"立体美育"还有一个重要的含义，就是要让我们的学生不仅是美育的对象，同时也是美的载体或者美的体现者。也就是说，学生在接受美育的同时又以自己仪表的美而成为美育环境的一部分乃至美育的资源。

　　我所设想的"立体美育"还包括美育内容的丰富化，美育渠道的网络化，美育形式的多样化，等等。只有这样，我们的美育才可能像空气、阳光和水一样，无处不在。

六、依靠具有审美素养的教师，突出"示范美育"

　　我心中的理想美育，应该是"示范美育"，它必须紧紧依靠具有审美素养的教师，使学生在教师的引导下，走向美丽的人生。

　　黑格尔曾说过，教师是孩子心中最完美的偶像。最有效的美育，应该是教育者对学生自然而然的美的影响、感染和示范。离开"美"的教师，就谈不上任何真正有效的美育。我心中的理想美育，呼唤着具有人格美、仪表美，精于教育艺术、富有审美情趣的教师。

　　这样的教师，首先应该具有纯正的人格美。容貌的美是天生的、外在的，也是暂时的，唯有纯正的人格才能够使教育者永远美丽。

　　人格美有许多内涵，但对于每天都和孩子打交道的中小学教师来说，我想着重强调要拥有一颗童心——纯朴、真诚、自然、率直的童心。生活阅历赋予我们成熟，社会经验赋予我们练达，文化知识赋予我们修养，人生挫折赋予我们智慧……但是，对真善美的执着追求，对假恶丑的毫不妥协，火热的激情，正直的情怀，永远是教育者的人格力量！

当教师第一次与学生见面时，他就开始置身于几十位学生的监督之中，老师哪怕表现出一点点矫饰、圆滑、世故、敷衍塞责、麻木不仁、玩世不恭……都逃不过学生那一双双明净无邪的眼睛，并会给学生纯洁的心灵蒙上阴影。真诚只能用真诚来唤起，善良只能以善良来培育，而美丽也只能靠美丽来滋润。正因为如此，卢梭在《爱弥儿》中告诫教育者："不要在教天真无邪的孩子分辨善恶的时候，自己就充当了引诱的魔鬼。"

这样的教师，还应该具有得体的仪表美。什么叫"得体的仪表"？就是"得"教育者身份之"体"，"得"教育内容之"体"，"得"教育环境之"体"。

马卡连柯在《论共产主义教育》中说过："外表在一个人的生活中有很大的意义。很难想象一个肮脏的、马马虎虎的人，竟能注意自己的行为。"传统的教书先生是不太讲究仪表的，以至给人一种"迂腐"之感；当代教育者不仅是真（知识）的传播者、善（道德）的引导者，还是美的体现者和感染者，理应注重自己的仪表美。教师这个职业决定了其仪表绝不仅仅是个人的"私事"，因为从某种意义上看，教师的仪表也是美育环境的组成部分，甚至是一种美育资源。如果教师的仪表不得体，比如女教师浓妆艳抹，佩戴首饰过于耀眼，男教师穿着不庄重甚至不修边幅，都会给教育带来许多消极影响。朝气蓬勃、整洁朴素、端庄大方，应该是教师应有的仪表美。

这样的教师，还必须有精湛的教育艺术。对教师而言，拥有丰富的专业学识和熟练的教学技艺，不一定就拥有了教育艺术的美。如果教师不甘于做"教书匠"的话，就应该努力去追求精湛的教育艺术。

教育艺术之美，就是教学语言之美、教学机智之美、教育情感之美、教育氛围之美。我们常说听某某老师的课简直是"一种享受"，不仅仅是因为他把知识讲清楚了，更是因为他同时带给我们如春风般的美。

有一年，李政道来华访问讲学，在一所大学给师生们做《现代科技趋势及最新动态》的学术演讲。他纵谈古今，横述东西，时而把大家带到遥远的古代，时而又把大家送到太平洋彼岸。大家忘记了自己是在课堂上，每个人的心都随着他的话语在飞扬。课后有一位学生评价道："他的话像一只船，载着听众在他那充满激情的知识江河中航行。他仍旧是那样风度翩翩，那样儒雅。他喜欢笑，微微上翘的嘴角带着幽默。他喜欢动，灵活的眼睛像是在说话；有时候，他又站着不说，但学生们也知道他要讲什么，在他无声的表情中大家爆发出阵阵笑声。我们真正陶醉了！"

这样的教师，还必须有高尚的审美情趣。要求每一位教师都有艺术特长是不现实的，但教师如果能够拥有一项艺术特长，则肯定不但有助于他的教育，而且这也是一种潜移默化的美育。20世纪80年代四川有一位青年班主任的班级建设很有特色，特别是文娱活动搞得有声有色。其实，这位教师本人并没有多高深的艺术才华，但他在当知青时学会了吹口琴，并喜欢听世界名曲和合唱歌曲，也算是爱好音乐吧。于是，他让每一个学生买一支口琴，利用课余时间教学生吹口琴，后来这个班的学生人人都会吹口琴，并组成了"班级口琴乐团"。在这个基础上，他又引导学生欣赏世界名曲，组织学生们参加合唱比赛（由他本人担任指挥）。后来，他和学生们在著名作曲家谷建芬的指导下创作了班歌。正是音乐推动了他的班级集体主义教育和学生各方面的发展。他的班级就是后来闻名全国的"未来班"。这位班主任就是以《爱心与教育》《走进心灵》等教育论著获得全国精神文明建设"五个一工程"奖、冰心文学大奖等大奖的青年教育家李镇西博士。

这再一次印证了苏霍姆林斯基在《给教师的建议》中的话："教育，如果没有美，没有艺术，那是不可思议的。如果你会演奏某一种乐器，那么你作为一个教育者就占有很多优势；如果你身上还有一点儿哪怕是很小的音乐天才的火花，那么你在教育上就是国王，就是主宰者，因为音乐能使师生的心灵亲近起来，能使学生心灵中最隐秘的角落都展现在教育者面前。"

七、通过美育让学生形成完美的人格，拥有美的心灵

我心中的理想美育，应该是"精神美育"，应该注重通过美育让学生形成完美的人格，拥有美的心灵。

朱光潜先生有句名言："要求人心净化，先要求人生美化。"我们的美育，不应仅仅停留在教会学生欣赏艺术。有人曾说："会弹钢琴的孩子是不会堕落的。"我认为这个观点是片面的，因为艺术美如果没有内化为心灵的美，人性同样会堕落。

据说第二次世界大战时相当多的德国纳粹军官都会用钢琴演奏贝多芬的作品。在电影《红樱桃》中，那个丧失人性的德国将军便是一个有着极

高艺术修养的人。他酷爱文身艺术，竟以中国女孩楚楚的肌肤为艺术创作的材料，在楚楚的背上文上了纳粹党党徽！可见单纯的艺术鉴赏力，并不必然导向人性的纯正崇高。

毫无疑问，美育的终极目标是指向人性的。以今天的标准看，中国古代的教育主要是德育，而从孔夫子开始的中国德育则主要是通过美育来实现的，或者说那时的德育差不多也就是美育。孔子说："兴于诗，立于礼，成于乐。"意思是说，诗歌可以激发人的志气，礼仪可以坚定人的情操，音乐可以陶冶人的性情。

从孔夫子起，中国古代教育就非常重视艺术对人的教化作用。宋代程朱学派的代表人物之一程颐也说："古人自八岁入小学，十五入大学，有文采以养其目，声音以养其耳，威仪以养其四体，歌舞以养其血气，义理以养其心。"在中国古代的先贤们看来，离开了美育，教育几乎是不可能的。

到了近代，美育开始从德育中分离出来。为此，中国近代美育的先驱蔡元培先生解释道："因为晚近人士，太把美育忽略了。按我国古时的礼乐二艺，有严肃优美的好处。西洋教育，亦很注重美感的。为要特别警醒社会起见，所以把美育特提出来，与体智德并为四育。"[①]

李岚清在强调美育的意义时更明确地指出："美育，是党的教育方针的重要组成部分，是对青少年进行全面素质教育的主要内容。因为，美育不仅是人类认识世界、改造世界的重要手段，也是实现人类自身美化、完善人格塑造的重要途径。"在一定意义上说，人性之美、人心之美、精神之美，是美育的根本追求和最高境界。

我所说的"精神美育"，指通过美育形成学生美的心灵，并在日常生活中把这种心灵美外化为语言美、行为美。

美的心灵包括善良、正直、坚强，它同时与理想主义、爱国主义、英雄主义相联系。《命运交响曲》所洋溢的百折不挠的豪迈气概，《黄河大合唱》所奔涌的撞击心灵的民族精神，《梁山伯与祝英台》所流淌的纯真而崇高的爱情，《爱的教育》所蕴含的晶莹透明的童心和爱心，《悲惨世界》所展现的人性美丽，还有《蒙娜丽莎》永恒的微笑，《飞鸟集》隽永的诗歌……都不能仅仅是让学生们客观地"了解"，而应该在他们的心灵中播下真善美

---

① 蔡元培：《普通教育和职业教育》，《教育杂志》1920 年第 13 期第 1 号。

的种子，并让他们精神的原野也盛开最美丽的人类文明之花。

美的心灵必然通过语言体现出来，因为美的语言是心灵散发出来的芬芳。古人在《易经》中提出"修辞立其诚"，而在《礼记》中则要求更高了："情欲信，辞欲巧。"这种内在要求"诚"、外在要求"巧"的语言美学，是中国古代美学的原则之一。注意，这种"巧"不是纯粹的语言技巧，它的内核是"诚"。孔子对语言的要求就更高了，不但要求美，还要求诗化："不读诗，无以言。"

但是我们今天的教育却渐渐丢掉了这些优秀传统，许多孩子会唱许多文句不通的流行歌，却越来越不会"说话"了：讲演成了背诵作文，甚至连打个电话都不知道起码的礼貌。我们通过美育希望孩子所要具备的语言美，就是要做到和气、文雅、谦逊、恰当。在任何情况下都要避免说粗话、脏话。语言美还表现在说话的语气、语调。对人讲话要认真、诚恳、清楚、大方、自然，不要装腔作势、忸怩作态。听人说话也要认真、诚恳，不要东张西望，不要随便打断，提出不同意见要恰当，争辩要有理有据，不恶语伤人。即使遇到对方语言不礼貌，也要以礼待人，以文雅、机智、幽默、坚定的语言表现出高度的修养和内在的力量。

与语言美相联系的是行为美。行为美的内容非常广泛，语言、待人接物、走路、坐姿、站势等，无所不包。中国古人就非常强调"站如松，坐如钟，行如风"。

除此之外，我特别要强调通过美育引导学生学会与他人交往，让孩子们在与人交往中体验到和谐真诚的情感美。每个人生活在社会里，都要与人交往，交往时必须遵循一定的行为规范，符合行为规范的，就是美的，反之，就是丑的。我很赞赏有的学校对学生提出这样的要求："对自己讲仪表，对别人讲礼貌，对社会讲公德，回到家讲孝顺。"这不但对学生个人提出了美的要求，而且还提出了在社会和家庭中与人交往的规范。

中国是礼仪之邦，中华民族素有"行礼如仪""知礼成性"的传统美德。中小学生都有日常行为规范，这些行为规范是中小学生行为美的重要内容。学校美育必须与日常行为规范的教育相结合，注重对学生进行美的行为指导，突出学校美育的实用性和有效性。

文学是进行"精神教育"的重要途径。儿童文学作家秦文君说，文学就像一扇窗，长在孩子美好的心灵中，推开它，心灵变得敞亮许多，如同看到人生的鲜花扑面，阳光普照，远离庸常，走向高尚。然而，一批又一批的孩子容易迷恋眼花缭乱的动画片、花样迭出的广告，甚至打闹的游戏。人是多么容易陷进这么简单的消遣中，这正是人性的弱点。而孩子心中的这扇窗，如果不及早推开，层层尘封，年深日久便越来越紧。所以，她认为："最好的素质教育是让孩子懂得鉴赏。"只有懂得对人的鉴赏，对艺术和生活的鉴赏，对世界的鉴赏，才可能去热爱，去创造，去追求，而这一切又都离不开文学。文学能使人上进，使人幸福，也能使世界美好丰富。

苏霍姆林斯基在《帕夫雷什中学》一书中曾告诫教育者："美是道德纯洁、精神丰富和体魄健全的有力源泉。美育最重要的任务是教会孩子能从周围世界（大自然、艺术、人际关系）的美中看到精神的高尚、善良、真挚，并以此为基础确立自身的美。"这也理当成为我们"精神教育"的目的。

八、在美育过程中培养学生的想象力和创造力

我心中的理想美育，应该是一种"创造美育"，应该注重在美育的过程中培养学生的想象力和创造力，激发创造的冲动和欲望，享受创造的快乐。

席勒在《美育书简》中认为，在力量的王国中，人与人以力相遇，因而人的活动受到限制；在伦理的王国中，人与人以法律相对峙，人仍要受限制；只有在审美的王国中，人可以通过自由去给予自由，因而会给社会带来和谐，也使人成为和谐的整体。这从一个侧面揭示了审美与创造的内在机制，也就是说，通过审美，解放了人的感性，激发了人的灵性，开拓了人的想象空间，从而开发了人的创造性。

在新一轮的基础教育课程改革中，"创造"已经和"感受与鉴赏""表现"等一起作为主要教学领域的内容。如在音乐课程中，音乐创造就包括两类内容：一是与音乐有关的发掘学生潜能的即兴创造活动；二是运用音乐材料创作音乐。前者如即兴创编与歌曲情绪相一致的律动、舞蹈，即兴编音乐故事，演唱生活短语或诗歌短句等。后者如要求1—2年级的学生能运用线条、色块、图形记录声音或音乐，3—6年级学生能创作小节旋律，7—9年级学生能为歌曲选编前奏或间奏等。

我认为，把"创造"引入主要教学领域是新一轮基础教育课程改革的

最大突破，对培养学生的创新能力将起到不可低估的作用。在艺术教学中强化创造性的活动，将使美育超越模仿，超越技能，更能体现美育解放人的感性和创造性的本质要求。

事实上，创造性是科学与艺术的共同特征。李政道先生多年致力于两者之间的沟通与融洽，从 1987 年以来，他多次举办国际科学学术会议，画家根据科学主题作画，李可染、吴作人、黄胄、华君武、吴冠中等一批大师用艺术的笔法阐释了他们对科学的理解。李政道深有体会地说："科学和艺术是不可分割的，就像一枚货币的两面。它们的共同基础是人类的创造力，它们追求的目标，都是真理的普遍性。"德国是一个崇尚文化艺术、重视美育的国度，在人群中很难找到不了解音乐、不懂乐器的人，这或许是德国人为什么富有创造力的谜底之一。

创造美育，需要宽松的氛围，需要让学生始终保持开放自由的心态和愉悦快乐的体验，需要教师努力呵护创新思维的萌芽。

有这样一则真实的故事：一次，有个低年级的学生照老师的示范画画好了一个少年之后，旁边又加了一团黑色。教师问："这是什么乱七八糟的东西？"学生回答："少年的影子。""谁叫你乱画的，你没看见老师就画了一个少年吗？"学生看看范画，再看看教师严肃的脸，呆呆地点了点头，顺从地用涂改液把"少年的影子"涂抹掉了。而在一个日本学校的美术课上，日本的教师在教学生画苹果时，发现有位学生画的是方苹果，于是就耐心地询问："苹果都是圆的，你为什么要画成方形的呢？"学生回答说："我在家里看见爸爸把苹果放在桌上，一不小心，苹果滚到地上摔坏了。我想如果苹果是方形的，该多好啊！"教师鼓励说："你真会动脑筋，祝你能早日培育出方苹果。"在上面引用的两例故事中，两位教师分别扮演了摧残创造和催生创造的不同角色，学生同样的创造性行为遭遇了不同的命运。

现在的学生真的是太苦了，他们悲愤地唱道："最苦的人是我，最累的人是我，起得最早的是我，睡得最晚的是我是我还是我。"在考试压力的重负下，他们体验不到学习的快乐和创造的冲动，享受不到成功的喜悦。在一系列"标准化"工程的打造下，他们成了一个个毫无个性的"标准人"。这无疑是美育的悲哀，是教育的悲哀。

追寻美、发现美、创造美，是人类文明进步的足迹，也是一个人生命蓬勃生长的历程。美激励着我们求真，美引导着我们向善。美是一种形式，也是一种价值，更是一种心灵的体验；美是创造的源泉，也是人生的最高境界。

如果说，由于种种原因，中国的教育曾经忽略了、冷落了乃至抛弃了美的话，那么沐浴着新世纪的教育理想之光，我们应该重新开始追寻美、展现美、创造美，现在，是时候了。

亲爱的朋友，让我们为初春时悄然绽放的第一枝新绿而欣喜；让我们为晨曦中喷薄而出的第一缕阳光而欢呼；让我们的思想为莎士比亚、雨果、托尔斯泰和罗曼·罗兰而震撼；让我们的情感为贝多芬、肖邦、柴可夫斯基和冼星海、阿炳而激荡；让我们具备宽广而纯洁的胸襟，在人生的旅途中笑傲风云；让我们拥有美丽而善良的心灵，在生活的海洋中助人扬帆……

第五章　我心中的理想劳技教育

劳动，这是一个曾经响彻云霄的词语；

劳动，这是一个拥有辉煌过去的字眼；

劳动，使人猿相揖别，造就了我们人类自身；

劳动，化腐朽为神奇，推动了历史车轮前行。

在人类教育史上，对待劳动历来有两种不同的声音。一种声音认为劳动伟大，教育必须同生产劳动相结合，为人的职业生涯和全面发展奠定基础。另一种声音认为劳动卑贱，教育应以培养远离生产劳动的"劳心者"为使命。当前，在应试教育的推波助澜下，后一种不和谐的声音似乎日益甚嚣尘上，如：许多学校的劳技课被取消了，"不好好学习，将来扫垃圾去"成为许多家长教育子女的"至理名言"，许多学生也从来没有体验过劳动的快乐和艰辛……因此，有必要重新认识我们的劳动技术教育，呼唤我们心中理想的劳动技术教育。

一、培养学生尊重劳动、热爱劳动的观念和态度

我心中的理想劳技教育，应该注重在劳动中培养学生尊重劳动、热爱劳动、以劳动为荣的观念和态度，让学生经常体验到劳动的艰辛和喜悦。

作为人类最基本的实践活动，劳动不仅创造了人类本身，而且创造了巨大的物质财富和精神财富，保证了人类社会的延续和发展。劳技素质自古以来就是人们生活和工作必备的基本素质，其重要性早已在人们长期的生产和生活实践中得到充分的认识。正如苏联教育家马卡连柯所言，劳动永远是人类生活的基础，是创造人类生活和文明幸福的基础。劳动教育不

仅是造就未来好公民的教育，而且是提高公民将来生活水平及保障其幸福的教育。

在中小学进行劳动技术教育，既是落实素质教育的重要体现，也是落实教育与生产劳动相结合的重要措施。联合国教科文组织在 20 世纪 80 年代出版的《从现在到 2000 年教育内容发展的全球展望》一书中，就有"关于未来普通教育内容的方法论框架设计"的内容，其中就提出了劳动态度、技能修养、就业培训和适应劳工界四个劳技教育目标，指出"技能和劳动教育与各个国家的需要、资源和前景相联系，与社会生活各部门的信息化相协调"，培养学生"对技能进步的兴趣和批判态度""训练学生使之易于适应劳工界的变化"，从而将劳技教育同引导学生适应未来工作的需要联系起来，体现了现代社会对人们劳技素质的更高要求。

劳技教育是劳动教育和技术教育的总称。中小学的劳技教育是以学生获得劳动体验和形成技术素养为主的多方面发展为基本目标，且以操作性研究学习为特征的教育。劳技教育的目标涉及三个基本领域，即以劳动与技术的意识、态度、情感因素为核心的情意领域，以劳动与技术的认知、思维、操作为核心的知识技能领域，以及以技术应用、技术创新为核心的实践性领域。

根据教育部重大科研项目"劳动与技术教育课程改革研究"课题组的研究，他们把劳技教育的具体目标归纳为以下七个方面：

（1）形成正确的劳动观念，形成热爱劳动、热爱劳动人民、热爱生活和热爱家乡的思想感情；（2）养成勤俭节约、认真负责、遵守纪律、团结协作、爱护公物、珍惜劳动成果的品质以及良好的劳动习惯；（3）初步掌握现代生活和现代生产所需的基本技术知识和技能；（4）初步具有与技术相联系的安全意识、质量意识、审美意识、效益意识、环保意识、职业与创业意识以及关心当地建设的意识；（5）形成与技术相联系的经济学视野，以及日常生活中的金融、理财的视野；（6）具有生活自理能力和一定的技术认识、技术思维、技术评价、技术应用和技术创新能力，以及终身进行技术学习的能力，为进一步学习和掌握有关技术，迎接未来社会的挑战奠定初步的基础；（7）形成对信息技术的兴趣和意识，了解和掌握信息技术的基本知识和技能。

无疑，在以上诸目标中，形成正确的劳动观念，形成热爱劳动、热爱劳动人民、热爱生活和热爱家乡的思想感情是关键性的基础目标。

那么，如何帮助学生形成相应的观念和感情呢？

形成正确的劳动观念，培养学生对劳动的尊重和热爱，关键要在劳动实践中进行。在小学，虽然每个学生都能背诵"锄禾日当午，汗滴禾下土，谁知盘中餐，粒粒皆辛苦"的诗句，但是学生浪费的现象仍随处可见。产生这种现象的主要原因在于学生没有对劳动的切身体验和感受，根本没能理解诗句所表达的思想感情，他们只不过是把背诵诗句作为一个学习任务完成而已。但是，如果我们让学生了解或亲自参加从翻地、播种、锄草、间苗、施肥、除虫、灌溉到最后的收获这一整个农业生产过程，让他们体验农业劳动的辛苦，他们对劳动人民的态度肯定会发生深刻的变化。又如，如果我们让学生走上街头清扫卫生，就可以激发学生对环卫工人劳动的尊重，学生会自觉养成不随地吐痰、不乱扔果皮杂物等习惯。这样的效果可能比教师的反复教导和社会的强制约束要好得多。

当然，我们在劳技教育的实践中也会看到一个现象，学生一面在从事劳动，一面在诅咒劳动，劳动教育失去了其应有的作用。这与我们的教育方式不当有关。苏霍姆林斯基在《关于全面发展教育的问题》中也分析过这种现象，他说："切莫指望从劳动活动的最初几步起，劳动就会对儿童产生吸引力，儿童就会一下子爱上劳动。相反，在真正的劳动中，开始一段时间儿童感到失望要比感到疲乏早得多。当儿童意识到自己的努力的创造性，意识到劳动的社会意义，真正热爱的感情才得以培养起来。没有这个自觉性的因素，教师的强制手段就会碰到学生的顽强抵制，而且学生行动的顽强性会随着强制手段的加强而增长。"

培养学生对劳动的热爱，绝不能仅仅停留在口头说教上，应该让学生在劳动实践活动中感受到劳动的快乐，提高学生的劳动热情。当学生看到自己精心栽培的农作物破土发芽时，当学生看到自己培育的花儿含苞欲放时，当学生品尝到自己通过辛勤劳动而收获的果实时，那份喜悦、那份激动所产生的力量是老师和家长的说教所无法比拟的，学生热爱劳动的激情会由此而迸发。

学生拥有什么样的劳动态度与其父母的言传身教是紧密相连的。现在有一部分家长总是害怕劳动会耽误孩子宝贵的学习时间，所以家中的事根本不让孩子沾边，孩子的大小事情全部包揽下来，七八岁的孩子吃饭要大人喂，很多中学生甚至大学生不会洗衣服的现象普遍存在，还有学生对着带壳的熟鸡蛋无从下手，有些家长甚至出钱"赎买"学生在学校或社区的公益劳动。在这些令人啼笑皆非的现象背后，我们应该审视我们在家庭中对子女劳技教育的缺陷。

在学校里，评三好学生、优秀学生干部，主要看学生的文化考试成绩，其他的科目只是作为辅助参考，至于劳动态度和表现，基本上可以忽略不计。还有一些学校甚至把劳动作为对违纪学生的一种处罚措施，如罚打扫教室或厕所等，这种处罚方式带来的消极后果就是使学生把劳动看成是一件丢人的事情。这些现象都严重影响了学生对劳动的正确认识。畏惧劳动、逃避劳动成了绝大多数学生的"通病"。因此，培养学生正确的劳动观念和劳动态度，强化学生的劳动意识已到了刻不容缓的地步。

二、鼓励和教育学生养成良好的劳动习惯

我心中的理想劳技教育，应该鼓励和教育学生从学会自我服务入手，积极参加各种有益的社会劳动实践活动，养成良好的劳动习惯。

我国著名的教育家叶圣陶先生特别推崇习惯养成教育。他提出，"教育"这个词，往精深的方面说，一些专家可以写成大的著作，可是就粗浅方面说，"养成好习惯"一句话也就说明了它的含义。劳技教育也不例外，培养学生良好的劳动习惯不仅是发展学生劳动技能的重要途径，也是劳技教育的重要目标。

劳动习惯的养成需要长时间的积累，劳动习惯的培养可以从两个方面进行。一是让学生学会自我服务。苏霍姆林斯基认为，自我服务是最简单的一种日常劳动，劳动教育一般都从自我服务开始，而且不管每个人从事何种生产劳动，自我服务都将成为他的义务和习惯。自我服务，是培养人遵守纪律、培养人对别人的义务感的重要手段。从小就自己动手来满足一些个人需要，能使一个人养成尊重父母、兄弟姐妹和同学的劳动的习惯。自我服务能使劳动变为人人都负担的平等的普遍义务。只有当一个人从童年起就养成厌恶肮脏邋遢的自然习惯时，只有当这种习惯变为看待周围环境的、带有情感的审美观时，才有可能产生自我服务的自觉态度。

由于现在的学生大多是独生子女，很容易在长辈的宠爱下养成衣来伸手、饭来张口的习惯。因此，在当今强化学生自我服务的劳动教育有重要的现实意义。每年大学新生入学报到时，绝大部分学生的周围总有几个"陪同人员"跟着，替他张罗一切，离开了家长，很多学生感到无法适应。个别学生由于各方面长期依赖父母，一旦没有父母的照料，甚至难以生存，最后不得不退学或者让父母搬到学校照顾自己，这样的事例已不稀罕了。而学生将换下来的脏衣服定期寄给父母洗的事更是屡见不鲜。要改变目前绝大多数学生不爱劳动、不会劳动的现状，家长和教师必须从培养学生良好的劳动习惯做起。

"如果父亲没有教给儿子谋生的手段，那等于教他成为一个贼。"这是犹太民族倡导和帮助孩子自立的永恒教义，这又何尝不给我们的教育以深深的启迪呢？对于每一位深爱自己孩子或学生的父母或教师来说，应该学会让孩子和学生自己的事情自己做，要学会放手让孩子和学生承担必要的劳动。从某种意义上可以说，剥夺了孩子和学生的劳动权利就等于使他们丧失了成长的机会。而放手让孩子和学生适当地参加劳动实践，使他们具有最起码的生活自理能力，在劳动中学会尊重他人、理解他人，培养良好的劳动习惯，将使他们终身受益。

在学会自我服务的基础上，让学生积极参加社会公益性劳动是培养学生劳动习惯的另一个重要方面。苏霍姆林斯基曾说过："我们力求做到，让那种要为社会带来利益的愿望激励孩子去劳动。所以我们让孩子们首先去做能创造全民财富的事（如提高土壤肥力，栽培护田林、葡萄园、果园，参加经济和文化生活设施的建设、筑路等）。为了社会、为了未来的这种劳动，便成为陶冶孩子们的学校。凡在童年和少年时期就非常关心社会利益的孩子，都会养成一种义务感和荣誉感。每遇到有关社会财物的事情时，他的良心都不会使他无动于衷。"

社会公益性劳动是一种不计报酬的为他人服务的活动。在这种劳动中，学生以社会和他人的需要为中心，更多地考虑了社会和他人的利益，从而有助于增强学生的社会责任感，真正理解"我为人人，人人为我"思想的精神实质，认清劳动对于社会的作用和意义，激励自己自觉地养成勤于劳动的习惯。

三、增强劳动的智力含量，培养学生的创造性

我心中的理想劳技教育，应该注重劳动实践活动的多样性，增强劳动的智力含量，引导学生手脑结合，培养学生的创造性，使学生多方面的能力得到充分的施展。

苏霍姆林斯基有一句名言："儿童的智慧在他的手指尖上。"这生动地说明了培养学生动手实践能力对发展智力的重要作用。人类通过劳动在改造自然界和人类社会的同时，也在改造自身的器官，特别是手和脑功能的不断协调与完善。陶行知先生也非常精辟地论述过"手脑并用"的意义："教育要'手脑并用'。在用脑的时间，同时用手去实验；用手的时间，同时用脑去想，才有可能去创造。手和脑在一块儿干，是创造教育的开始；手脑双全，是创造教育的目的。"应该说，在我们通常所讲的"五育"之中，劳技教育是促使人手脑相结合最为有效的途径。南京市教研室陈平老师在《劳动与技术课程实施现状的调查报告》中指出，有52.9%的小学生、48.9%的初中生、43.4%的高中生认为自己对劳动技术课的兴趣很大程度上是因为这一课程"手脑并用"。

由于劳技教育"手脑并用"，具有鲜明的实践性和自主性，在教学活动中充分发挥学生的主体作用，重视让学生去体验、去感受、去发现、去创造，因而能够使学生从中获得兴趣、获得信心，享受成功的喜悦和创造的乐趣。2001年2月，无锡市锡山高级中学一名叫华巍的高三学生研制的"多功能激光水平仪"获得国家专利证书。华巍同学搞"多功能激光水平仪"最初的起因是家里装修房屋。泥水匠铺花岗岩时，为了求得平整，要反复用水平仪量、拉直线校平，很不方便。当时就触发了他的灵感：如果用束光照射代替拉线岂不方便多了？在学校劳技老师的指导下，他最终获得成功。在设计过程中，华巍同学不仅学会了不少技能，增强了动手能力，而且创造性思维也得到了充分的施展。

在古今中外的科学史上，我们不难发现，许多科学家能有重大发现和发明，不仅仅是因为这些伟大的科学家有超常的智力，更重要的原因在于他们有较强的动手实践能力。他们善于把自己的思维成果通过自己的手工

劳动转化为现实的产品，这恐怕与他们从学生时代起就注重劳技发展有着密切的关系。

关于劳动实践与智力发展的问题，苏霍姆林斯基有一段非常深刻的论述。他说："如果你希望学生成为善于思索的人，希望严整的、明确的、逻辑性彻底的思想能通过清楚的说明和解释表达出来，你就要把他们吸引到思想充实的劳动中去，要通过劳动把知识体系的种种关系和相互联系体现出来。你要记住，劳动不仅意味着实际能力和技巧，而且首先意味着智力的发展，意味着思维和语言的修养。"许多研究也表明，劳动越复杂，越有趣，其智力因素也就越明显，越容易调动学生的劳动积极性。让学生参与复杂技能的劳动实践，要求他们灵活运用所学的劳技知识，发挥丰富的想象力和创造力，能有力地促进学生智力的发展。总之，通过劳动发展学生智力的关键在于让学生在劳动中学会思考，激发孩子们的好奇心、求知欲和想象力，开发学生的智力。

另外，在劳技教育中，我们要特别防止把体力劳动和脑力劳动割裂，让学生机械重复简单劳动的做法。苏霍姆林斯基通过帕夫雷什中学的实践也反复强调了这一点。他坚信，如果体力劳动没有成为磨炼精神力量的一种手段，这种劳动便不能在人的精神生活中发挥决定作用。不仅如此，如果体力劳动占据了一个人的全部时间和全部精力，他的精神生活就会变得十分贫乏和萎靡不振。

此外，通过让学生参与劳动实践，促使学生探索最优化的工作方法，培养学生思维的创造性，让学生在劳动过程中不断地调动自己的主观能动性，勤于钻研，勇于实践，久而久之就能不断提高学生分析问题、解决问题的能力，对激发学生的创造激情和创新潜能大有裨益。2001年，在中国教育学会中小学劳技教育专业委员会、中国发明协会以及中央教育科学研究所举办的"首届全国中小学劳技教育创新作品赛"上，有来自26个省（自治区、直辖市）的500多所中小学参赛，参赛作品有3000多项，其中有241项作品入围，涉及声、光、电、热、环保、节水、防盗等各个方面，部分作品还获得了国家专利或已投入实际生产和使用。

这次比赛的承办单位——全国青少年劳技教育发明创造专业委员会的秘书长竺豪桢说："以前，劳技教育通常被理解成给几块木板，每人按固定的程序，加工一把椅子、一个凳子什么的。50个学生做出来的椅子，个个一样。现在，我们希望在这些课中，给学生一个真实的机会，不但培养学生的劳动观念，还应增加科技含量，给学生留出创造的空间。一旦将发明创造赋予动手实践的过程，劳动技术教育就变得非常有生命力。"这对于我们劳技教育的创新是很有启发意义的。

四、因地制宜、因校制宜，培养学生的劳技特长

我心中的理想劳技教育，应该因地制宜、因校制宜，在立足学校课堂教育的基础上，让学生尽可能多地走出校门，接触社会，并通过富有特色的劳技教育基地，培养学生的劳技特长。

我国幅员辽阔，地区差异较大，从现代化的工业城市到偏僻落后的山区，自然条件、经济发展水平和学校的办学条件等方面有着显著的差别。因而，开展劳技教育就必须从各地的实际出发，因地制宜、因校制宜。劳技教育的内容和形式应充分考虑到各个学校自身的特点，扬长避短，发挥出自己独特的功效，体现不同地区、不同学校的劳技教育特色。例如，我国第一位劳技课的特级教师张再昌，就是一位从农村中走出来的优秀教师。他根据当地农村的实际，编写了二十余万字的乡土教材，把劳技课办成了农村技术改进的"试验田"，把学校的试验基地延伸到了学生家中，为当地培养了一大批技术人才。由于他结合农村实际，探索劳技课的改革并取得了明显的实效，所以被评为全国首批中青年十佳教师。

学校课堂教学是进行劳技教育的主渠道，教师通过课堂教学，讲授劳技知识，进行简单的劳技操作指导，符合学生平常的学习习惯。因此，在学校中加强劳动技术教育设施的建设十分必要。例如，德国的学校通常有金工、木工、电子电工、营养与烹饪、塑料加工等劳技专用教室，其配置水平与物理、化学、生物实验室相仿，同时还有配套的安全辅助装置和技术辅助装置。日本的小学大都有 100 平方米以上的家庭课专用教室，内有劳动操作台、装备台、煤气管道、电动缝纫机、微波炉、洗衣机和烹饪炊具等。中学则有着装室、料理室、金工室、计算机室等。在澳大利亚，条件好的学校都配备有木工工场、金工工场、车工工场和装配车间，条件差的学校也要配备一个综合工场。澳大利亚还在各州建立标准化的流动工场，

在州内巡回活动，在每个劳技中心停留四个星期。在流动工场到达之前，学生事先要学习操作说明，观看录像和幻灯片，了解工具和设备的性能，明确安全要求和操作要求。当流动工场到来后，师生立即开始教学。在流动工场离开之前，学生的学习作品就会得到评价。流动工场的建立，深受乡村学校的欢迎，大大缓解了乡村学校进行劳技教育的困难。这种流动工场的做法也可在我国推广。

当然，学校毕竟不是劳动的场所，接触的范围毕竟有限。因此，加强学生的劳技教育，有必要在学校课堂教学的基础上，建立广泛的社会教育基地，使学生尽可能多地在社会的熔炉中得到锻炼和发展。学校应该利用劳技学科与生产、生活紧密联系的特点，让学生走到城市的街道工厂、农村的乡间田野，引领学生逐步接触社会，正确认识社会，勇于参与社会，强化学生将自我完善与社会发展紧密结合的观念，把学生锻炼成为将来能够用双手支撑生活并创造生活的栋梁之材。

各级政府也应该积极创造条件，为学生到社区从事社会实践创造条件。从发展的趋势来看，劳技教育正在向综合实践活动课程的方向发展，如果建立一批供学生进行综合社会实践，集休闲、劳动、体验、创造、探险等一身的活动基地，无疑是十分有益的。

苏州市实验小学建立的学生社会活动基地就是一个有益的尝试。而上海市政府建设的"东方绿舟"更是一个大手笔。东方绿舟——上海市青少年校外活动营地位于上海淀山湖畔，占地5600亩（含水域面积）。营地由知识大道区、勇敢智慧区、国防教育区、生存挑战区、科学探索区、水上运动区、运动训练区、生活实践区这八大园区组成，其中知识大道区陈列有162位世界文明发展史上著名人物的雕塑，是目前世界上最大的雕塑公园之一。营地以学生为主体，以组织有创意的教育活动为主线，以回归自然、亲身实践、获取体验感受为主旨，让广大青少年在活动中体验成功、体验快乐；营地内八大园区的活动项目以及雕塑、树林、桥梁、民居、道路、河流时时在向学生传播着各种科学知识；营地充分体现"野趣、童趣、情趣"，这里的一树一木、一花一草都让青少年感到"与大自然如此贴近"，想去亲近大自然、感受大自然、体验大自然；营地是课堂教学的延伸与拓展，它注重学科间的相互渗透与整合，利用丰富的环境资源，组织学生开展面向社会、面向自然与生活的研究性学习活动；营地的各项活动都围绕着有利于学生健康成长，有利于学生综合素质的提高而展开；营地充分发挥青少年的主体作用和主观能动性，积极创造条件让学生自主管理、自主选择、自我教育，培养他们自理、自主、自强的能力。

南京市南湖街道也成立了江苏省首家社区少先队体验教育实践基地，它是鼓励学生积极参加生产劳动的一种新的尝试。南湖街道内6所小学的少先队员们利用课余时间到社区商店、银行、餐馆、照相馆、报亭等15家单位的近百个岗位上参加服务，体验劳动者工作的艰辛与乐趣，学校让学生在接触社会的过程中学习各种劳技，学会与人交往，从而提高学生的综合素质。

需要说明的是，无论在学校内还是在学校外，劳技教育都必须减少盲目性和偶然性。苏霍姆林斯基在批评有些学校虽然搞的劳动并不少，但是劳动的教育价值却很低时，一针见血地指出，其最大的问题是没有善始善终。当感到人手不够时，学生才被召去搞劳动，他们像"救火一样"仓促上阵。所以，他在帕夫雷什中学努力做到减少偶然性的、事先没有计划的"应急的"劳动，主张"一定要将既定种类的工作善始善终，经历劳动进程的所有阶段——从了解劳动目的到由于取得劳动成果而感到深深的满足"。

劳技课作为传授劳动知识和劳动技能的一门基础教育课程，应该将劳动的非职业性和职业性有机地结合起来进行考虑，即学校在劳动技术教育中还应该注重对学生的职业指导教育。通过职业指导教育，可以架起学生和社会之间的桥梁，帮助学生分析和认识各类职业，学会正确的求职方法，使每个学生找到一条适合自己的职业道路。基于职业指导教育的特点，学校的职业指导课程的教师不应仅限于学校的劳技教师，还应该邀请社会各行业的人士共同参与教学。职业指导教育课程的组织形式也不应是单纯的课程教育，而是应该采取"请进来，走出去"的灵活方式，如参观职业介绍所（人才市场）、到各类部门实习等方式来实施。

五、注重劳技教育与德智体美的联系，培养学生的道德和心理素质

我心中的理想劳技教育，应该注重与德育、智育、体育、美育的内在联系，在劳技教育中"树德""增智""强体""审美"，使学生形成良好品德和个性心理素质，为学生的全面发展奠定基础。

劳技教育不仅实现了提高学生劳技素质的教育目标，而且促使每一个学生的品德、知识、能力、意志、情感、体能和审美能力也都在劳动实践中得到发展，因为学生参加任何劳动，都必须亲身去体验、操作、认识、掌握。学生所学习的任何劳技都必须通过对其自身行为的评价、反馈调节和反复动手训练才能逐渐形成。在这种过程中，学生的体力和意志力得到了极好的考验和磨炼，他们的情感也得到了陶冶和升华，他们的个性和创造性也得到了施展的机会和场所。

因此，劳技的学习与掌握就是体力、智力和创造力的综合运用和发展。通过对学生实施良好的劳技教育，在很大程度上也就实现了素质教育所要求达到的"使受教育者身心健康，在德、智、体诸方面和谐发展"的目标。

例如，让高中学生学习工艺品的绘图制作，就可以增强他们的立体思维和空间想象能力，可以锻炼他们的动手能力，调节学生的思维状态，提高学生的学习效率。因为绘图制作本身就是一门艺术，它还可以让学生充分想象，自由发挥，培养学生的审美能力，激发学生创造美的激情。而且，通过绘图制作这一活动，还可以培养学生做事仔细认真的习惯。因此，教师在劳技课的教学中，应该注重劳动技术教育与德育、智育、体育、美育的内在联系，强化劳技教育中的德育、智育、体育、美育功能，将劳技教育贯穿于素质教育培养全面发展的人的全过程。

劳技课程中教书育人并重是十分重要的。曾经有一位劳技教师深有感触地说："我教授电工课已多年，记得有一年初三学生上晚自习时常发生停电事故，可周围的住户却没有停电……原来是学生有意破坏，目的是为了不上晚自习。通过这件事，可以看出学生对电工技能掌握得较好，从侧面证明教学效果是好的，但也反映出学生的思想品德问题，说明教师在教书的同时，也要注意育人。"

在此，我热切地呼唤构建劳技教育同其他各育之间的立交桥，尽快地走出劳技教育就是劳技课的狭窄范围，提倡生活处处有劳育、生活时时有劳育。劳技教育由于富有实践性和创造性的显著特征，与生产和生活紧密联系，其"树德""增智""强体""审美"的功能往往是其他教育形式所不能及的。

同时，通过劳技教育来塑造学生良好的个性品质是一个有效途径。通过适当的劳动实践，能磨炼学生的意志，有助于学生形成不畏困难、勇往直前、锲而不舍、不达目的誓不罢休的精神和气概；在劳动中鼓励学生克服困难最终取得成功，能增强学生的自信心，增强学生热爱劳动、热爱生活的思想感情；让学生在集体劳动中通过分工与合作，完成共同的劳动任务，可以使学生认识到个人服从集体的重要意义，可以培养学生的集体观念和团结协作、乐于奉献的精神，使学生获得团结互助、同甘共苦的体验；对学生的劳技操作进行严格要求，可以让学生在劳动实践中学会自我调整、自我约束和自我管理，培养学生的质量意识和劳动纪律；指导学生在劳动实践中将体力劳动与脑力劳动相结合，能激发学生追求卓越、追求创造性和不断超越自我的作风；让学生在劳动实践中加深对劳动人民的了解，可以培养学生对祖国、对人民、对劳动的深厚感情。通过劳技教育还可以使学生体验到物质财富的来之不易，从而培养其勤俭节约的优良品质。

此外，研究表明，劳技教育还可以培养学生一些优良的心理品质。如天津师范大学发展心理学研究所吕教授经过研究发现，如果让那些好动、粗心、注意力差、自制力差的男孩子学习类似刺绣等劳动工艺技能，对培养这些学生的注意力和自制力有很大的帮助。

六、注重个性和年龄差异，培养学生的"关键能力"

我心中的理想劳技教育，应该注重学生的个性和年龄差异，树立以学生为中心的理念，在教学过程中采用"项目课程和行为引导教学法"，培养学生的计划、工作、社交等"关键能力"。

任何教育都是在有自己独特性的个体身上进行的。实施劳技教育必须承认和尊重学生的个性差异，注重不同学生的学习欲望、兴趣、特长等特点，这是提高劳技教育质量的重要保证。

苏霍姆林斯基认为，必修的教学大纲不可能照顾到多种多样的个人特点。孩子在学龄初期常常不仅要做手工劳动等课堂上全班都做的东西，而且还想做一点儿自己的东西。他们不满足于本班课堂所要求达到的技能和技巧的熟练程度，还企望掌握得更细一些，而且这种愿望会随着年龄增长而逐渐增强。因此，教师要充分了解学生的个性，尽可能使劳技教育的内容多样化，使每个学生都能找到自己喜欢的劳技项目。

日本的劳技教育就非常重视学生不同的个性和兴趣爱好。日本初中一至三年级开设的"技术·家事课"大纲中有"木工""电""金工""机械""栽培""信息基础""家庭生活""食品""服装""住所""保育"这11个学习项目。学生在初中三年中可以根据自己的兴趣和爱好选择其中的7个项目。

提高劳技教育的质量还要充分考虑学生的年龄特点，应严格按照学生的年龄阶段特征，由浅入深，由简到繁，循序渐进，确定各阶段的教学内容。

日本的中小学劳技课程就非常重视学生年龄的层次性。日本小学劳技课主要是发展学生的直觉和感觉，中学劳技课主要是发展学生的抽象思维能力和创造力，高中劳技课主要是发展学生的正确判断和应用能力。学校为小学一、二年级的学生开设生活课，通过具体的活动和体验，使学生对自己与周围的社会和自然的关系产生兴趣，并掌握生活上所必需的习惯和技能。学校为小学五、六年级的学生开设"家庭课"，通过有关衣、食、住的实践活动，让小学生掌握日常生活中必需的基础知识和技能，主要有被服、食物、家庭成员的生活和居住三个方面的实践活动。

在俄罗斯，劳技课的教学内容也是按照学生的年龄特点进行严格区分的。小学生的学习内容主要是：材料加工技术、食品制作、房间打扫、浇花、学习使用计算机等。初中生的学习内容主要是：设备材料与机器零部件加工、家政艺术、缝纫、食品、手工艺、维护修理、计算机应用、完成个人方案设计。高中生的学习内容主要是：家庭经济学、企业管理基础知识、生产和环境保护、社会劳动和职业自我选择、艺术设计入门以及完成个人方案设计等。在学生生理、心理以及社会适应性的不同发展阶段确立不同的教育目标，制定不同的教学内容，采用不同的教学方式，这是德国、日本等国家劳技教育取得成功的重要经验。

当前，德国等一些发达国家在劳技课教学中，正大力推广和使用"项目课程和行为引导教学法"。

所谓"项目课程和行为引导教学法"就是通过项目，即制作某一特定的产品来实施教学，以此帮助学生掌握知识、发展技能、培养习惯。这种教学方法有利于激活教学双边活动，培养学生的创新精神和实践能力，促进学生知识、能力、素质诸方面的综合提高，从而改变传统劳技教学"重教有余，重学不足，模仿有余，创新不足"的状况。

项目的产品可以是具体的、有形的物体，如一个木工工具箱、一件衣服、一份菜肴等；也可以是智力方面的成果，如专题报告、电视片、图画等。教学过程分为四个阶段：决策阶段、计划和准备阶段、实施阶段及评估阶段。整个过程始终突出以学生及其行为为中心，由学生自己决定所要制作的产品，并进行可行性分析，制订项目执行计划、准备工具、采购材料、独立自主或分工协作地进行具体操作、及时反馈信息、调整策略、不断检验以确保质量并整理成文，最后将完成的产品展示出去（卖出去或送给亲朋好友作为礼物，也可以留为己用）。教师则扮演主持人和咨询员的角色，对学生的行为不是发布命令，而是刻意引导、及时提醒和提供必要的帮助。该法有利于培养学生浓厚的学习兴趣，使整个学习过程对学生而言是"我要学"，而非"要我学"。

"项目课程和行为引导教学法"注重学科间的相互渗透，注重学校与社会的密切联系，其鲜明的生活性、现实性要求劳动技术教育应尽可能走出课堂，走向社会管理和服务等领域的各行各业。而且，这种教学方式强调教学对象的手脑并用，引导学生"学会学习，学会生活，学会创造"，这对全面培养学生的行为能力、专业能力及社会能力，以及培养学生的计划、工作、社交等"关键能力"有着重要的作用，值得我国中小学在劳技教学中借鉴学习。

七、加强学校、家庭和社会的合力作用，构建"大劳育"的教育体系

我心中的理想劳技教育，应该注重学校、家庭和社会齐抓共管的合力作用，构建"大劳育"的教育体系。

马卡连柯十分重视家庭在学生劳技教育中的作用。他曾告诫每一位家长，父母在教育子女的过程中，永远不应该忘记劳动的原则。在家庭里获得正确的劳动教育的儿童，以后能很顺利地完成专门教育。凡是在家庭里没有接受任何劳动教育的儿童，即使国家机关努力去教育他，也不会获得很好的熟练技能，会遭遇各种失败，会成为不好的工作者。

目前，家庭不理解、不支持、不配合劳技教育的情况比较普遍。如"动手做"课程在上海家庭遭受挫折就是一例。上海静安区教育学院附属学校开设了与法国合作的教育项目——"动手做"课程。这门容纳了自然常识和生产劳动的科学课程，大到火山爆发，小到绿豆芽的生长，都被设计成可供学生动手的实验。由于许多实验项目不能在课堂上完成，老师要求学生把部分实验带回家中做。但是，当学生兴致勃勃地把实验带回家时，却遭到了家长的反对。一些家长认为，孩子把番茄酱、土豆泥拌在一起做火山，或者在盘子里发绿豆芽，既浪费了本来用于学习的时间，又把家里弄得乱七八糟。许多家长认为，只有做题才是学习，动手实践不是学习。

加强劳技教育，社会的积极支持和配合是必不可少的。社会对教育的影响主要表现在政策规范和观念导向等方面，教育行政部门要积极通过制定教育政策、法规确定劳技教育的地位，要积极通过舆论宣传，帮助社会成员树立起正确的思想观念。如转变应试教育观念，树立素质教育观念；转变重才轻德的观念，树立全面发展的观念；转变分数第一的评价观念，树立全面科学的质量观念；转变劳心者治人，劳力者治于人的陈旧观念，树立正确的劳动观。

在劳技教育的实施过程中，需要有一定的设备、材料、场地等物质条件，因此它和中小学其他文化课相比，需要有更多的经费投入，如果缺乏这些物质准备，劳技课无疑就成了摆设。如前面所提到的"项目课程和行为引导教学法"的实施，因为涉及的学科复杂，工作面广，教学场所也不局限在单一的教室中进行，可能需要在学校的实验室、计算机房进行，也可能需要在社会的"大课堂"（如商店、管理机关、工厂、科研所等）中进行。

因此，劳技教育的开展还需要政府、教育行政部门以及学校在经费方面予以保证，并要充分利用社会各界的力量，构建起全社会积极参与和支持的劳技教育系统网络，如积极争取社区、工商企业以及各类事业单位的支持配合，建立多样化的劳技实践基地。总之，学校要通过广泛的宣传和动员，激励全体社会成员关注和支持劳技教育的发展。

构建"大劳育"的框架体系，学校是核心的因素。学校作为专门的教育机构，必须对劳技教育予以高度的重视，并能对劳技教育不断进行改革创新，如强化对劳技教育质量的考核、规范劳技课的教学、建立各学科之间的横向联系等，提高学校劳技教育的实效性。学校应该充分利用自身的优势，做好社会、学校以及家庭的沟通联系工作，把社会和家庭紧密联系在学校周围，为实施好劳技教育建立起合力支持系统。如通过家长学校、家访、家长联谊会等方式，向家长宣传劳技教育的重要性，使之积极协助家庭中的劳技教育，及时与家长沟通，加强交流，避免学校教育和家庭教育发生矛盾和冲突。

八、建设优秀的师资队伍，编写有实用性、特色性的课程教材

我心中的理想劳技教育，应该有一支优秀的劳技师资队伍和一套具有实用性、特色性的课程教材，为实施劳技教育提供基本的保证。

在绝大多数中小学，劳技教育已成为被遗忘的角落，这个问题突出表现在师资和课程教材两个方面。

在德、智、体、美、劳"五育"发展中，德育有专职的政治课教师、班主任以及各种团队组织机构，智育有语文、数学、外语等各门专业学科教师，体育有专职的体育教师，美育有专职的美术、音乐教师，但是劳技课却很少有专职的教师。经过多年努力，在中德技术合作项目的推进下，我们才在苏州教育学院开设了全国唯一的劳动技术教育专业，培养的学生远远不能满足社会的需求。

相比之下，日本和德国等国家对劳技师资的培养十分值得我们学习借鉴。日本中小学劳技教师均为本科学历，这些教师要在大学毕业后参加教育行政部门的录用考试，合格者见习一年，然后再经过专门的培训方可上岗。日本劳技教师均为专职。在德国，劳技教师绝大多数都是正规大学毕业并通过了国家级教师资格考试。各校都有专门的劳技教研组，劳技教师的工作量每周平均达 26—28 课时。规模大一点儿的学校还配两名师傅，一名擅长电气，另一名擅长机械，分工合作，对专业教室和专业设备进行日常管理和保养等工作。劳技教师的待遇和地位在校内与数学、德语等教师一样，在社会上也属中等偏上，是令人尊敬和仰慕的职业之一。

我国在课程教材方面，数学、语文、外语、地理、历史、政治、生物、

体育、美术等学科都有系统的教材和大纲，但是绝大多数学校的劳技教育课却很少有详细的教学计划，教学大纲和教材也缺乏系统性和实用性，甚至许多学校根本就没有教学大纲和教材，这在客观上把劳技教育放到了"五育"中最不重要的一个位置上。缺少教师和教材这两个最基本、最核心的因素而要把劳技教育搞好是很难想象的。

劳技课程是一门技能性较强的课程，并不是任何一个人都能胜任的。它不仅需要教师具备教学的基本素质，更需要教师具备某方面的技能特长。因此，选聘一支高质量的劳技教师队伍是实施劳技教育的关键。

有一些学校在师资选聘方面实施的"一改、二派、三兼、四聘"的做法值得借鉴。"一改"是由具有一定特长的文化课教师改教劳技课，如中学的物理、化学、生物科教师可以改教手工、制作、家电维修、自行车修理等；"二派"是在高等职业院校的毕业生中择优录用，作为学校的专职教师；"三兼"是让具有专长的教师兼任劳技课教师；"四聘"是向社会招聘有专长的人到校兼课。总之，通过多渠道的教师选聘方式解决师资问题，才能为发展学生的劳技提供前提和保证。

课程是教师向学生传授知识、发展学生能力的载体。劳技课是一门实践性很强的课程，因此劳技课必须体现鲜明的实用性，如园艺、种植、养殖、木工、简单的机械维修、家用电器的使用和保养、烹饪、打字以及汽车模拟驾驶等，通过这些课程的开设，使学生能够在学中用，在用中学，学生不仅获得劳动知识和技能，更能感受学习和劳动的乐趣，这正是劳技教育所追求的重要目标。

劳技课程在注重实用性的同时，还应体现特色性。在劳技课程教材的编写上，各个学校应该根据本地区、本学校以及学生的自身特点，有针对性地开设课程，在发展学生多样性劳技的基础上，培养学生在某方面的专长。当学习富有地方特色的教材时，学生会感到很亲切，很有趣，学起来就很容易，会大大激发学习的积极性和创造性。如苏州作为一个全国知名的园林城市，就可以给学生开设园林花卉课程，让学生了解盆景和花卉制作。无锡宜兴的陶瓷享誉海内外，可以给这里的学生开设陶瓷工艺课程，让学生了解陶瓷的制作过程。总之，学校要充分挖掘本地所特有的教学资源，这不仅可以发展学生的特长技能，还可以使本地的传统工艺和技能得以流传和发扬。

英国的中国科学史专家李约瑟博士曾讲过这样一句话：中国古代有着辉煌的科学成就，可是没有技术成就。我认为，其中一个重要原因就在于对劳技教育的忽视。作为生活在 21 世纪科技和生产力迅猛发展时代的人，我们应该冷静地对李约瑟博士的话进行深思。我们应该清醒地认识到，首先要把学生培养成合格的劳动者，然后才能使他成为优秀的人才。在教育与时代俱进的新世纪，为把学生真正培养成德、智、体、美、劳全面发展的高素质人才，让我们共同关注劳技教育，为教育发展撑起一片新的蓝天。

第六章　我心中的理想学校

优质的学校是人才的摇篮，劣质的学校则是智能的坟墓。优质的学校是孩子们的天堂，他们在这里常欢乐，常惊奇，主动地探索，健康地成长。劣质的学校则是孩子们的"地狱"，他们在这里常悲哀，常恐惧，被动地接受，人格在萎缩。

这种优质的学校就是我心中的理想学校。

欧洲学生家长协会总干事在欧洲议会下设的文化与教育委员会举行的"中小学教育的质量与效率"意见听取会上，提出了一所好的小学应符合的标准：

（1）一所现代小学是使校内每个儿童都感到自己没有被忽视。

（2）一所现代小学必定参与最终以提高教学质量为目标的教学革新。

（3）一所好的小学在幼儿园与小学之间、小学与中学之间、学校与家庭之间不存在"令人恼火的门槛"。

（4）一所好的小学必定关注学生之间的个体差异，既对学生采取尽可能个别的教学方法，又对困难学生提供特殊帮助。

（5）一所好的小学必定关心属于其他文化的儿童。

（6）一所好的小学必定为儿童提供得以充分发展的机会。不应当仅仅关心儿童的脑，还要关心他们的手和心，即问题不仅仅在于智育，还在于情感教育、社会教育、生理运动教育、艺术教育……

（7）一所好的小学必定是"门窗敞开"的，发现始于对周围事物的探究。

（8）一所好的小学不是一个"孤岛"，它必定通过自己建立起一个合作网络。这一网络应导向由名副其实的教学小组进行的教学。更广泛地说，教学小组应与家长、心理辅导人员、医疗人员、社会小组、教学辅助人员、学区督导等和谐地进行合作。一所好的小学必定根据本校活动计划自己，规划其行动。

我国台湾学者游乾桂先生著有《寻找田园小学》①一书，试图为孩子们构建一座心灵的田园小学，为社会筑一座理想的田园学苑，并称之为他教育大梦里的"桃花源"。那么，我心中的"桃花源"是什么样呢？如何才能营造一个理想的校园呢？

一、突出学校的特色

我心中的理想学校，应该是一所有特色的学校。

评价一所学校优劣的标准是多种多样的，且总是处于动态之中。但我认为，最重要的就是学校的特色。美国《新闻周刊》曾经对全世界的学校做过大规模的调查，最后评出十所最好的学校。这十所学校分别是：新西兰特卡波湖学校、意大利迪亚纳学校、荷兰格雷达莫斯学校、日本东京涩谷第六小学、荷兰埃克纳顿学校、美国匹兹堡市威斯汀霍斯中学、德国安克库敦考勒中学、美国加利福尼亚理工学院、瑞典斯德哥尔摩职业培训中心以及德国科隆地区教育部。

新西兰特卡波湖学校的教育特色是注重学生阅读能力的培养，该校的学生阅读写作能力一直在国际测验中名列榜首。该校提高学生阅读能力的重要途径就是通过有创造性的课程，强调通过背诵训练并让儿童按照自己的速度学习，把不同基础的学生编成不同等级的班级，把阅读和写作结合起来，培养学生阅读写作方面的专门才能。

意大利迪亚纳学校的成功之处在于学前教育效果特别显著。该校四面墙壁都是玻璃，看上去与其说是幼儿园，倒不如说是一所欢腾喧闹的温室。教室墙上贴的，窗上画的，从天棚垂挂下来的，桌子上铺展开的，全都是儿童工艺品。该校由教师自己设置课程，教学内容是围绕着让孩子们学习各种技艺并帮助他们认识世界的题目组织的，涉及数学、艺术和科学。学校按照学生的不同年龄设计了不同的"学校"，如从婴儿到三岁的学生进入

---

① 游乾桂：《寻找田园小学》，中国友谊出版社，1999。

的学校称为"窝",三岁到六岁的学生进入的是"母亲学校",不同"学校"的学生活动各不相同。学校教育的一个重要特点就是注重培养学生的个性,让学生从小就能自由地按照自己的意愿开展各种活动。

荷兰格雷达莫斯学校的特色之处是数学教学出类拔萃。该校采用新的、革命性的数学教学体系——"实用数学"教学方法。这种新课程的特别之处就在于,每教一个题目便要结合现实问题进行讨论,以便显示数学的真正含义是普通生活的有机组成部分。

日本东京涩谷第六小学的特色在于科学教育强调创造性。学校的教育目标是培养学生能提出问题,形成独立的构思,并且发展成为创造性的智力。学校还强调在实践中发展学生的创造性能力,如让四年级的学生在学习电学、电路图以及发动机的基本知识时自带零件,动手修理烤面包炉,让十岁的孩子设法用太阳能电池和汽车模型装配出太阳能玩具汽车。

荷兰埃克纳顿学校的成功之处在外语教学方面。学生当中没有人去过英、美等国家,但是学生掌握的词汇量、流利程度和自信心,不亚于甚至超过许多美国十几岁的孩子。学生们用英语辩论美国社会问题,以提高他们的表达技巧。该校学生学习英语的成功方式就是多练。

美国匹兹堡市威斯汀霍斯中学的成功之处是在实施"艺术推动"计划中取得了巨大成功。该校把通常被认为是奢华的艺术科目作为教育的重要组成部分,其内容包括音乐、视觉艺术和写作,学生们学习用艺术来表现自己的情感和解决问题。这种教育模式极大地丰富了学生的精神生活。

德国安克库敦考勒中学的特色之一是崇尚工艺。因为德国许多学生要进入职业和技术学校,所以该校对工艺教育特别重视,不仅在课程中设置了专业教育课程,而且在星期一、星期二和星期五让学生到一些小型企业中去充当工程师的学徒,并要参加专门的毕业考试,学生在企业学习期间可以领取报酬。

美国加利福尼亚理工学院的成功之处在于,造就了大批科研精英。该学校并不大,但它在教学中非常鼓励学生按照自己的思路去进行研究,以便形成完全不同的思维模式。目前,该学院已培养出二十余名诺贝尔奖获得者,它的实验室发现过正电子和夸克,开拓了地震学、地球化学、分子生物学以及天体物理学等许多学科新领域。

瑞典斯德哥尔摩职业培训中心在教育上的成功之处是为学生就业创造

条件。该校在教学中十分注重对学生就业必需的知识的传授，如现代财会业务以及计算机技术等课程。该校的学生毕业后就业率很高。

德国科隆地区教育部在教育方面的特色是十分重视教师的严格挑选与培训，并大力提高教师的待遇，使一些最优秀和最聪颖的人才能投入教育事业中来。

另有媒体报道，在美国有一所比哈佛更牛的大学，即坐落在美国荒漠山谷的幽泉学院（Deep Spring College）。这所学院的生活质量得分是99分，而哈佛大学只有88分；它的学术质量得分是99分，与哈佛大学相同；幽泉学院的师生比是1∶4，而哈佛大学则是1∶7；幽泉学院的录取率是7%，比哈佛大学的9%更低；而它的入读率高达92%，远远超过哈佛大学的79%。

幽泉学院的创始人、电力大亨卢西恩·卢修斯·纳恩曾经说过："沙漠有着深邃的性格。它有一个声音。只有倾听，你才能听见，而不是在为了物质的挣扎和喧嚣中听见。先生们，为了什么，你们才来到这旷野？不是为了传统的学术训练，亦不是为了田园牧歌的生活；不是为了在商业中成功或是在职业的道路上追求个人的利益。你们来，是为了准备好用你们的生命去服务，心中要明白，过人的能力和高贵的信念是对你们的期望。"

幽泉学院的校训是：劳动、学术、自治（labor, academics, and self-governance）。学院管理异常严格，未经允许不得离开校园，严禁接触酒精，也不提倡看电视。电话和互联网经常由于恶劣天气而中断，报纸则是通过邮局寄过来的，通常都要晚两天。

该校最有特点的是学生们的自我管理。学校的一切日常管理都由学生们自己负责，包括学校开什么课程、任免教授、新生录取，都由学生董事会参与，而且决定权很大。据说，厦门大学教授刘海峰的弟弟是学校的第一位中国学生。他在参加招生考试时，就是由在校生考查的。

幽泉学院上午上课，下午劳动。但是学生们的学习热情非常高，曾任耶鲁大学人文学教授的戴夫·阿恩特在这里每学期（8周）布置的阅读作业，就包括了4000多页的德国哲学家海德格尔的著作和几百页文学评论，如此大的作业量和如此专注勤奋的学生，在任何一所大学都难以寻见。

这些学校之所以被认为是世界教育的成功典范，其实并不是因为这些学校在各方面都非常强大或者综合实力超越一般的学校，而在于他们都能在某方面独树一帜、标新立异，在某一方面取得了重要的成功，使学校形成自己的特色，以特色赢得了教育的成功。

在苏州，我们多年来倡导办出学校特色，也形成了一批颇具个性的学校，如苏州城东中心小学，虽名不见经传，但每个学生都会两种以上的民族乐器。他们的学生与闵惠芬同台演出，为社区活动增光添彩，深受家长和社会的欢迎。吴江屯村中心小学虽然没有漂亮的校舍，但每个孩子都能写一手漂亮的字。民族乐器和书法都是我们民族文化的重要组成部分，让学生从小就接触书法、训练书法，对他们人文素养的形成，对他们日后精神生活的丰富无疑具有深远的影响。再如吴江的青云中学，以情感教育为特色，他们的学生甚至称老师为妈妈；桃园中学以出色的管理见长。由于重视特色教育，两所学校都大大提高了办学效益，增强了办学活力。

一所学校的特色是非常重要的，特色教育往往是转变学校形象的一个突破口。苏州市第六中学原来是一所基础较差的老中学，办学水平较低，肖德生校长上任后，通过调研与思考，决心在特色上下功夫。他请来了大学艺术系与体育系的教授，办起了艺术与体育特色班，并在全校强化了艺术与体育的教学。很快，特色教育就取得了成效，现在该校已成为国家重点示范中学。

在某种意义上可以说，没有最佳，只有最"特"，最"特"就是最佳。一所优秀的学校必然有其特色所在，优势所在，风格所在。一所学校如果没有特色，就没有强劲的生命力，也就没有优势。这就如同城市，大连的特色是城市建设，深圳的特色是高科技，温州的特色是民营经济，苏州的特色是外向型经济，它们都是我们国家的特色知名城市。当然，学校的特色不是平白产生的，它是校长独特的教育理念的产物，是学校长期发展过程中逐步形成和确立的，当然，它同时又是建立在教师的特长之上的。

二、彰显学校的品位

我心中的理想学校，应该是一所有品位的学校。

品位本来是用以说明矿石或矿体中所含有用成分的百分比，后来用来比喻人或事是否有高的品质、高的标准。我们这里所说的品位，主要指学校的内涵是否丰富，是否具有教育上的高价值、高标准。

我认为，一所学校的品位首先是学校的校园品位，包括每一个细节、每一幢建筑、每一处绿化都应该精雕细刻。细节有时更能反映品位，校园应该围绕学生展开一系列布置，应该考虑怎样给学生最大的便利。如图书，除给学生好的图书馆外，还可以把学校的每条走廊或其他处所变成随时都能拿到书籍的地方，让学生在任何一个时刻、任何一个角落都能拿到自己喜欢的书，知道在哪个地方可以找到自己需要的书。又如计算机，要在任何一个学生需要的地方配置计算机，让学生时刻能上网查看。这些虽然会给管理带来不便，但要努力克服，给学生提供最大的方便。

其次，一所学校的品位反映在学生的品格上。学校要传输知识，但更重要的是塑造人品人格。苏霍姆林斯基说过，当我们的学生在离开校园的时候，带走的不应该只有知识，更重要的是对理想的追求。如果真做到这样，学生就能不断地进行理想的追求，不断进取，这样的学生就不需要我们担心了。而现在我们有些学校，学生离开时带走的是对学校、对学习的厌恶甚至仇恨。

所以，我们的学校应该教会学生热爱学习、热爱生活，教会学生关心社会、关心人类、关心生命。如果一所学校能在学生的人格和品德的发展上下功夫，教会学生追求理想、关心民族命运，时时提醒自己永不停滞、永不失望，那就是给了学生真正的点金石。因为只有人格、品格完善的人才会有品位，才会成为一个社会的宠儿，而不是一个弃儿。

三、有一个富有人格魅力、远大理想的校长

我心中的理想学校，应该有一个富有人格魅力、有远大理想的校长。

校长是一校之魂。如果一所学校没有了魂，这所学校也就没有精神和活力，没有我们需要的一切。校长首先应该具有人格魅力，应凝聚全体教师的力量和智慧，能让每个教师发现自己、挖掘自己的潜能。

一个没有出息的校长总在埋怨教师，一个出色的校长总在发现每一个教师的优点、特长，能把教师的创造性、积极性发挥到极致。校长应该懂得教师的需要，并且引导教师的新的需要，要创造一种好的氛围，同时让最优秀的教师得到最应有的回报。校长要知道自己和名教师的差距，提醒自己不断地进修提高。校长要和每个教师进行心与心的交流，用真诚、宽广的胸怀和

无私的奉献赢得教师的尊重。校长应用自己的科研、教学成就去影响教师。

校长还要有远大的理想，这一点非常重要。没有远大的理想就不可能有成就。一所学校的成就绝对不可能超过校长所期望达到的目标。一个不想当元帅的士兵不是好士兵，一个不想在全国乃至全世界做最优秀校长的校长不会是好校长。

当然，办成一所理想的学校，不可能是一个人、一代人所能完成的，可能需要几代人的努力。但是，我们可以站在巨人的肩膀上去构筑新的品位、新的境界、新的水准。每个校长、每个教师都追求卓越，那我们的学校一定会是一所好学校。

四、有一支富于创新、充满活力的教师队伍

我心中的理想学校，应该有一支创新型的、有活力的教师队伍。

学校的办学主体是教师。教师的奉献精神、凝聚力是办好学校的关键。一所学校好不好不在于它有多少漂亮的建筑，而在于它有多少名师。

许多学校的教师都很年轻，这些学校的校长往往唉声叹气，埋怨学校缺乏具有丰富教学经验的老教师。其实，老教师的经验固然重要，但年轻人的激情与创造也同样重要。年轻人除了缺少经验之外什么都不缺，而且有的时候，经验并不一定是好事情。没有经验反而少了条条框框，少了限制，可能更富有创造性。如窦桂梅、李镇西老师当初不就是取得了突出成就的年轻教师吗？

年轻不是坏事，只要你每一天不去重复，每一天都是在拥抱新的太阳。我熟悉的张家港高级中学，从全国招聘教师，那么，在 5 年、10 年以后，张家港高级中学应该有老师出现在全国十杰之列，出现在名教师之列。名人其实也没有什么，关键是他们从点滴做起，从每一天做起。

成功靠的不仅是智慧，更要靠努力。一个人没有冲动、没有激情，就永远不会有成功。成功来自激情，来自不懈地追求卓越的努力。我们应该多考虑能给这个世界留下点儿什么，应该建立怎样的人生价值观。有人曾经问我：人最后的归宿都一样，你这么努力又是何苦？我说，正因为我们的结果都是一样的，我希望我们的过程有点儿不一样。我们不能要求每个老

师都优秀，但要要求每个老师都能冲击优秀、追求卓越。

伟大并不遥远，只要做个有心人。要进行细致的积累，多花点儿精力在教学上，花在对自己事业的追求上。教师最忌讳的就是不断去重复别人已经做过的（当然，这并不排斥认真借鉴和学习别人的先进经验），最需要的就是超越，要超越就需要有创新。学校应充分利用社会的各种教育资源，调动一切可以调动的力量，应尽一切可能请进名师专家，让教师和学生有较多的机会聆听大师的声音，与大师对话。这多少会激起他们向往大师、成为大师的冲动，多少会使他们觉得大师就在身边，大师并不遥远。古往今来，优质的学校必然是名师、大师聚集的学校。

五、有一批善于探索、具有良好习惯的学生

我心中的理想学校，应该拥有一批善于探索、具有良好习惯的学生。

学生是学校的主体，是学习的主人。"今日我以学校为荣，明日学校以我为荣。"这句话已成为许多学校用来激励学生学习的名言。其实，任何学校在任何时候都是与学生荣辱与共、休戚相关的。只有学生才能把学校装点得生机盎然。绿色的草坪上没有学生读书的身影，红色的跑道上没有学生青春的脚步，设施再先进的学校也只能是一潭死水。我认为，对于学生来说，最重要的两个问题是善于探索和具有良好的习惯。

先说善于探索。让学校成为孩子们自主探索知识的地方应该是教育的追求。学生最可贵的就是探索精神和良好习惯。如果一个学生对世界失去好奇心，不会主动发问、探求，那是学校、老师和学生的悲哀。可以尝试让学生写论文、学术报告，高中毕业时应通过论文答辩。在美国，小学生在二、三年级就写论文了。当学生学会了探索，生活就会非常充实。我们的大学生现在忙于娱乐消遣，就是因为他们缺少探索精神。我们要尝试给学生各种各样的问题。

比如语文教学要打破传统，让学生读完一定数量的名著，不读完就不能毕业。不读名著，怎么能培养他们的细腻感情？怎么能培养他们的文学与艺术鉴赏能力？怎么能培养他们的人际交往能力？还可以要求学生写日记，记下生活中的感受等。现在苏州的政治学科中考已经是开卷考试了，

我主张所有的考试都开卷考试，因为生活本身就是开卷的。我们教育的关键是让孩子们学会探索。我们相信，改变传统的教学方法不会影响到成绩，最好最优秀的学生是不会惧怕高考的。

再说良好的习惯。品位源于习惯。叶圣陶先生曾经说过，教育的真谛就是培养学生的良好习惯。我们应该形成和善待人、文明礼貌的习惯，应要求所有的孩子见到老师、客人都主动打招呼，老师见到学生也应该微笑点头。校园就是一个家，来者就是客，要让学生有这样的心态、这样的感觉。这并不是做表面文章，而是习惯成自然。应该让学生形成关心社会、爱护环境的习惯。应要求学生不随地乱扔果皮纸屑，要求学生善待生灵、善待环境。应该让学生形成勤于学习、乐于学习的习惯。应要求学生掌握适合自己的学习方法，把学习作为完善自我的内在需求，时时学、处处学、事事学。良好的习惯将使学生终身受益。

六、有一个面向所有学生的课程体系

我心中的理想学校，应该有一个面向所有学生的课程体系。

特色学校应该建立起具有特色的课程体系。课程体系是学生赖以生存和发展的空间，开发学校课程体系的核心就是面向所有学生。学生有差异，课程就应该有选择。正像商品的丰富性决定着超市的品位与水平一样，课程的丰富性也是衡量一个学校品位与水平的重要标志。让所有的学生学习规定的课程，这在相当程度上剥夺了学生的选择权，剥夺了学生各方面的兴趣与发展机会。所以，我们有条件的学校应开设选修课，鼓励社会名流、专家学者到学校开选修课，甚至鼓励开设学生讲座。

可以搞学分制，允许学生提前或推迟毕业。我们坚决反对搞所谓的重点班、快慢班。古人云，有教无类，教育不要把人分出高低等级，让孩子们从小就有被打入另册的感觉。但我们主张按学科进行分层教学，让学生选择适合自己的学习内容和学习方式，把学习的主动权交给自己。在校本课程体系中，我们特别赞赏研究性课程。人的发现能力、探索潜能是非常巨大的，要让学生从小就形成研究和探索的精神，学会通过自己的劳动去获得知识、重组信息乃至创造发明。

七、有永远对学生开放的图书馆和计算机房

我心中的理想学校，应该有永远对学生开放的图书馆和计算机房。

图书馆和计算机房是学校设施的灵魂。苏霍姆林斯基说过，一所学校可以什么也没有，但只要有图书馆，就可以称之为学校。读书是丰富学生精神世界的重要渠道。我们的学校教育和语文教育已误入歧途，图书在许多学校只是装点门面的工具，而没有成为孩子们须臾不离的精神食粮。有鉴于此，我们的"新世纪教育文库"为中小学生精选了100部古今中外的名著。我们重点推荐20种左右的必读书，希望通过阅读它们，新世纪的中国学生能有更多的人文关怀、更高尚的人格魅力。

我们已经进入了一个新的时代，这是信息化程度非常高的经济时代。学生的学习已不可能只限于课堂和学校。互联网上的各种信息已成为丰富的教学资源。如何让我们的学生具备强烈的信息意识与高超的信息处理能力，是教育的一项紧迫任务。

因此，我希望彻底改变传统学校的格局，把学校的图书馆搬到教室里、走廊上，学生随时可以找到自己想读的书、想查的资料；把学校的计算机房搬到教室里、走廊上，学生随时可以上网浏览，随时可以与专家联络。这些地方应该没有节假日，只要有学生在学校，我们就要尽一切努力为他们服务，让孩子们得到最大的便利。

究竟什么是最理想的学校？我想引用《窗边的小豆豆》的作者黑柳彻子的一段话来概括："我常想，如果今天还有巴学园，可能就不会有孩子讨厌上学了吧？因为，在巴学园，即使放学之后，孩子们也不愿意回家。而且第二天早晨，又眼巴巴地盼着早一点儿到学校去。巴学园就是这么一所充满魅力的学校。"[①] 这是一所1937年由小林宗作先生创立的学校，1945年毁于战火，它虽然只存在了8年的时间，但已永远地写在了教育的历史上。所以，理想的学校，就是让学生来了不想走、走了还想来的学校，就是让学生永远怀念的学校。

---

① 黑柳彻子：《窗边的小豆豆》，赵玉皎译，南海出版公司，2011，第250页。

第七章　我心中的理想教师

岁月里最深挚的，那是老师的目光，它望穿千古，洞悉宇宙；

大地上最宽广的，那是老师的目光，它上彻天文，下察地理；

人世间最无私的，那是老师的目光，它惊看鱼跃，喜随鸟飞；

老师的目光是轻轻的风，轻轻的风是它对幼苗的问候；

老师的目光是长长的丝，长长的丝是它对学子的牵挂；

老师的目光是深深的海，深深的海是它对世界的热爱。

这是一篇题为《老师的目光》的散文，字里行间充满了对教师的歌颂。那么，究竟什么样的老师是好老师？什么样的教师堪称理想的教师呢？

美国学者泽斯纳和乔伊斯曾对教师问题进行过专门的研究，认为历史上各种教师理论可分为五种：

第一种是把教师看作"出色的雇员"（the good employee）。该理论强调教师在课堂上规范地教学。这类教师是技术型的、经验型的。

第二种是把教师看作"初级的教授"（the junior professor）。该模式强调优秀的教师必须具有丰富的学术知识和良好的知识背景，必须有精深的学术背景。

第三种是把教师看作"充分发展的个人"（the fully functioning person）。该模式认为只有能够促进个人发展的教师才是最优秀的教师，只有促进个人发展的教育才是最好的教育。这种理论充分肯定教师个人的价值观，强调教师对个人人生的理解，强调教师的教学个性和教学风格，注意人格的塑造和培养。

第四种是把教师看作"革新者"（the innovator）。该模式认为教师应该是充满朝气和活力的，教师是整个教育、社会改革的源泉所在，教师应当通过对学生和学校教育的改革来改造社会。

第五种是把教师看作"善于思考的专家"（the reflective professional）。该模式认为教师是思想家。教师在教学过程中，不仅要注意对学生认知能力的培养，更重要的是要注意提高学生的思维能力。

我认为，以上五种教师模式中任何一种单纯的模式都不是我们支持或欣赏的，优秀的教师应该是诸种模式的综合。

一、胸怀理想，富有激情和诗意

我心中的理想教师，应该是一个胸怀理想，充满激情和诗意的教师。

任何教师要想有高的成就、高的水准，首先必须有高的理想。国外有人专门研究过人的抱负层次和成就的关系，结论是人的抱负层次越高，成就也越大。对于教师来说，走上教育岗位以后，必须为自己设定一个一生为之奋斗的目标。只有设定这样一个目标，才能把自己的所作所为锁定在这个目标上，才能不断增强自我意识和使命感，才能不断地进行自我挑战，否则会走弯路，会荒废时间和精力。

教育和其他职业有很多相同的地方，也有很多不同的地方。教育的复杂性和丰富性是其他职业所不具备的，它要求教师富有更高的灵性和悟性。

有人说教育是一首诗，可以是田园诗，可以是古体诗，也可以是抒情诗，有各种各样的情调与内涵。教育家读懂这首诗的前提是什么？是自己给自己设定一个目标：我要读懂它。如果没有解读这首诗的愿望和冲动，你永远不会读懂，也不会写出精彩的诗篇。马卡连柯曾经把他的著作称为"教育的诗篇"，我觉得很有道理。

一个理想的教师，应该是个天生不安分、会做梦的教师。教育的每一天都是新的，每一天的内涵与主题都不同。只有具有强烈的冲动、愿望、使命感、责任感，才能够提出问题，才会自找"麻烦"，也才能拥有诗意的教育生活。写诗是要灵感、悟性和冲动的，真正的教育家也应该具备这样的品格，永远憧憬明天。冲动停止，教育就会终结。

一个优秀的教师，必须具有远大的理想，不断地给自己提出追求的目标，同时又要有激情。对一个成长中的教师来说，平静的思考是需要的，但更要富有激情。美国学者威伍在《激情，成就一个教师》一文中曾说过一段非常精彩的话："想要教好的教师可能在大多数情况下都是志向更高和激情奔放的。伟大至少一部分出自天赋，这是无法传播的。然而，伟大的教师一定是激情的教师。"

人要会做梦。优秀的教师要永远伴随着自己的梦想，当生活没有梦时，生命的意义也就完结了，教育也就没有了意义。

二、自信、自强，不断挑战自我

我心中的理想教师，应该是一个自信、自强，不断挑战自我的教师。

一个理想的教师，应善于认识自己，发现自己。生活中的一些人为什么没有激情？因为他发现不了自己的可爱之处和伟大之处。如何认识自己是自古以来人类对自己提出的一个很高深的命题。在"认识自我"这个问题上，长期以来我们走进了一个误区。我们的媒体、老师要求我们正确对待自己，于是，我们在评论、总结和交流的时候，总会自贬三分。当然，在交往中自贬一些未尝不可，但在内心深处绝对不能自贬。

一个人永远不会超越他追求的目标，同样，一个人也永远不会超越对自己的评价。一个人对自我的评价，往往是这个人事业能否成功的标志。自信使人自强，适当的"骄傲"使人成功。只有自信，才能使一个人的潜能、才华发挥到极致，也只有自信才能使人得到"高峰体验"。培养人就是培养他的自信，摧毁人就是摧毁他的自信。

日本学者坂本保之介写过一本关于自己的书，书中有这样一个故事：他在班上学习成绩很差，年级一共有 500 人，他排在 470 多名。但是他的父亲并没有失望，而是不断地去挖掘他的"火花"。陪儿子下棋，旨在使他思维敏捷；陪儿子上山狩猎，赞扬他观察敏锐，不断强化他的自尊心。一旦树立自信，很多东西就自然而然地被接受了。

校长应该保护教师的自信心，甚至保护带有骄傲性的自信心。作为教师，也应该珍视这种自信，不因一时的挫折而丧失自信。只要一个人的自信心不被摧毁，他就一定能够成功。人来到这个世上，就应该有他的价值、他的舞台，就应该有他扮演的角色、达到的境界。只是我们常常没有发现自己存在的价值，没有确立起人生的信念。有一本书叫作《五体不满足》，讲的是一个叫乙武洋匡的日本年轻人，一生下来就无手无脚，但正是这样一个人，凭自己的不懈努力，考入了日本早稻田大学，成为日本畅销书作家。因此，我认为一个人要取得成功有两个重要的前提：一是追求成功，二是相信自己能够成功。

任何一个人都可以取得巨大的成功，任何一个教师都会取得巨大的成功，只是我们还没有找到成功的道路。

一名理想的教师，应该不断地追求成功，设计成功，而更重要的是要冲击成功。因为人来到世上并不知道他会成为什么样的人，只有去冲击每一个可能成功的暗点，才能擦出成功的火花。教师有这样或那样的冲动，有这样或那样的冲击，是难能可贵的。当一个教师停止了冲击，就意味着他对生活失去了信心，对自己的存在失去了自信。

三、善于合作，富有人格魅力

我心中的理想教师，应该是一个善于合作、具有人格魅力的教师。

竞争基础上的合作，合作基础上的竞争，是现代社会的显著特征。一个不善于合作的教师，走不了太远，因为这个社会是需要合作的社会。社会如此，教师职业也是这样。

我们的教育对象，我们的学生，处在非常复杂的社会环境中，时时刻刻接受多方面、多层次的影响。教师影响施加得如何，取决于力的平衡。教师的影响在多大程度上能够成功，取决于教师在多大的层面上协调各方面的力量，共同对学生施加影响。一个会做工作的教师，会调动千军万马来实现自己的教育抱负。有不少教师个人素质很好，但是缺乏合作精神，与别的教师斤斤计较，这样的教师不会有多大出息。

合作是多方面的，有教师和教师的合作，教师和学生的合作，教师和家长的合作，教师和校长的合作，教师和社会的合作。

对于合作与竞争，要确立"双赢"的观念。过去我们往往以为在竞争中只有一个赢家，因此，合作有一定的困难，更多的是竞争。但事实上，只有双赢才是真正意义上的竞争。真正高明的教师，应该是一个非常尊重他的同事、领导，非常善于调动各方面因素的教师。

怎样成为一个受欢迎的教师？我过去一直讲三要素：一换位，二尊重，三互惠。

第一是换位思考。"己所不欲，勿施于人。"

换位讲起来容易，做起来难。换位是一个心理学命题向哲学命题的挑战。哲学家告诉我们"这个存在"只能有"这个意识"；心理学家则说不能这样，"这个存在"要有"那个意识"。这就很难，稍不注意，就会导致本位主义和自我中心，变成一切从自我出发。我们知道，生活中过多的本位、过多的自我中心必然会导致冲突。这些冲突可以通过换位得到很好的解决。所以，在工作、生活中，我们的教师要多站在对方的角度去思考问题，这样就不至于站在自修室的门前去抢时间，就会理解别人，同情别人。这样的教师也就会被视为一个善解人意的教师。所谓"善解人意"，就是善于换位。换位并不意味着他不知道自己的存在，而是知道别人需要什么，并会在别人需要的时候及时伸出友谊之手，而不是不顾别人的痛痒。

第二是尊重。尊重是人的一个非常重要的心理需要，它还是一个很高层次的需要，是在人的生存、生理等需要满足之后产生的。苏霍姆林斯基说，自尊心是人的心灵里最敏感的角落。一旦挫伤一个人的自尊心，他会以十倍的疯狂、百倍的力量来和你抗衡。"士可杀，不可辱。"因此，教师一定要尊重他人，尤其是学生的人格。

第三是互惠。我们的教师在与人交往当中应该能够学会给予别人东西。在共同的活动中，大家能分享活动的成果，在活动中得到相应的回报。西方有一种社会交往理论认为，人和人之间的交往、关系的平衡，很重要的一点取决于心理评价，每个人在这个过程中都要付出，这就是所谓的成本。同时，每个人在交往过程中都能得到一些东西，这是属于利润。如果这种交往能够令自己有所收获，他就会继续这种交往；如果这种交往浪费很多时间、精力，不值得，他就会终止这种交往。但是有些人在看待教育过程中是吃亏了还是占便宜的问题时，往往看不到自己的所得，这就导致了各种各样的交往的失衡。

一个优秀的交往者，一个理想的教师，应能够讲一点儿奉献精神。我们提倡这样一种精神和境界，因为这样一种精神、这样一种境界的背后是你能得到回报。所有的付出都会有回报，所有的付出都会有收获。交往的过程实际是利益平衡的过程，斤斤计较于眼前的得失，表面看暂时得到了一些，但实际上失去长远利益，其实是得不偿失。

我觉得，如果一个教师真正做到以上三点，他一定会赢得其他教师的尊重，赢得校长的尊重，赢得学生的尊重，赢得家长的尊重。

四、充满爱心，受学生尊敬

我心中的理想教师，应该是一个充满爱心、受学生尊敬的教师。

爱的教育，是教育力量的源泉，是教育成功的基础。正如夏丏尊先生所说："教育没有情感，没有爱，如同池塘没有水一样。没有水，就不能称其为池塘。没有情感，没有爱，也就没有教育。"我们有很多教师日复一日年复一年地在教，但是从没有在教的过程中找到乐趣，心中也从没有涌起一种爱的热潮。这样的教师永远也不可能取得教育上的成功，永远也不可能把握教育的真谛。

我在大学教书的时候，学生在离校时请我给他们留言，我写得最多的一句是：挖掘你生活中、职业中的内在魅力。我们每个人生存和发展的基础是自己的职业。你是厌倦它还是喜欢它，对整个心理的发展，对你的幸福感、成就感的获得，都是至关重要的。你不爱这个职业，这个职业也不会爱你。你不爱教师这个职业，就不能从教师这个职业中获得乐趣。

我们过去经常说："家有二斗粮，不当孩子王。"和孩子打交道确实是一件非常烦心的事，每天都会碰到这样那样的问题，每天都会碰到这样那样的烦恼。但是我说，大烦恼才能有大乐趣，大问题才能有大成就。你仔细去挖掘教师这个职业，就会发现它实在是美，可以说，世界上没有比教师这个职业更美的东西。

教师要善于发现教育的乐趣，因为我们每天拥抱的都是一个新的太阳，每天面对着的都是一些个性迥异的孩子，都是一个个前程不可限量的个体。他们中可能会有今后的政治领袖，可能会有今后的诺贝尔奖获得者，可能会有各种各样的可能。只要你精心地去照料他们、哺育他们，只要你帮助他们去找回自信，只要你帮助他们去挖掘他们身上的潜力，他们的能量是不可限量的，是会远远超出你想象的。一分耕耘会给你多少倍的回报！

教育是一个能够把人的创造力、想象力和全部能量、智慧发挥到极限的、永远没有止境的事业。这还不值得去爱吗？未来的教育家应该投入全身心的力量去爱学生、爱教育。只有爱，才能赢得爱，你爱教育事业，教育事业也会爱你，你才能获得事业上的乐趣。你爱学生，学生也才会爱你，也才会让你在和他们的交往中忘记了外面的世界，忘记了生活的烦恼。

教师职业还有很多的美，比如说一年有几个月的假期，在这样一段时间里你可以做很多自己想做的事。恩格斯曾经讲过，一个人最大的发展境界，是能够有最多的闲暇时间从事自己想做的事情。作为一个教师，能在最大程度上获得成功，享受人生。在这方面，没有什么职业能够超过教师。

只要你能够发现、挖掘教师职业中弥漫着的那种美，你就会每天都产生冲动，你就会看到每个学生都是一朵含苞欲放的美丽的花朵。是的，教师职业可能永远达不到职业排行榜的最前列，但是我相信，一个优秀的、理想的教师，一定会在自己的内心把它排在最前列！所以我觉得，教师应该努力挖掘教师职业的内在美，坚信自己所从事的是一个影响人的一生、值得为之奋斗一生的事业。这样，你才会爱它，才会全身心地投入。

教师爱学生，一个很重要的表现就是相信每个孩子。每个孩子都具有巨大的潜能，而且孩子的潜能是不一样的。只有独具慧眼，发现每个孩子身上的潜能，鼓励孩子去不断地自主探索，才能使他们的才华得到淋漓尽致的发挥。

教师爱学生，还表现在教育的民主性中。我们教育中的民主精神还不够，教师讲学生听，教师命令学生服从，师生之间平等对话太少。我们经常抱怨社会还缺少一些民主，可是社会民主的基础是学校的民主，没有学校的民主，谈不上社会的民主。民主精神的培养要从小开始。民主体现在许多方面，包括教师与学生讲话、交流的方式，这些似乎是小事，但都体现着一种民主。中国的学生上课都是正襟危坐，教师在提问的时候，学生都是异口同声地回答。在外国教育家看来，这是不可思议的——一个问题怎么可能齐声回答？

我们的不少教师没有爱心，不是担任教书育人的角色，而是担任"教育警察"的任务；不是肯定成绩，而是发现缺点。当孩子非常正常、非常优秀的时候，教师不去肯定他、激励他，而是将他的问题"放大化"。因此，我觉得我们很多教师扮演的就是一个"刽子手"的角色。在我们教师的手上，不知道失去了多少诺贝尔奖获得者，也不知道失去了多少鲁迅、郭沫若，不知道失去了多少非常优秀的人才。我始终认为，教育有一个很重要的前提，就是爱心。只有在爱的基础上，教师才会投入他的全部力量，才会把他的青春、智慧无怨无悔地献给孩子们，献给教育事业。

《用爱造句》一文的作者曾深情地将教师描述为：

> 我从古老的童谣中走来，韵味悠长的童谣里浸润着爱的音符；
> 我从青春的脚步中走来，且行且吟的脚印里洒满了爱的阳光；
> 我从生命的花圃中走来，姹紫嫣红的花朵上挂满了爱的露珠……
> 此生，我将注定为爱忙碌，犹如屋檐下面筑巢的春燕。[1]

让我们为爱忙碌，用爱造句！

五、追求卓越，富有创新精神

我心中的理想教师，应该是一个追求卓越，富有创新精神的教师。

教育家和教书匠的一个最大区别，就是教育家有一种追求卓越的精神和创新的精神。我们很多家长在为孩子挑教师、挑班级的时候，都喜欢挑一位年纪大一点儿的"富有经验"的教师。我对他们说，你们不要这样，教育家不分年龄。

近些年全国十大杰出教师候选人，绝大多数都是五六十年代、六七十年代出生的，很多都非常优秀同时又非常年轻。一个教师不在于他教了多少年书，而在于他用心教了多少年书。一些人，教一年，然后重复五年十年乃至一辈子；有些人，实实在在地教了五年。一个实实在在教五年的人，与一个教了一年然后重复了一辈子的人，他们的成就是不一样的。

一个优秀的教育家，应该是一个不断探索、不断创新的人，应该是一个教育上的有心人。一个人之所以能够成功，在很大程度上是因为他是个有心人。有心就能成功，无心就不能成功。尽管我们有时说，有心栽花花

---

① 谢胜瑜：《用爱造句》，《教师博览》1997 年第 5 期。

不发，无心插柳柳成荫，但是，毕竟大部分情况是有心栽花花自发，无心插柳柳无荫。这个基本规律我们不能忘记，我们不能把成功建立在不可捉摸的侥幸和偶然上。

所以我说，如果你不信，你从今天开始就写教育日记，做一个有心人，认真总结教育的得与失。一件事情，今天成功了，是怎么做的？有什么体会？有什么感受？今天发生了一个矛盾，是怎么解决的？今天遇到了一个挫折，又有什么样的感受？你把这些原封不动地记录下来。五年以后，将那些最精彩的东西选编出来，就是最精彩的书。那些闪烁"火花"的东西，会使读者产生强烈的心灵震撼。

现在的问题是，我们很多人激动了一下，兴奋了一下，没有付诸笔端，这些"火花"不久就烟消云散了。做一个有心人，什么都能做学问。在有心的前提下，才能把各种碎片拼成最美丽的服装。那些碎片单独看好像没有价值，实际上不是它们没有价值，而是它们的价值没有被发现，没有被利用。如果你把它们加以组合，它们就会光彩夺目。

所以，理想的教师应该是一个有心人。中小学教师搞教育科研，就应该从记录教育现象、记录自己的感受、记录自己的思考开始。把这一颗颗的"珍珠"穿起来，就是一条非常美丽的项链。这样的教育科研应该鼓励。当然，这并不排斥我们的教师和专家们合作，进行一些理论上的探讨，但毕竟中小学的教育科学研究和大学老师的研究是不一样的。我非常赞赏教师记教育日记，将自己的体会记在本子上。或许这种本子以后可以成为"中国教师日记丛书"中的精品。

我们的教师还应该创造与众不同的品牌，亮出自己的旗帜。实事求是地讲，现在我们有很多教师，包括评选出的许多优秀教师、特级教师，往往没有自己的特色。我们现在评选优秀教师、特级教师时，往往是看他发表的论著有多少，而很少探究他独特的一面。我认为只有真正建立自己的风格、自己的体系，才能成为一个教育家。"风格即人"，只有形成风格、体系，才能成为大家。

六、勤于学习，不断充实自我

我心中的理想教师，应该是一个勤于学习、不断充实自我的教师。

勤于学习，充实自我，这是成为一名优秀教师的基础。一个理想的教师，一个要成为大家的教师，一个想成为教育家的教师，必须从最基础的做起，扎扎实实多读一些书。

在苏州，我们搞了一个名师名校长培训班，除了进行"与大师对话"等各种培训，很重要的一条就是读名著。你不读《论语》、不读陶行知、不读杜威、不读苏霍姆林斯基，恐怕很难成为教育家。我们选编了一套"新世纪教育文库"，其中的教师系列既包括了海外最经典、最优秀的教育科学教材，也包括了国内外著名教育小说、教育散文、教育格言、教育漫话、教育故事、教育人物的精华，还有大量拓宽教师视野的人文、自然、社科类读物。我们希望它能够成为中国第一套系列的教师必读书，成为优秀教师成长的精神食粮。

不要把教育家看得多么神秘，每个教师都可能在中国成为非常有影响的教育家，甚至可以走出国门、享誉海外。每个人都可以做到，关键在于是否做一个有心人，是否执着，是否有恒心。当然，我们知道，教育家必须具备相应的知识结构、教育理念、文化素养、道德素养、工艺素养等。

我觉得，教师最重要的任务是学习。任何一个教育家都不可能离开前代人的教育财富。在一定意义上可以说，我们是在用我们的时代语言，用我们的生活阅历，同过去的大师们进行心灵沟通，阐释我们对教育的理解。

事实上，很多教育家只不过是把别人的财富应用到自己的教育实践中，产生很多理论上的共鸣而已。你要自己去摸索，找到理论上的支柱和共鸣。现在不少教师找不到感觉，找不着"北"。作为一个教师，你跟其他专家不一样，需要各方面的知识。一个知识面不广的教师，很难真正给学生以人格上的感召力。孩子年龄越小，他对教师的期望就越高，他就越是把教师当作百科全书。在他们眼里，教师是无所不知的，如果教师一问三不知，他就非常失望。所以，教师应该完善自己的知识结构。

教师还应该努力理解孩子的世界。成人世界和孩子的世界是不一样的，孩子们的世界有独特的色彩、旋律和内涵。教师要和他们一起喜怒哀乐，要和他们共同成长，要成为他们中的一分子。教师需要有一颗非常年轻的心，才能与他们沟通，才能理解他们，才能得到他们的爱。

可是我们一直主张师道尊严，鼓励师生之间有距离感。中国传统教育有很多好的东西，也有很多不好的东西，过于强调师道尊严就不好。

教师还应该有"三历"：学历、经历和阅历。这"三历"是一个有机的联系。不一定将名山大川都走遍，行万里路和读万本书，其价值是一样的。

我们要鼓励教师成为一个探索自然、热爱自然、热爱生活、热爱人类的人，要培养这样一种心境，才能教育好孩子们。

七、关注人类命运，具有社会责任感

我心中的理想教师，应该是一个关注人类命运，具有社会责任感的教师。

教育不光是给孩子们知识，更重要的是培养学生一种积极的生活态度，以积极的生存心境、积极的人生态度对待生活。教育本身就是生活。我们经常埋怨社会这也不是那也不好，我们诅咒腐败，诅咒专制，诅咒独裁，诅咒关系，诅咒各种各样的东西。但是我们很少想到，我们所诅咒的东西，很大程度上是我们自己造成的。在某种程度上可以说，教育是病态社会的根源，所以教师不要逃避责任。

作为一个教育家，作为一个理想的教师，他应该非常关注社会，非常关注人类命运，非常注重培养学生的社会责任感。也只有教师的社会责任感才能塑造学生的社会责任感。教师在课堂上和学生讨论环境、人口等问题，才能唤起孩子们对这些问题的关注。

如果教师们整天关心的是名次，是分数，孩子们的心胸怎么能开阔？学校的世界和外面的世界应该是息息相通的，而现在却是外面的世界很精彩，学校的生活很无奈。因此，要使学生更好地生活，要使今后的社会更加理想、更加完美，首先要净化我们的校园，并使我们的学生具有人文关怀精神。苏霍姆林斯基说过，孩子在离开学校的时候，带去的不仅仅是分数，更重要的是带着他对未来社会的理想的追求。

我觉得，我们的教育，我们理想的教师，应该这样去做。也就是说，我们所做的一切，都是在为未来做准备。我们的教育是为了未来的教育，是着眼于孩子一辈子的教育。只有这样，才能有强烈的社会责任感。所以说，校长的社会责任感，教师的社会责任感，影响着学生的社会责任感；校园的民主方式、教育方式，直接影响到孩子们的生活方式。我希望我们的教师认真关注窗外的世界。

八、坚忍、顽强，不怕挫折

我心中的理想教师，应该是一个坚忍、顽强、不向挫折弯腰的教师。

教师生存在不同的环境中，有的在重点学校，有的在非重点学校；有的在城市，有的在农村。学生也有不同的背景和基础。有的人经常会埋怨：怎么让我到这样一个蹩脚的学校工作？总希望能给他换一个更好的环境。这种心情可以理解，但是我想说，所有的环境都能够产生教育家；所有的磨难都可能造就教育家。也许把这个学校领导好，让这些孩子得到最好的发展，就是你的使命。天将降大任于是人也，必先苦其心志，劳其筋骨。

事实上，环境好坏是相对的，不是绝对的。在一所名气很响的重点学校，它的规范多，它的自由可能会少；而在一所名不见经传的学校，人的创造性可能能得到更大的发挥。我经常对我们的优秀校长说，你得意可以，但不要忘形，因为不是你的教学水平特别高，而是你的学生造就了你和你的学校、你的老师。说实话，不论把这些重点学校的孩子放在哪里，他们都会很好地发挥，因为在多年的教育中，他们已经养成了自我学习、自我教育、自我发展的习惯。真正见功夫的是，你要把差的学生教育好，把差的学校管理好。

所以，我要求我们的优秀学校，必须帮助或合并一所基础薄弱的学校，否则看不出那些优秀学校的校长、教师有什么真功夫。有人说："像我这样的教师，只能到优秀的学校教优秀的学生。"不能说他的话一点儿道理都没有，但我觉得，只会教好学生的教师不是好教师，只会教好学生的学校也不一定是非常优秀的学校。

当然，这不是社会的普遍价值观，而是我作为一个教育学者和教育管理者的价值观。我需要的是教育平等，我需要给每个孩子都创造教育平等的机会，所以我才会花很大的精力，改造、扶持相对落后的学校。江苏为什么搞那么多重点学校，目的之一就是通过强化重点达到消灭重点的目的，表面上强化了，实际上反而弱化了。对于薄弱学校的发展，我觉得各级教育行政部门应该将其放在重要位置上考虑。孩子们天生都是平等的，应该拥有平等的受教育的机会，教育应该给家长选择的权利，应该给孩子自由选择的权利。政府要做的事情不是禁止选择，而应该是尽自己最大的努力，给每个孩子创造相对公平的环境。

我觉得，对一个教师的成长来说，养成坚韧不拔的意志力非常重要。行百里者半九十，为什么？因为绝大多数人走到最后的十里路就泄气了，停下来了，而真正成功的人会坚持走完最后的十里路。这要靠毅力，靠恒心。有很多人是在成功的边缘退却而导致功亏一篑的。

当然，我们也不可能希望所有的教师都能够成为理想的教师，那是永远不可能的，因为人是有差异的，人的价值观也是有差异的。一些人希望轰轰烈烈，希望有声有色，希望成为一个受人尊敬的、非常有成就的教育家；也有些人就希望平平淡淡、安安静静。我们不能强求每个教师一定要有我讲的这样一种理想和追求，但是我想，如果一个社会没有这样一些理想的教师，如果一个校园没有这样一些理想的教师，那就是一种悲哀，既是社会的悲哀，也是教育的悲哀。

教育需要理想，只有燃起理想的火焰，才能使我们整个民族变得强盛，变得有凝聚力，我们才能在与世界各国的竞争中立于不败之地。我们应该鼓励我们的教师，在任何时候都不要放弃；应该鼓励我们的学校，在任何时候都不要放弃。因为我们已经接近了成功的边缘，既然追求了，就应该有结果。教育是永恒的事业，一代教师的追求，两代教师的追求，全体教师的追求，会在校园里燃起理想的火花，从而使我们的民族燃起理想的火花。

我希望中国的教育充满理想，希望我们的教师、校长永远充满理想、激情和诗意！

第八章 我心中的理想校长

从某种意义上说，一个校长就是一所学校。一位好校长就是一所好学校。一位东北地区的教委主任写过一本关于校长的报告文学，他用的书名是《圣园之魂》。"圣园"是校园，"魂"即校长的精神与思想。的确，校长应该是一校之"魂"，正是因为这个"魂"，学校才显出了生命的蓬勃生机。各种各样的"校长学"已经将优秀校长的素质描绘得淋漓尽致了，我还有什么新的发现呢？我心中的理想校长应该是什么样的呢？

一、具有奉献精神和人文关怀

我心中的理想校长，应该是一个能够清晰认识到自己的价值与使命，具有奉献精神和人文关怀的校长。

俄国有一位非常著名的教育家乌申斯基，他说过，教师是过去和未来之间的活的环节，是克服人类无知和恶习的重要的社会成员，是过去历史上所有崇高而伟大的历史人物跟新一代人之间的中介。在这里，乌申斯基说的是教师，但我认为，这话同样适用于对校长的评价。因为从某种意义上说，校长也是教师，是特殊的教师，其特殊性在于他是教师的教师。一个个的教师聚集在学校，而校长便是这个学校的灵魂，校长是聚集教师精神的一种力量。

任何一个校长，任期都是有限的。即使有些地方搞校长任期目标制，有的校长可能当的时间长一些，但是，他当的时间再长，在学校的历史上也还是很短暂的，只是学校无尽发展长河中的一个环节。然而，正是这一个又一个的"环节"，正是这一个又一个的校长，造就了我们学校的声誉，托起了中国教育的希望。学校的沧桑变迁，学校的兴衰荣辱在很大程度上都取决于我们校长的"魂"。完全可以这么说，学校质量如何，学校水平如何，学校境界如何，取决于校长。就像指挥战斗一样，校长就是学校的最高指挥官，教师们就像一个个将士，他们能不能英勇无畏地纵横驰骋，能不能义无反顾地奋力杀敌，能不能打一场场漂亮仗，就看校长能不能把他们的能量发挥出来，看校长能不能把全校师生的目标统一在自己的办学理念上。所以说，我觉得校长的使命、校长的责任是非常之大的。

校长要实现这样的价值并完成这样的使命，需要有两个前提条件：第一是奉献精神，第二是人文关怀。

先谈奉献精神。上海建平中学前校长冯恩洪曾经讲过一句话："教育是一项事业，事业的意义在于献身；教育是一门科学，科学的意义在于求真；教育是一种艺术，艺术的意义在于创新。"我非常赞同这种说法。他把教育既看作一门科学，又视为一种艺术，但首先是当作一项事业，而事业就意味着献身。应该说，现在并不是每一位教育工作者都把教育作为一项事业，并愿意为它献身的。

民进中央原主席许嘉璐先生曾针对教育问题说过一段话，讲得非常好，让我很感动。他说："人生歧途，尽管客观世界五光十色、变幻莫测，但是人生歧途无非有两岔，一是为己，一是为他；人追求的无非有两种，一种是物质，一种是精神。希腊古代哲学家曾经说过，对于精神的追求，是追求神圣；对于物质的追求，是追求平凡。千千万万的教师选择的是做蜡烛，永不熄灭的蜡烛，他们追求的是国家、民族、学生，追求的是精神，是神圣。教师的可敬，在于他们选择了一条永远光辉的道路。可能终其一生，教师也成不了百万富翁，但他们是富足的。在这样一个五光十色、变幻莫测的世界上有这样一群人，难道不值得所有人为他们三鞠躬吗？"[1]教师的献身精神是如此，作为教师的组织者与领导者的校长，更是如此。

我一直认为，对于校长这个职位，你把它作为谋生的方式来做，是一种做法；你把它作为追求的事业来做，又是一种做法。是否有事业心，决定了校长的境界。如果仅仅作为谋生的方式，根据职业道德去做，尽心尽职，不迟到不早退，完成职业所规定的工作，从职业上来说，这是无可指责的。

---

① 许嘉璐：《未安集：许嘉璐说教育》，教育科学出版社，2002。

但是，这仅仅是为稻粱谋，是为了解决自己的生存问题。干事业却不是这样，事业是无止境的。一个人，只要把他的职业作为事业来做，他的追求，他的理想，他的境界就完全不一样了，他就会奉献。当然，这是在他基本的生活条件能够得到保障的前提下。

所以，我认为没有一种奉献精神乃至一种献身精神，就不要去做校长。就像有的教育家曾经说过，如果没有爱心，你不要来做教师这一行。我觉得对校长的要求，应比对教师的要求更高一层。他必须把学校利益放在至高无上的地位，把学校的发展放在至高无上的地位，把学生的发展、教师的发展放在至高无上的地位。

再说人文关怀。我经常会跳出教育去看教育，这是我和很多教育界的朋友不太一样的地方。只有跳出教育去看教育，才会更清楚地看到教育是什么样的。我们知道，社会的质量在本质上取决于学校的质量，我们所做的一切，我们学校教给孩子的一切，孩子们在学校里感受的一切，就决定了他们在未来的生活中有什么样的精神风貌，有什么样的道德风尚，有什么样的人生境界。有的校长总在埋怨社会，最流行的说法是"胳膊扭不过大腿"，说什么"学校里几年功，看了电视就一场空"。我要问一问：为什么学校几年功，看了电视就一场空呢？这恐怕说明你的几年"功"是假功。

这些校长在埋怨社会的时候，能不能对学校本身、对自己的办学思想进行一点儿反思呢？所谓"胳膊扭不过大腿"的原因当然是多方面的，但是有一点应引起校长的注意，那就是我们的校长是否具有一种人文关怀的境界，并重视培养学生的人文情怀。要使学校的教育内化为学生的人格，转化为学生的信念，就必须让学生吸收丰富的人文精神的养料。如果我们的学生能够站在人类精神文明的制高点，能拥有广博的人文情怀，对我们的社会、我们的国家、我们的世界有一种发自内心的人文关怀，那么他离开学校步入社会以后，不管遇到什么，他的心灵深处都会始终燃烧着一支崇高精神的火炬。

现在的学校相对比较封闭，是关起门来进行"自循环"，没有与社会进行沟通，没有与社会进行更多的交流，也没有对人类优秀文化遗产进行深入的学习和继承。这样培养出来的人，是不可能有人文情怀的。要想具有人文情怀，读书显得尤为重要。一个不读书的人，不可能有人文情怀。要培养人文精神，首先要从接受人类文明最精华的东西开始。凡是读书多的孩子，一般来说，其视野必然开阔，其精神必然充实，其志向必然高远，其追求必然执着。我们要让我们的孩子在离开校园的时候，带走的不仅仅是一个高的升学分数，更重要的是拥有对未来理想的一份憧憬，对人生信念的一种追求，最重要的是他真正学会了怎样做一个人。

如果校长没有人文关怀、人文情怀，就不可能有教师的人文关怀和人文情怀。没有教师的人文关怀和人文情怀，也就说不上学生的人文关怀、人文情怀。当所有的学校都有人文精神的时候，我们的社会就有正气，就充满希望。

二、珍视学校的名誉

我心中的理想校长，应该是一个珍惜学校的名誉胜过爱护自己的眼睛和自己生命的校长。

我认为，作为一个校长，如果他把学校声誉和形象看得很重要的话，他会尽他最大的努力去维护它，而学校的声誉又取决于校长的声誉和形象。但在中国，校长的声誉和形象似乎还没有引起足够的重视。

校长的声誉和形象未引起足够的重视，原因之一是校长的角色没有实现从"职务校长"向"职业校长"的转变。在中国，校长是由上级主管部门任命的，一纸调令就是校长的"生死状"。所以，校长不必有自己的理想，不必有自己的主张，岂止是不必，甚至是不能！因为他必须看上级的眼色，听上级的命令，以服从为天职，这也导致了大多数学校校长都是急功近利，饮鸩止渴。

在世界上，可能中国校长的"寿命"是最短的，如北京大学 1898 年到 2000 年的 102 年间有 27 任校长，平均每任不到 4 年，而 1869 年到 1971 年间哈佛大学只有 4 任校长，平均每任 25.5 年。任期太短，谁有心思放眼长量？谁有心思未雨绸缪？相反，如果走职业化的道路，校长就像企业家一样，接受市场的选择，学校与校长是契约关系，校长的职责是按照协议要求办好学校，不必过多地东张西望、左顾右盼，而是相对自由地、创造性地实施自己的教育主张。

我前面说过，任何一个校长都是他所在学校发展的历史长河中的一个环节，学校的历史正是靠着一代又一代校长的努力来维系的。但是我们国家还没有形成这样一种风气，即树立校长的形象。我到国外看到有很多的学校都很注重这一点。比如，日本有很多学校在会议室或者礼堂悬挂着一代一代校长的照片，不因为荣辱变迁而影响某一个校长在学校历史中的地位。因为在日本人看来，只要是做过这个学校校长的人，都应该在学校历史上留下痕迹。我在日本大约参观过不下50所学校，到过的所有学校都有历任校长的照片。

而在我国的学校，最多是在学校校庆的画册上，把我们几代校长的任职时间注明一下，这显然是远远不够的。注意，这不仅仅是宣传校长个人，而是给校长一个提醒：你将给学校的历史留下什么？同时，也让学校里所有的人——所有的学生、所有的教师，都看看校长在这个职位上干了什么，为这个学校新添了什么华章，学校在他手里有没有进步，有没有发展。我想，校长如果看到自己和自己前任的像，他的责任感会增加很多。

如果每个校长都努力为学校增光添彩的话，那么，他的工作尽管十分艰辛，但却十分崇高。人们常说，对学生的爱，是一个教师取之不尽、用之不竭的原动力。而作为校长，他不仅要热爱学生，还要热爱教师，热爱学校。所以，校长的爱更加博大，内涵更加丰富。

一所名牌学校的悠久历史和优秀传统，是在几代几十代的校长竭尽全力、鞠躬尽瘁的奋斗下形成的，像我们奥林匹克长跑接力棒一样传递下来的。一个校长从校长岗位退下来的时候，当他回首往事，能够像保尔·柯察金那样写一份无悔的人生答卷的话，我想那就是一个非常优秀的校长。

天津的韦力校长可以说就是这样一个校长。韦力在为我主编的《中国著名校长办学思想录》一书撰稿时，曾写过这样一段非常感人的话："41年过去了，弹指一挥间，我做校长时所做的一切历历在目，好像就在昨天，一生的经历就在校长的岗位上度过，不但无怨无悔，而且感到自豪。我的学校毕业的校友成千上万，他们大多在社会主义建设岗位上做出贡献，成为各条战线上的骨干，他们用自己的实践证明自己是革命事业的接班人。从他们的身上我看到我的理想，我的革命事业的接力棒，已经在他们手上传递，我的生命价值得到体现。我的生命价值就是教育，就是校长。人生如果有来世，我来世仍要做校长。"我觉得，韦校长的肺腑之言的确是对他一生的校长工作的回顾，是一份满意的答卷。因此，我认为作为一个理想的校长，他的一言一行都应把学校的利益视为至高无上，都应把学校的声誉视为至高无上。

三、追求人生理想和办学理念，具有独特办学风格

我心中的理想校长，应该是一个不断追求自己人生理想和办学理念，具有独特办学风格的校长。

这里有三个关键：一个是人生理想，一个是办学理念，一个是办学风格。这三点是有机的统一体。

校长应该追求自己的人生理想。我在讲理想教师时，对教师的理想讲得比较多，事实上我们知道，教师有没有理想在很大程度上取决于校长有没有理想。一个充满理想的校长，会调动教师的激情，挖掘教师的潜能，会扬起教师理想的风帆。

我经常讲，一个没有理想的人生，必然是一个平庸的人生，必然是对人类、对社会贡献很少的人生。同样，一个没有理想的校长，也必然是一个平庸的校长，必然是对学校的发展无所作为的校长。一个人所做的一切绝不会超过自己追求的一切。

理想是产生奇迹的源泉。很多著名科学家的成长经历，可以说明这一点。我们生活中也可以举出很多这样的例子。所有在事业上获得成功的杰出的人，无一不是一开始就把自己的奋斗目标定得很高。我想，校长也应该是这样。拿破仑说："不想当元帅的士兵不是好士兵。"同样的道理，不想当杰出校长的校长也不是好校长，不想超越自己的校长更不是一个好校长。

为校长一任，就必须造福校园一方。在你的任期内，你必须比前任做得更优秀、更卓越；你必须给后继者打下扎实的基础，你才能成为学校发展长河中的优秀的一个环节。

宋代张载讲过这样一句话："志大则才大，事业大……志久则气久，德性久。"只有志向远大，品德才能完美。志向不仅要大，而且还要恒久。这些都是从理想的角度讲问题。校长的理想不仅是个人的理想，他还必须把自己的理想作为教师的理想，把自己的志向作为教师的志向。在管理学里有一个词叫"共同愿景"。有一本非常流行的书叫《第五项修炼》，其中有

一项修炼就是构筑"共同愿景"，就是学校追求的目标、达到的境界，要让全体老师、学生都知道得非常清楚，踏踏实实去追求。这实际上就是把校长的理想转化成了全体教师的理想，转化成了全体学生的行动。这在目标管理中意义非常重大。

西方有位心理学家做过一个非常有趣的实验。他让三组人做同样的事，一组是有目标型，一组是没有目标型，一组是有短期小目标型。他比较了他们做事的效率，结果有没有目标大不一样。所以说，人生有没有目标，校长有没有理想，意义也大不一样。

苏霍姆林斯基曾经讲过："校长对学校的领导，首先是教育思想的领导，其次才是行政上的领导。要善于对事物进行分析和概括，并且灵活运用概括出来的结论。这是对学校实施教育理想的实质所在。我们总是力求做到使全体工作人员，从校长到看门的工人，都来实现教育思想，使全体工作人员都全神贯注实行教育思想。"这句话把校长的办学理念、办学思想概括得非常精辟。衡量一个校长是简单的管理者还是教育家，就是看他有没有自己的办学理念，有没有自己的教育思想。

教育思想和教育理念从哪里来？最重要的源头之一，就是对古今中外的教育名著、教育大师的理念的领会、学习与掌握。思想理念这个东西并不是凭空生成的。我非常强调读书，这些年中国的校长中真正系统地把握教育思想脉络的人还不是很多。但如果一旦进入这个境界，成长起来就非常快。系统地接受教育理念熏陶是非常重要的。现在大学里师范专业的课几十年都是老三门，我们没有一套中国教师必读书目的体系。我认为，拟订这样的书目非常必要。应该让我们的教育者系统地读一些教育名著，不用多，哪怕是 20 本。这 20 本书你不读，不能做教师，更不能当校长。因为一个没有系统接受人类历史上教育思想财富的人，不可能有博大的教育情怀，不可能有远大的教育理想。思想这个东西不是凭空而来的，就像生产，要有原材料进行加工。一片空白是无法加工的，你再想入非非，也是痴心妄想。

所以，我主张中国要启动一项教师读书工程，更要启动一项校长读书工程，老老实实、踏踏实实、认认真真地一本一本去读。没有源头，走不了多远。校长思想的产生还有一个重要源头，就是与人交往和交流。一个不善于交往和交流的校长不是一个好校长。频繁的交流会给我们的教师、校长带来清风，带来观念的变革。在短时间内将别人精彩的东西接收过来，在工作中去探索，去运用，效果非常好。我非常主张我们的校长多交往，勤交往，而且和一流的大师们交往。校长还应善于对自己的教育实践进行反思。反思就是对自己一天所做的事情进行回顾和思考，写教育日记就是一种很好的反思形式。

我们的教育行为，看起来也许是平淡无奇的，但事实上，我们每天所面对的教育情形其实是不一样的，只不过你没有用心去辨别并用心去思考罢了。当你去思考、去观察时，你就会发现，生活原来是如此之美，教育原来是如此之美，学校原来是如此之美。你去看一些教育家，他们的日常工作也很平凡，他们只不过是比我们多用了一些心而已，只不过比我们多用点儿时间记录他们的教育生涯而已，只不过比我们多花了点儿时间读书而已，只不过比我们多思考了一下自己的教育行为而已。教育家并不遥远，每个校长都可能成为优秀的教育家，所以我们的校长一定要学会反思自己的教育实践。

所谓"办学风格"，我觉得就是校长富有个性的教育思想在办学上的体现。怎样形成自己的办学风格？一个校长当然必须踏踏实实地去做。但仅仅如此是不够的。历史不会记住苦劳，历史只会记住功劳。而"功劳"就是你的创新，你的风格。第一是特色，第二是特色，第三还是特色。特色才是你与众不同之处，才是你超越其他校长之处，才是你鹤立鸡群之处。学生没有特长，教师没有个性，学校没有特色，这是教育极大的悲哀。对歪才、怪才不要耿耿于怀。我们应该容忍孩子们，容忍教师们，应该让学校办出特色来，办出风格来。有特色、有风格，才能有风采，才能有地位。而办出一所富有鲜明个性特色的学校，才是作为校长应该赢得的人生的辉煌。

四、胸怀宽广，富有感召力和凝聚力

我心中的理想校长，应该是一个具有海纳百川的宽广胸怀，具有极强的感召力和凝聚力的校长。

我心中的理想校长，应该具备一种人格魅力。构成校长人格魅力的因素当然有很多，但其中很重要的一点，便是校长海纳百川的宽广胸襟。作为校长，宽广的胸怀十分重要，因为校长的宽容，校长的大度，将决定校长能否容纳最优秀的人才。

校长宽广的胸襟，首先体现在他能够接纳不同的教育思想。蔡元培办北京大学提了八个字的方针："学术自由，兼容并包。"他把很西方、很海派的教授引入北大，也把很传统、很保守的教授留在校园，让他们各尽所长、争奇斗艳。这使北大不但成了真正优秀的大学，而且成了中国新文化运动的摇篮，因而孕育了20世纪中国第一流的思想大师。一个校长没有自己的教育思想不行，但只有自己的教育思想也不行。校长不但自己应该尽可能兼收并蓄古今中外各家各派的教育思想养料，而且也应尊重学校里不同老师的各种观点、各种想法。要尊重教师的思想个性，要鼓励教师们做一个有思想的教师。唯有充满思想气息的校园，才能培养出富有思想的一代新人。如果一个学校只有一个声音，即校长的声音，那么，这个学校很难说是有生命活力的学校。

校长的宽广胸襟，还体现在能够宽容教师的教学个性。从某种意义上说，素质教育就是个性教育。但个性只能靠个性来培养，没有教师的个性，就绝对没有学生的个性。在学校，教师的个性往往体现为教学的个性，而教师的教学个性又往往是他创造性能力的体现。应该看到，现在学校里整齐划一的教学模式比比皆是。有的校长习惯于什么都统一：教学风格、教学程序、教学方法、教学手段乃至教案的写法等，都要求所谓的"规范"。在这样的学校，有个性的教师往往得不到校长的承认。

我认为，作为一校之长，在宏观上当然应该对学校提出一些统一的目标和指导性的意见，但宏观的蓝图要变成具体的现实，恰恰需要每一位教师富有创造性的工作。且不说对不同的学科、不同的年级、不同的学生对象应该有不同的教学模式，即使相同的学科、相同的年级、相同的学生对象，也可以用不同的教学模式，因为教师不一样！所以，校长一定要宽容教师的教学个性，扼杀了教师的教学个性，就扼杀了创造性。缺乏创造性的教师，绝对培养不出富有创造性的学生。

真正有宽广胸襟的校长，也一定是善于虚心向教师学习的人。我们希望校长的知识结构尽可能全面一些，但一个校长不可能在各个方面都超过教师。怎么办？最好的办法就是老老实实向教师学习。这里又涉及校长和教师的关系问题。校长与教师是管理者与被管理者的关系，但这只是校长、教师关系的一个方面，二者关系中还有一个重要的方面，即校长与教师还是共同从事教育实践、共同探求教育规律的志同道合者，也就是说，是平等的同志关系。既然如此，校长与教师之间互相学习，就是再自然不过的事了。向教师学习，甚至向学生学习，绝不会降低校长的威信。许多优秀校长的实践已经证明了这一点。校长不但要善于读书，还要善于读"脑"。一个善于读周围教师的"脑"的校长，才是真正高明的校长。

五、善于协调关系，能调动一切力量发展学校

我心中的理想校长，应该是一个善于协调上下左右关系，能调动一切可以调动的力量以促进学校发展的校长。

在今天这个时代，校长的确不好当。因为他的社会角色往往很多，他要扮演不同的角色：大多数时候是教育家，但有时候又是企业家（要考虑学校发展所必需的经费），有时候可能又是社会活动家（为了学校发展必须与社会打交道），等等。因此，一个优秀的校长应善于处理好各种关系，这一点特别重要。

第一是要处理好与上级主管领导的关系，争取领导的支持。任何一所学校的发展都离不开上级主管部门的支持，因此，校长要经常主动地听取上级主管部门的意见，主动接受他们的指导。对于上级的指示，不仅仅是尊重，而且要服从。即使在思想上暂时还有不同的看法，但行动上也必须服从。当然，有时校长对办学可能有一些独特的思路，这就需要校长与上级领导加强交流与沟通，争取上级的理解与支持。

第二是要处理好与企业的关系。现在中国的企业没有形成完善的制度来支持教育，这就往往需要校长主动与有关企业建立联系，争取企业的支持。说到争取企业的支持，可能有人只想到在办学经费上的支持，这当然是很重要的一点。吸纳社会和企业的资金辅助办学，是政府所提倡的。但是企业的支持，不仅仅是经费上对学校的赞助，还应包括让企业家们从社会的角度，从经济发展的角度，对教育发展提出一些建议，这往往能开阔我们的视野。另外，通过与企业的联系，加强学校教育与社会的沟通，甚至包括拓宽学生社会实践的途径都是很重要的。

第三是善于处理好与社区的关系。要学会主动地关心社区，关心社区的发展，关心社区的命运，让学校和社区共同成长，学生和社区的居民共享教育成功的喜悦。做得好的校长都十分重视和社区的关系，非常善于利用校园所在社区的资源。实际上，社区的资源非常丰富。学校的资源也要尽可能地向社区开放，像学校图书馆、体育设施等一方面配置不合理，一方面利用率低。为什么不可以对社会开放呢？这样可以更充分地发挥图书馆和体育设施的作用。所以我觉得，学校的一些资源，例如计算机，可以和社会共享。一个校长没有社会责任心，怎么可能指望社会来关心你？学校要有社会责任感。

第四是善于处理好与其他学校的关系。在应试教育的背景下，学校之间的关系往往很紧张。其实，竞争并不妨碍合作，而是在竞争基础上的合作，在合作基础上的竞争。竞争也好，合作也好，并不是只有一个赢家，也不是只有一个输家。学校之间的正确关系应该是既做对手，又做朋友。对于水平低的学校，优秀学校更应该有责任有义务去帮助它，改造它，提升其办学水平，走共同发展的道路。

六、重视教育科学研究

我心中的理想校长，应该是一个十分重视教育科学研究，并能成为学校教育科研工作出色的组织者和身体力行者的校长。

对苏霍姆林斯基所说的"校长对学校的领导，首先是教育思想的领导"，我的理解是：校长对学校的领导首先是教育科研的领导，其次才是行政的领导。一个学校教育科研的成败好坏，很大程度上取决于校长支持不支持，鼓励不鼓励，组织不组织，带头不带头。

对学校来讲，教育科研的重要性是不言而喻的。教育科研是学校的第一生产力，是学校上新台阶的重要条件。越是教育科学研究搞得好的学校，越能体现出自己鲜明的办学特色。教育科研又是增强学校凝聚力的重要因素，它能让所有教师把时间和精力真正花在对自己工作的研究和思考上。同时，教育科研是培养青年教师，尤其是名教师的重要途径。因此，教育科研的投入是一个校长最有远见的投入，而轻视教育科研的校长显然是缺乏远见的。

校长应该怎样组织教育科研呢？

第一，校长要善于组织教师读名著、学理论。教育科研的生命力来自实践，但要驾驭实践，很大程度上取决于理论功底。校长要组织教师进行教育科研，就要组织教师认真攻读教育名著。

第二，校长要努力邀请名家到学校谈经验、做指导。和名家联系与对话常常能使我们得到意外的收获。大部分名家都有独特的见解，能给我们许多启示性的思想。听取他们的经验，接受他们的指导，能使我们缩短摸索的历程，达到与他们对话的境界。名家都有广泛的社会影响和社会联系，他们能及时告诉我们最新的教育信息，帮助我们与外界进行交流，把我们带到窗外的世界。所以我主张，搞教育科研要抓住大师，和大师对话。

第三，校长可联系高校来建基地，做实验。有的课题要中小学自己设计、自己操作可能有一定的困难，在这种情况下，可以请高校一起来做课题。中小学校长、教师通过与高校一起做课题，自然就知道并真正掌握了课题设计、抽样、检验、取值等教育科研的环节和方法。这是学校接受教育科研基本训练，提高教育科研水平的一条捷径，比自己摸索或单纯看书要强得多。

第四，校长应积极举办学术研讨会、科研咨询会。中小学，尤其是条件较好的学校，可以结合自己学校的特点，举办一些学术研讨会、科研咨询会。我们也可以主动地争取承办一些全国性的学术会议。这些活动对学校来说，虽然需要一定的投入，但带来的效益往往是多方面的、长久的、难以估量的。通过这种活动，学校教育科研水平能得到提升，教师以及校长的能力和知名度能得到提升，学校办学的境界和品位能得到提升。

第五，校长要善于调动教师的积极性、创造性。学校教育科研的主体是教师，要搞好本校的教育科研，最主要的是要依靠本校的教师。校长要采取各种办法，建立有力的导向和激励机制，充分调动全体教师参与教育科研的积极性和创造性，并大力建设好学校教育科研机构和教育科研骨干队伍，使之发挥重要作用。这样，才能保证学校教育科研广泛、深入、持久地开展下去，真正出成果，出人才，出效益。

当然，校长组织教育科研最有效的方法，是自己带头从事教育科研。孔子说："其身正，不令而行；其身不正，虽令不从。"校长只有身体力行地投入科研，才能召唤广大教师志同道合、真心实意地走到一起来搞科研。只有自己在科研上做出成绩，才能对教师具有真正的说服力和感召力，也才能使校长在教师心中具有一种源于学术的人格魅力。可以这样说，凡是真正优秀的校长，同时一定是一个教育科研的追求者和成功者。

七、注重为教师提供发展平台，挖掘教师潜能

我心中的理想校长，应该是一个能够给教师提供创造辉煌的舞台，善于让每一位教师走向成功的校长。

学校不仅仅是校长大展宏图的天地，也是教师大显身手的舞台。

校长要特别善于为教师提供创造辉煌的舞台。学校发展的前提，就是教师有这样一个辉煌的舞台。校长的使命就是搭台，让每一个角色都演到位。校长就是要把教师推到前台，让教师做主角。其实，从某种意义上说，学校里是没有主角、配角之分的，每个人在自己的岗位上都是主角。校长就是帮助教师更好地成长。

校长什么时候最得意、最精神？应该是教师一个个生龙活虎的时候。校长的领导艺术就体现在让每个教师的潜能得到发挥，让每个教师拼命工作。实际上每位教师都有相当的潜能，这种潜能能不能得到最大程度的发挥，取决于校长对每一位教师的态度，给不给他们施展才华的机会。一句话，看校长能不能凝聚人心。

陶行知在《创造宣言》中说："教师的成功是创造出值得自己崇拜的人。先生之最大的快乐，是创造出值得自己崇拜的学生。"在他看来，教师最大的成功与最大的快乐，在于学生超过自己，值得自己崇拜。那么，同样的道理，我们可以说，校长的成功在于教师的成功。校长要想自己的事业取得成功，就应该努力创造条件让学校的每一位教师有成功感。

高明的校长并不怕教师抢自己的"风头"，相反，他总是鼓励每个教师去冲击优秀，追求卓越，鼓励教师进行教改探索，鼓励教师著书立说，成名成家。而且，这样的校长总是甘于为教师的成长做铺垫性工作，总是尽一切努力让老师站在自己的肩膀上看得更远，跳得更高，做得更棒！苏霍姆林斯基曾自豪地说，在他的帕夫雷什中学，有一批称得上"教育家"的

教师。而我认为，如果一所学校产生了一大批名师，乃至产生了教育家，这样的学校绝对是第一流的学校，而这样的校长当然也绝对是第一流的校长。

要让教师成功，前提是校长必须真正了解每一位教师的个性特点。这就需要校长经常与教师进行平等的心与心的交流，进行平等坦诚的沟通。只有善于走进教师的心灵，才会真正懂得教师需要什么，才会真正满足教师的需要，才会有针对性地为教师创造他所需要的成功条件。在这样的校长手下工作的教师，会有一种幸福感，他会发自肺腑地产生"士为知己者死"的工作激情，而这种激情最终会使他走向事业的成功。拥有一大批事业成功的教师，恰恰标志着一个校长的成功。

八、注重营造优美的校园环境和浓厚的文化氛围

我心中的理想校长，应该是一个能够使学校具有优美的自然环境和浓厚的文化氛围的校长。

优秀的校长，能够使环境成为无声的教育者，能够让学生一走进校园，便受到一种真善美的潜移默化的感染。校园环境并不是教育以外的东西，它是教育的有机组成部分，甚至就是教育本身。有一位著名教育家曾提出："让学校的每一堵墙壁都能说话。"这就是注重环境对人的教育作用。

学校总是和活泼可爱的孩子联系在一起的，因此，校园首先应该是孩子们心中的花园和乐园。苏霍姆林斯基在创办帕夫雷什中学之初，亲自为学校的修建设计蓝图。他首先考虑的是学校要有大自然的美，要有鲜花和绿树。后来建成的帕夫雷什中学经常被苏霍姆林斯基在著作中称作"我的蓝天下最美丽的学校"。现在一些学校越修越豪华，但就是越来越远离自然，越来越远离孩子的心灵。在这样的学校，可能有喷水池，却没有足球场；可能有塑胶跑道，却没有学生在兴奋时可以打滚的草坪；可能有不锈钢雕塑，却没有供学生胡乱涂鸦的地方……真正优美的校园环境，应该是"目中有人"的环境：崇尚自然，同时又以人为本。一切着眼于学生的发展，让学校的一草一木、一砖一瓦都体现出对人的关怀。

除了自然环境，校园的文化氛围对学生的成长也起着不可忽视的作用。

教师是人类精神文明的传播者，学校应该是人类精神文明的庄严的殿堂。学校的每一个角落，都应散发着优秀文化的气息。凡是第一流的学校，都非常注重校园文化氛围的营造。

所谓"校园文化氛围"，我想至少可以从以下几个方面体现出来。

一是让学生了解自己学校的历史。学校要让学生知道学校走过的历程，知道从自己学校走出去的杰出人物，从而产生"今天，我为母校而骄傲；明天，母校为我而自豪"的进取精神。

二是设置"硬性"的校园文化标志，比如在校园专门辟出空间作为"艺术墙""生物角""文学园"等。要让学生在校园的每一个地方，都看到智慧的火花在闪烁，进而点燃自己的智慧之光。

三是结合各种特殊日子举办各种活动。注意，这里不仅仅指国庆节、教师节等一些大的节日，还包括一些重要的历史事件和历史人物的纪念日，比如"人类第一次登上月球纪念日""九一八国耻日""朱自清百年诞辰纪念日"等。

四是多开展一些供学生自我展示、自我创造的活动，比如学生电视台、学生广播站、科技活动月、艺术节等。

五是多组织一些学生社团，让学生的才艺得到更好的发挥，如读书会、书法协会、舞蹈协会等。

校长是学校的总设计师，校长是学校环境的设计者和管理者。校长的境界也可以于学校细微之处见精神，因为学校的每一个细节都能反映校长的精神。学校的环境最能体现出该校特有的气质，最能反映出学生和教师的精神风貌，当然，也最能反映出校长的文化品位与教育追求。

中国教育进入了新世纪，而新世纪的中国教育呼唤着一大批教育家。教育家从哪里诞生？我想，未来中国的教育家不会在书斋里诞生，不会在象牙塔里诞生，只能在教育第一线诞生，只能从无数优秀的教育实践者中诞生，首先将从无数优秀的校长中诞生！我心中的理想校长，其实也是我身边无数优秀校长的典型。我写下对他们的真诚敬意，也写下我对新世纪必将应运而生的中国教育家们的热切憧憬。

第九章　我心中的理想学生

当今社会的竞争是以经济和科技为中心的综合国力的竞争，但归根结底是教育的竞争，而教育竞争归根结底取决于学生培养质量的高低。在整个教育体系中，学生是主体，所有的教育都是围绕学生展开的。没有了学生，教育也就不存在了。教育的真谛是要把学生塑造成未来社会的顶梁柱。那么，未来社会的顶梁柱应具备什么样的优秀素质呢？

一、品行端正，热爱生活，富有理想，朝气蓬勃

我心中的理想学生，应该是品行端正、善解人意、热爱生活、富有理想、朝气蓬勃的学生。

成人和成才是同一道理，不成人也就不能成才。优秀的学生应该把道德完善放在最重要的位置，力争做到真、善、美的和谐统一。其中，爱和同情心是品行端正的两个最重要表现。

可以说，一个没有爱和同情心的人是"不健康"的人。爱应从身边的事做起，从爱一草一木、一花一树、小动物、父母、爷爷奶奶、叔叔阿姨，到爱自己的学习和生活（爱岗和敬业），最后到爱集体、爱祖国、爱人民。苏霍姆林斯基在他的学校大门口写上"爱你的妈妈"来教育学生，激发学生固有的爱心。有人对此不以为然，苏霍姆林斯基驳斥道，一个人如果连他的母亲都不爱，他还能爱什么呢？

爱心无价！培养一颗爱心很重要，无论做什么事都要有一颗爱心，其他的品质都是爱心的延伸。只有爱，才能感受到生活的乐趣；只有爱，才能创造和谐的人际关系；只有爱，才能享受到人生的美好；只有爱，才能感受

到人类的伟大。天底下最辽阔的是天空和大海，而比天空和大海更辽阔的是人的心灵。一个满怀爱心的人，是永远不会感到寂寞的。只有爱才能赢得爱。愿天底下的每一个学生都从爱自己的爸爸妈妈开始，去爱生活中一切美好的事物。

同情心也是品行端正的重要体现。一个没有同情心的学生在"冷酷"对待他人的同时，也会被社会所"孤立"。只有具备同情心，才能帮助弱者，体现出自己的价值；只有具备同情心，才能使社会涌起爱的浪潮；只有具备同情心，才能使社会真正具有平等意识。"老吾老以及人之老，幼吾幼以及人之幼。"优秀的学生应学会乐于帮助身边学习上和生活上有困难的同学，帮助他们共同成长。这是培养学生同情心的重要方式。

品行端正的另外一种表现是要有公正性。对于公正，通常有四种境界：大公无私、先公后私、先私后公、公私兼顾。要求一个人完全没有私心，完全做到大公无私，的确有点儿苛刻，但公正地处理各种问题是每个人都能够并且应该做到的。社会公正是社会健康发展的重要前提。一个社会如果连最起码的公正都没有了，社会的良性发展也就失去了最基本的前提。优秀的学生从小就应该培养一种公正的品质。学生是否具有公正品质，有很多不同的表现形式，如学校中发生的考试作弊就是不公正的表现形式之一。作弊者试图用最少的投入，甚至谈不上投入，即纯粹凭投机取巧来达到一己之私。他的作弊成功对于其他辛辛苦苦通过自己的辛勤劳动获得成绩的同学来说，就是一种不公正。如果学生把从学生时代就形成的这种不公正的品质带到社会中，就会形成自私自利、徇私舞弊等许多对社会发展十分不利的不良道德品行。

此外，具有远大的志向和理想也是学生成功的重要前提之一。我国古代将树立远大的理想称作"立志"。自孔子以来的历代学者都把"立志"作为学习的必要条件。孔子曰："三军可夺帅也，匹夫不可夺志也。"明代学者王守仁说："是以君子之学，无时无处而不以立志为事。"又说："志不立，如无舵之舟，无衔之马，漂荡奔逸，终亦何所底乎？"而王阳明甚至认为："志不立，天下无可成之事。虽百工技艺，未有不本于志者。"对于学生来说，从学生时代就树立远大的理想和人生目标，意义更是重大。

理想是学生腾飞的翅膀。一名满怀理想的学生，他的生活一定是很充实的。有了理想，才会有前进的方向；有了理想，才会有前进的动力。一个学生如果没有明确而远大的理想，没有美好的希望和追求，他的行动就会失去方向和动力，在学习和生活中稍遇挫折就会心灰意冷、一蹶不振。反之，如果一个学生具有远大的理想和抱负，就会清醒地认识到自己行动的意义，就会按照目的，自觉地调节自己的行动，不达目的决不罢休。马克思有一句名言："我的目标始终如一。"这也是他能在颠沛流离、家贫如洗、妻病子亡的艰难条件下，矢志不移、奋勇搏击的原因所在。

学生理想的树立不能好高骛远，脱离现实基础和条件。九层之台，起于累土；千里之行，始于足下。任何理想的实现，都应该脚踏实地，从眼前工作做起。但学生理想的树立，也不能只看眼前，缺乏挑战性，做一天和尚撞一天钟，这样的理想也就失去了激励的意义。

理想是学生对未来美好前景的一种憧憬，它是美丽而神奇的。为了理想而奋斗，再苦再累也是乐在其中。反之，没有了理想，也就意味着前进道路的终止；没有了理想，也就意味着人生意义的终结。学生是富有理想的，这是他们成功的希望所在。让每个学生都满怀激情地拥抱理想，走向明天吧！

二、积极进取，敢于创新，富有独特见解和思想

我心中的理想学生，应该是积极进取、敢于创新、敢于标新立异、富有个性、富有自己独特见解和思想的学生。

创新教育作为素质教育的核心，正成为教育探讨的热点问题之一。伴随人类迈进 21 世纪知识经济社会，新世纪需要的人才不是"读书机器"，而是富有个性的创新人才。培养学生的创新素质已被作为教育的一个重要目标而日益受到重视。虽然早在 20 世纪 30 年代我国著名教育家陶行知就曾极力倡导创造教育，他的老师美国教育家杜威也曾就传统教育中缺乏创造性的弊端提出过批评，提倡创造教育，开发学生的创造性思维和能力，但是，由于工业社会经济发展的特点，创造教育并未真正被重视。即使在当代，由于各种因素的影响，学生创新素质的培养也没有受到应有的重视，这在很大程度上制约了学生综合素质的发展。

传统的学习只是一种继承性、维持性的学习，学生通过学习获得原来

已经确立起来的观念、方法和原则，以应付已知的、重复的情景，这在农业社会和工业社会还可以解决问题。然而，在知识经济时代，文化知识、科技以及经济发展瞬息万变，思考问题的方式也与以往大有不同。人们不仅要适应社会原有的生活规律，更需要创造新的生活条件，不断完善自我，这就需要强调学生创新精神、创新观念和创新行为的形成。学生也只有接受创新的教育，进行创新的学习，才能在知识经济社会中快速地接受新知识，才能创造世界，创新生活。哈佛大学原校长陆登庭在北京大学讲坛上讲了这样一段发人深省的话："在迈向新世纪的过程中，一种最好的教育就是有利于人们具有创新性，使人们变得更善于思考，更有追求的理想和洞察力，成为更完善、更成功的人。"

可以说，卓越的创新能力充分地体现了一个人发现问题、积极探索的心理取向和善于把握机会的敏锐性。创新能力绝不仅仅是一种智力特征，更是一种人格特征和精神状态以及综合素质的体现。基于创新教育对人的发展有着极其重要的意义，1996 年国际 21 世纪教育委员会的报告《教育——财富蕴藏其中》曾把它作为教育的最高目标："教育的任务是毫不例外地使所有人的创造才能和创造潜力都能结出丰硕的果实……这一目标比其他所有的目标都重要。"[1]总之，不论从国家和民族发展的角度看，还是从个人发展的角度看，学生创新素质的培养都显得十分迫切。

学生素质的培养离不开学校、社会以及家庭的教育，但学生自身有意识地使自己向这一目标努力也是创新素质发展的重要因素。在我国传统的教育思想里，有一种"随大溜"的思想，许多学生也形成一种人云亦云的习惯，不敢表明自己的观点和见解，不敢否定权威，这些学生在创新意识、创新思维方面明显缺乏，没有一种创新的个性。而优秀的学生在学校里就自觉培养"敢为人先"的个性，对一些疑难问题敢于提出自己的个人见解，敢于"钻牛角尖"，不盲从所谓的权威，敢于跳出原有的圈子，为了真理，从实际出发，敢于向任何权威挑战。这种学生不仅在学校中，而且在以后的工作中，也会不断产生创新的观点和思路，为社会做出更加突出的贡献，成为社会真正的栋梁。

---

① 国际 21 世纪教育委员会：《教育——财富蕴藏其中》，联合国教科文组织总部中文科译，教育科学出版社，1996，第 3 页。

创造性的个性特征并非天生的，它是在学校、家庭、社会的影响下逐渐形成的。只要做个有心的人，绝大部分学生都可以形成创造性的个性特征。

三、自信自强，在困难和挫折面前永不低头

我心中的理想学生，应该是自信自强，永不放弃，在困难和挫折面前永不低头，充满旺盛斗志和乐观精神的学生。

自信心是一个优秀学生必备的基本素质之一。美国思想家爱默生说："自信是成功的第一秘诀。"拿破仑·希尔也说过："信心是生命和力量，信心是创立事业之本，信心是奇迹。"这些学者的思想和观点都充分地表明了自信心在人生发展中的重要作用。自信心是人生重要的精神支柱，是成功的先导。

心理学的研究表明，人的需要、期望是不断发展、永无止境的，但新的目标总是要以已有的目标为基础。一个人成功的经历越多，他的期望也就越高，自信心也就越强。在学生的学习中，自信心显得尤为重要。

日本教育家田崎仁经过调查发现，有三分之一的学生是因为缺乏自信心才导致学习成绩不理想。在我国的学校教育中，有许多学生有畏惧学习的心理，越学越没有信心，越学越觉得自己不是学习的料，总觉得自己比别人笨。在这样一种由于缺乏信心而产生的自卑心理状态下，不仅正常的学习受影响，而且连个人的身心活动和交往活动都受到影响，即使本来具有优越的天资，也可能难以得到正常的发挥。

因此，在学习生活中，培养学生的自信心是一个十分重要的任务。只有自信，才能敢于面对困难；只有自信，才能充分发挥自己的能力；只有自信，才能永远保持乐观的心态；只有自信，才能善于处理各种关系。面对纷繁复杂的大千世界，面对崎岖不平的人生道路，一时的迷茫、失落、不知所措是难免的。但无论遇到什么情况，我们都不要怀疑自己的能力。一个人如果不相信自己，还能指望谁相信他呢？学生要达到自信自强的境界，除了老师、家长注意采用适当的教育方式，更主要的是，学生要给自己的人生一个准确的定位，要善于从身边寻找人生榜样和奋斗目标，让自己追

随着榜样不断进步，时时感受到激励作用。

坚韧不拔的意志和自强不息的精神也是当代学生必须具备的基本素质。古人云："夫志，气之帅也。"意志是精神之统帅，性格之中枢。坚强的意志品质是学习和工作取得好成绩的重要保证，是获得事业成功的基础。《尚书·旅獒》曰："为山九仞，功亏一篑。"堆积很高的土山，由于只差一筐土而不能完成，半途而废了。这则成语既表达了对一件事只差一点儿未能完成的惋惜，也蕴含了对一件事非得持之以恒、一干到底方能成功的哲理。

我国古代教育家荀子在《劝学篇》里也讲道："骐骥一跃，不能十步；驽马十驾，功在不舍；锲而舍之，朽木不折；锲而不舍，金石可镂。"这深深地揭示了凡事贵在持之以恒的道理。如果学生具备了这样的品质，那么他无论是处于顺境，还是处于逆境，都不会沉沦和泄气。如果学生具备这样一种品质，那么在其毕业工作后，无论把他放在什么地方，他都会生根开花，茁壮成长。学生也只有具备这样的品质，才能在未来的社会中充满竞争力。

当然，坚强的意志不是天生的，也不是一蹴而就养成的，坚韧不拔的意志和自强不息的精神来自平时点点滴滴的日常小事的锻炼培养。每一次克服困难的过程，就是意志不断强化的过程。马克思说："在科学上没有平坦的大道，只有不畏艰险，沿着陡峭山路攀登的人，才有希望达到光辉的顶点。"生活也是如此，面对生活的风风雨雨，只有具备坚强意志的人，才能活出多彩的人生。学生解出一道难题，努力学会做一件小事，都是培养意志的过程。古人云："勿以善小而不为，勿以恶小而为之。"这句话体现的就是这个道理。

用座右铭激励自己是培养意志力的有效方法。革命前辈徐特立四十多岁学法文时，曾以"日学一字，五年为成"作为座右铭。在这种动力的支持下，他以常人难以想象的意志力和坚持不懈的学习精神，三年就掌握了法文。京剧表演艺术家袁世海为不断提高自己的表演技能，在客厅墙上挂了手书的三个大字"天天练"，古稀之年，仍然坚持奉行。青年时代的毛泽东有一句座右铭："贵有恒，何必三更眠五更起；最无益，只怕一日曝十日寒。"从这些事例中我们可以发现，具备坚强的意志是名人成功的重要因素之一。学生也应该根据自己的兴趣和爱好，选择适合自己的座右铭，以激励自己不断努力。

拥有坚强意志的学生通常是一个乐观的人。生活中乐观的人视困难为常情。"困难像弹簧，你强它就弱，你弱它就强。"而悲观的人往往人为地夸大困难，被困难所吓倒。只有乐观的人才能正视外部的阻力和内心的障碍，勇敢地面对困难，经受逆境的考验。英国作家萨克雷在《名利场》中写道："生活好比一面镜子，你对它笑，它也对你笑；你对它哭，它也对你哭。"一名优秀的学生应永远微笑着面对生活。正如普希金所说的那样：假如生活欺骗了你，不要悲伤，不要心急！相信吧，快乐的日子将会来临！学习和生活中的困难就宛如大海里的朵朵浪花，只有以正常的心态看待学习生活中的挫折和困难，才会使我们年轻的学生培养起坚强的意志，创造出未来美好的生活。

四、有丰富的精神生活、广泛的兴趣爱好和一定特长

我心中的理想学生，应该是有丰富的精神生活、广泛的兴趣爱好和一定特长的学生。

现代社会生活丰富多彩，为我们精神生活的充实提供了非常好的环境与条件。我们应该尽情地享受和利用，尤其是青年学生。因此，我们常把一个身处现代社会却不懂得欣赏音乐，没有文学修养，对球类运动一窍不通，对博物学没有了解，不能熟练操作电脑的学生比喻为"读书机器"。拥有丰富的精神生活、广泛的兴趣爱好及一定的特长技能，已成为培养学生整体素质的重要内容之一。

对一个精神生活丰富的人和一个精神贫乏的人来说，他们在世界上生活的意义、人生满意度、心理发展健康程度都是大不一样的。苏霍姆林斯基在《给教师的100条建议》以及《把整个心灵献给孩子》等书中，十分强调要丰富学生的精神生活。他认为，一个孩子如果有了非常健康的生活情趣和一技之长，那么这样的孩子根本不需要担心。因为他没有兴趣，也没有时间和精力去从事不健康的活动，他的活动都已被健康的情趣所充实和包围了。

很多父母担心孩子做坏事，其重要的原因是他们的孩子没有培养起健康的兴趣和爱好，很可能在外界不良环境的诱惑下，把精力和时间放到不

健康的事情上。因为人的需求是物质性和精神性的统一，当基本的物质需求得到满足以后，他就会迫切追求精神世界的富有。学生正处于精力非常旺盛的时期，常常有莫名的难受（青春的躁动），这时提供给他们丰富的健康的精神生活，就会转移他们的注意力。俗话说"无事生非"，很多学生学坏都是因为精神空虚、无事可做而被引入歧途的。因此，培养学生健康的具有积极意义的兴趣显得十分重要。

学生要善于从有趣的事情中积极寻找有意义的内容，从而逐步培养良好的志趣。培养良好的兴趣应注意三个方面。一是要及时克服困难。当我们开始接触某个事物时，往往因好奇而怀有比较浓厚的兴趣，但在学习的过程中如果遇到了难以克服的困难，这时兴趣就会大减。战胜了困难，兴趣又会大增。二是要选择有一定难度的问题。认知心理学家皮亚杰认为，当外界刺激与已有认知结构有矛盾但可以解决时，人们的兴趣最浓。三是要做好积极的心理准备并积极地投入活动中去，胜不骄，败不馁，以满腔的热情对待活动。

专长是个人印记最强的东西。现在很多学校打着全面发展的旗号来掩盖教育全面不发展的弊端。人的精力和时间都是有限的，因此，从某种意义上来说，培养完全意义上的全面发展的学生是很难达到的，是一个"纯理想的境界"。全面发展从某种意义上来说，就是全面不发展（即平庸）。素质不可能是各素质门类的平均组合，也不可能要求一个人既有华罗庚的数学素质，又有钱锺书的文学修养。一个人良好素质的形成与发展，应该是在具备了现代人应有的那些基本素质之后，根据自己的兴趣和爱好，并服从社会的需求，努力发展个人的特长。

教育上真正切实可行的就是张扬学生的个性，培养学生的特长。"基本素质＋特长"的培养模式应是学生素质发展的方向。学生应明确对自己提出挑战和要求。我的特长是什么？我长大以后凭什么在社会上立足和生存？凭什么给社会增添个人色彩？怎样让社会听到我的声音？我怎样才能在历史的长河中找到自己的脚印？这些都取决于特色。

一个没有特色的人，可能很快就会被历史遗忘。特长对于个人的发展、社会和时代的进步都很重要，特别是在进入终身学习的社会，闲暇生活增加的社会后。只有有特色、有个性的人才能为历史做出更大的贡献。

五、善于与人合作，善于与人相处

我心中的理想学生，应该是一个善于与人合作、善于与人相处、有着和谐的人际关系、受人欢迎的"人缘儿"。

我们处在竞争十分激烈的时代，知识的竞争、人才的竞争、能源的竞争、产品的竞争等无处不在。然而我们又处在一个要求广泛合作的时代，那种"鸡犬之声相闻，民至老死不相往来"的时代已一去不复返了。社会化大生产要求绝大部分的工作必须通过许多人的合作才能完成，靠个人奋斗取得成功的时代已基本过去了。合作和竞争并存，在竞争基础上的合作，在合作基础上的竞争的时代特征表现得越来越明显。我们应树立竞争意识，并将竞争纳入有序的状态和友好合作的氛围中。

据美国学者统计，在诺贝尔奖设立的第一个 25 年（1901—1925）中，合作研究获奖的人占总数的 41%；第二个 25 年中，这个比例为 65%；第三个 25 年中，这个比例上升到 79%。从宏观角度讲，未来社会更需要大兵团作战、多学科合作、善于凝聚人力和人心、团结众人的力量去努力和奋斗。从微观角度讲，善于合作也是心理健康和个人人格发展的基础。因为人生活在世界上，自身的感受常常取决于别人对他的感受，自身的快乐常常取决于周围的人是否快乐。善于合作，不仅能从工作中找到乐趣，而且也能从生活中找到乐趣。

生活处处有快乐，生活时时有快乐。你在别人有困难、烦恼时帮助了他，关键时刻伸出友谊之手，那么当你遇到困难时，别人也会来帮助你，从而大家都感受到人世间做人的无穷乐趣。以一颗快乐的心对待别人的人通常也会得到同样的快乐。那种自我封闭、孤芳自赏、不与人交往的人是享受不到与人相处的快乐的。因此，学生从小学会如何与人相处，学会如何与人合作是一项十分重要的任务。

学生生活的小天地实际上就是大社会的一个缩影。在那里，他们学会与人相处，和别人打交道，感受生活，形成初步的人际关系的准则。他们毕业后走向社会，怎么与人相处，很大程度上取决于他们在学生时期所获得的与人相处的经验。通常在学校里有很多朋友，受老师、同学欢迎的学生，在毕业工作后一定也是个善于处理社会各种人际关系，在人际交往中得心应手的人。反之，那些在学校中孤僻、自我封闭、不爱和人打交道的学生，在毕业工作后与人相处的过程中，必然会四处碰壁，成为人见人畏的"怪人"。

那么，怎样才能在学习和生活中与他人形成良好的合作关系呢？

（1）学会理解别人、谅解别人。古人讲"士为知己者死"，我们今天讲"理解万岁"，强调的都是理解的重要性。同学之间发生矛盾、分歧时，要学会"换位"思考，多站在对方的角度去思考问题，就比较容易理解他人的所作所为了。

（2）善于发现他人的闪光点。孔子云："三人行，必有我师焉。"每个人都有他的长处，我们要学会赏识其他同学。"人无完人，金无足赤。"我们合作的目的是扬长避短，学习别人的长处，在人际关系的相处中，同学之间才会相互接纳。

（3）在人际关系的交往中，应保持适当的距离。人和人之间是有无形的距离的，达不到或超过这个距离，都会造成人际关系的不和谐。现实生活中，很多朋友关系闹僵就是走得太近的缘故。

良好的人际关系不仅有利于学生的健康成长，而且可以为学习创造一个和谐的环境，同学之间互帮互学能促进大家共同进步。《礼记》中云："独学而无友，则孤陋而寡闻。"人的性格固有先天自然的一面，但更重要的是后天的培养。

每个优秀的学生都应根据自己的性格特点，努力扩大自己的兴趣爱好，主动和人交往接触，形成活泼开朗、充满朝气、积极向上的性格特征。

六、勤于思考，有丰富的想象力，掌握科学的学习方法

我心中的理想学生，应该是有着扎实的基础知识、善于学习、勤于思考、有丰富的想象力，并掌握科学的学习方法、用最少的时间赢得最高学习效率的学生。

我们一直在倡导素质教育、创新教育等新的教育模式，其目的在于促进学生不同能力的提高，但不论什么能力的提高，其关键在于必须有扎实

的基础知识作为铺垫。否则，能力的提高只是空中楼阁，没有什么实际意义。因此，学生在学习中必须注重基础知识的学习，绝不能本末倒置。

想象力是学生思维能力的重要维度，在学生的学习中具有重要意义。爱因斯坦说："想象力比知识更重要，因为知识是有限的，而想象力概括着世界的一切，推动着进步，并且是知识进化的源泉。"英国物理学家廷德尔也认为："有了精确的实验和观察作为研究的依据，想象力便成为自然科学理论的设计师。"一个富有想象力的学生，在学习中一定会苦干、实干。[①] 16岁时的爱因斯坦就曾经有过这样"怪诞的想象"：假如我骑在一条光束上，去追赶另一条光，将会产生什么现象呢？这是他后来提出相对论的初因。

想象力是一种宝贵的品质，它是发明、创造的源泉。一个没有想象力的人，是不可能具有不断探索的创新精神的。想象力能增强学习的主动性、预见性和创造性，能使学生在学习中找到意想不到的灵感和捷径。因此，学生在学习中要注重培养自己丰富的想象力。

掌握科学的学习方法，以最少的时间取得最高的学习效率，这是众多"聪明"的学生成功的诀窍之一。一名优秀的学生总是以课堂为中心，努力做好预习和复习。这是科学学习方法的核心。课堂听课是最重要的。优秀的学生在课堂上的注意力总是非常集中，他们的思绪总是围绕在老师活动的周围。通常他们在课上就把问题解决了，因而课后他们不需要花太多的时间去理解。

为了提高课堂上的学习效率，必须做好上课的各种准备，如知识准备、身体准备、心理准备、物质准备等。上课应积极主动、大胆发言、积极思考、认真做笔记。"磨刀不误砍柴工。"预习可以节省时间，提高听课水平和学习效率，可以培养自学能力，形成学习的良性循环。复习可以巩固所学的知识，加深理解，"温故而知新"，可以查漏补缺，使掌握的知识完整化、条理化。

当然，科学的学习方法并不是固定的，每个学生应根据自己的基础和个性特征而选择不同的学习方法。只有最适合的学习方法，没有最好的学习方法。最适合自己的学习方法就是最好的学习方法。学生掌握了一套适合自己的科学的学习方法，必然会使自己的学习事半功倍。

---

① 眭天桂：《关于现代化的定义、内涵与标准》，《教育瞭望》1996年第1期。

学习离不开记忆，有效的记忆能力是学习成功的基础之一。目前，科学家已经对人类大脑的记忆功能进行了深入的研究，并揭示了很多极具价值的记忆规律，如"艾宾浩斯遗忘曲线"等。这些科学发现对于提高学生的记忆效率是十分有益的。每个学生应根据自己的特点，总结摸索出一种适合自己的记忆方法，如尝试背诵、图表记忆等。

学生是祖国的未来，民族的希望，未来社会的建设者。学生的发展与民族的前途和命运息息相关，紧密相连。毛泽东曾对下一代提出殷切的希望："世界是你们的，也是我们的，但归根结底是你们的。"衷心希望每个学生不辜负时代的重托，努力提高自己的个人素质，为实现中华腾飞而奋斗！

第十章　我心中的理想父母

"父母是孩子的第一任教师"，"推动世界的手是摇摇篮的手"。自古以来，人们就深知家庭教育对孩子的重要性。从一个人接受教育的过程来看，家庭教育是一个人接受最早、时间最长、影响最深的教育。一个人从出生到成人，都离不开家庭的教育和影响。父母的一言一行、一举一动对子女都有着言传身教、耳濡目染和潜移默化的作用。

未来社会的健康发展取决于未来一代的精神风貌，良好精神风貌的形成来自教育，而教育内部又在很大程度上取决于家庭中的父母教育。父母是家庭的教育整体，对孩子健全人格的形成缺一不可。通常，优秀孩子成为优秀人才的背后，总能找到温馨和谐家庭的影子；同样，一个人形成不健全的人格，也可从其家庭中找到充满冲突和矛盾的因素。现代社会普遍关注的焦点是学校教育，父母考虑更多的也是学校教育，却忽视了他们自己才是真正的教育基础，才是决定孩子命运的关键，于是形成了家庭教育的误区。

面对日益纷繁复杂且难以调控的社会环境，面对学校德育成效日益下降的现实，家庭教育显示了它前所未有的作用，家庭必须主动承担起教育孩子的重任。为了更好地教育好孩子，必须更好地提高父母的素质。那么，高素质的父母应该具有哪些特征呢？

一、把孩子的人格健全、道德完善放在首位

我心中的理想父母，应该是把孩子的人格健全、道德完善放在首位，努力培养孩子追求卓越、独立自主、持之以恒、勤俭节约等个性品质和良好习惯的父母。

古今中外的许多教育家都认为，对孩子发展来说，人格和道德是第一位的，人格发展和道德完善的意义远远胜过智力的开发。对于社会来说，健全的社会首先需要的是稳定的基本秩序。人们遵循基本法规、把握基础文明、有着比较好的行为习惯，这是社会正常运作的基本条件。教育很重要的一项功能，就是通过培养社会成员（尤其从学生时期开始）健全的人格和完善的道德，来维系社会稳定、促进社会发展。如果教育不能实现这一目标，那么培养的人即使再聪明、再能干、智力再发达，也只能成为社会的破坏者和社会发展的障碍。

古代的司马光曾把人分成四种类型：有德无才，有才无德，无德无才，有德有才。他认为无德有才的人是小人，其实这种人不光是小人，而且是对社会产生很大负面影响的人，我们的社会应尽量减少这类人的存在。其中，家庭教育要担负起重要的职责，父母在教育中要充分重视家庭健康科学教育目标的树立。

良好的个性品质是对现代人的基本要求，家庭教育对子女良好个性的培养应包括以下五个方面：

（1）追求卓越。理想是决定一个人能走多远的标志。一个人行为的背后肯定会有多种因素在推动着他，但毫无疑问，最高境界肯定是理想。一个人如果总觉得自己还没有达到自己想要达到的境界，那么这种力量就会成为他不断进取的动力。一个人永远不可能超越他想超越的境界。我们通常给自己定位，定位后很难超越这个点。只有培养卓越，不断向着更高境界去攀登的人，才能达到辉煌的顶点。理想对孩子来说是最神圣的，让孩子自觉地追求神圣，是最完美的家庭教育。实际上，父母可以什么都不做，只要让孩子能够知道永不停止地追求，那么他们至少就成功一大半了。

（2）独立自主。培养孩子独立的人格对孩子的成长非常重要。人生下来的第一声啼哭，虽不能说是一首绝妙的好诗，但却可以称得上是一篇庄严的独立宣言。人离开母体来到人世，一个重要的使命是摆脱依附、追求独立，在世界上形成带有个人印记的个性标志。从人的发展历程来看，一般有两次断奶期。一是儿童时期的断奶期，是孩子从生理上摆脱对父母的依附；二是青少年时期的"断奶期"，孩子不仅从生理上，更主要是从心理上开始摆脱父母的控制，这种趋势在人成长过程中自始至终没停止过。在刚会走路时，孩子往往推掉父母的手，要求独立行走。在青少年时期，孩子会把自己的东西锁起来不让父母看。在工作后，孩子开始从经济上摆脱父母。要求独立是人的天性。父母不能把孩子看成是自己的附庸，不能要求孩子按照自己的意志行动，不能根据自己设想的模样来塑造孩子、约束孩子。父母主要的职责在于发现孩子身上独特的东西，然后加以培养、使之壮大并完善。其实，在孩子进入学校前，他就已经有了相当整体性质的自我，并带着这样一种自我进入学校。以后他在学校成就的取得、各种关系的自如处理、独立自主意识的形成，在很大程度上取决于父母在他进入学校前对他的家庭教育。尊重孩子、放手成长、培养孩子独立自主意识，是对每个父母的基本要求。

（3）持之以恒。意志是决定人成功与否的重要标志。父母应教育孩子认识到能否把握成功在很大程度上取决于是否坚持。奥运会赛场上运动员顽强拼搏，勇夺金牌，科学研究中重大成果的取得无一不是努力奋斗的结果。"行百里者半九十"，这说明很多人经过努力拼搏已经到成功的边缘了，但就是缺乏最后一点儿坚持，结果无功而返。有成就的人和普通人最大的区别不仅在于他们付出了更多的劳动，更重要的是他们能凭着坚强的意志克服重重困难，从而到达成功的彼岸。因此，家长必须注重对子女的意志力的培养。

（4）勤俭节约。"不要在经济上放纵孩子"，这是许多有远见的教育家对父母的忠告。孩子具有什么样的金钱观对孩子以后的成长相当重要。勤俭是做人最基本的原则。从小培养孩子爱惜粮食、玩具和器物，体恤劳作的艰辛，"一粥一饭，当思来之不易"，从而培养孩子珍惜万物、不暴殄天物、不浪费成性的良好品质。这些优良品质的养成会让孩子终身受益无穷。当然，正确的金钱观不仅仅是勤俭节约的问题，还应该是如何科学安排自己的生活，如何合理地消费与分配自己的零花钱，如何掌握一些基本的现代经济知识等。

（5）良好习惯。叶圣陶曾说，教育归根到底是培养习惯。好习惯来自平时的点滴培养。对父母来说，从小养成孩子良好的习惯，那么习惯就会成自然，就会成定式，孩子以后自然而然地就会做出某种格式化的行为了。良好的习惯将使人终身受益。写日记就是一个好习惯。通过写日记，可以让孩子对自己的学习、生活进行总结和深入思考；可以锻炼他观察生活的能力和驾驭语言的能力，提高他的写作水平；可以让子女倾诉自己的情感，调节自己的情绪；可以培养他独立的个性和独立处理事情的能力；可以锻炼他的意志、开阔他的心胸、净化他的心灵。培养孩子的习惯可以从生活习惯、学习习惯、思维习惯三方面着手。其中，生活习惯是基础，它对良好的学习习惯和思维习惯养成有很大的作用。我们很难想象一个在生活上马马虎虎、丢三落四的孩子会在学习上很有条理，而通常在学习上井井有条的孩子在生活中一定是个爱整洁、有条不紊的孩子。因此，父母可以从生活习惯着手，培养孩子从一点一滴的小事做起，逐步养成良好的学习习惯和思维习惯。

二、让孩子轻松、自由、愉快地成长

我心中的理想父母，应该是永远保持年轻心态，懂得把童年、童心还给孩子，让孩子轻松、自由、愉快成长的父母。

明代哲学家李贽的"童心说"认为，儿童的天真、率性是最宝贵的。童心没有伪善，没有尔虞我诈，没有钩心斗角，孩子的笑最天真、最自然、最灿烂。孩子的天真是人生不可复得的财富，是至真至美的人性花朵，也是人类未来最纯、最净的温床。充分享受天真乐趣的儿童才能有健全的心性、完善的人格和发达的思维。父母要像爱护眼睛一样爱护孩子的天真。童心是童年生活最真实的镜子，天真无邪、纯洁无瑕、未受污染。只有童心，才能敞开胸怀接受；只有童心，才能满怀兴趣探索；只有童心，才能袒露内心世界；只有童心，才能毫无掩饰地外露。育人的关键是育心。父母不要把世俗的、庸俗的东西教给孩子，父母教孩子善于伪装、掩饰、讨好，无疑是在扼杀孩子纯洁的天性。

父母在教育孩子时，自身要保持年轻的心态。父母要像回到自己的童年时代一样，努力和孩子一起玩耍，一起成长，成为他们当中的一员。父母应尽可能尊重孩子的兴趣、爱好，让孩子按照自己选择的路走下去，并适当地加以引导，真正做到"把童年还给孩子"。现在的孩子，特别是城里的孩子，已经没有什么童年的欢乐了，旧时的游戏已消失殆尽，因此挖掘传统游戏，帮助孩子找回真正属于他们自己的童年已成为刻不容缓的任务。

现在，很多父母在孩子刚出生，甚至在还没出生时，就为他们设想了未来，期望他们成为音乐大师、绘画大师等。过早让孩子被动地学习，掌握各种技能，其实并不是一种妥当、合理的做法。许多父母认为，游戏仅仅是游戏，玩耍仅仅是玩耍，游戏和玩耍只是在浪费时间，耗费精力。这种观点其实是完全错误的。父母应该认识到，游戏、玩耍是孩子认知世界、创造世界非常重要的源泉。在游戏中，孩子的想象力、创造力得到充分的发展，体验到社会上的各种角色，他们会自觉创造规则、遵循规则、学会做人、信守诺言。因此，游戏是孩子的精神世界，是孩子的王国，孩子很多能力的培养、习惯的养成，都可以从游戏中找到影子。

要让孩子有一个快乐的童年生活，父母必须理解孩子的心理，尊重他们的童年。"童言无忌"，孩子率真的天性在生活中往往会给父母带来很多尴尬，这时候，父母更要尊重孩子。孩子幼小的心灵正如稚嫩的幼芽，很容易受到伤害。说错了一句话，做错了一件事，受到了批评，可能以后就再也不敢说、不敢做了，这样就会妨碍他们轻松自由地表达自己的见解、做他们想做的事。父母不要害怕孩子出错，要让孩子学会在错误中成长。如孩子从小写日记，父母就不应过多地忙于纠正他的错别字，而忽略了对创造整个文章意境的培养。孩子的错别字以后可以慢慢地改，但意境是谁也无法帮他创造的。过多的干涉、批评孩子会让他无所适从、缩手缩脚，最终导致无所作为。

三、善于挖掘孩子的潜能，培养孩子的特长

我心中的理想父母，应该是善于发现孩子天赋，善于挖掘孩子潜能，善于培养孩子特长的父母。

"天下没有不是的孩子，只有不是的父母。"父母经常埋怨、批评孩子，但他们往往不知道真正应该受埋怨的是他们自己。我常说，我们的教育扼杀了很多的天才，但在"刽子手"的队伍中，真正开始传接力棒的人恰恰是孩子的父母。许多父母在孩子的启蒙教育中，就已开始扼杀儿童特有的天赋和潜能了。

父母发现并培养孩子的天赋和潜能，最重要的一条是要鼓励孩子的表

现，善于观察孩子在各种表现中展露出来的风采。父母强迫孩子沿着自己预先设定的方向前进，往往造成"有心栽花花不发"。父母为孩子选择的领域往往不是孩子的天赋和潜能里最优秀的所在。

父母发现并培养孩子的天赋和潜能，还应该坚定不移地相信孩子。每一个孩子都有他的天赋和潜能，他来到这个世界必然有他存在的价值和无限发展的可能性。人生的道路看似很漫长，但真正起决定作用，允许人选择的紧要关头只有那么几次。为人父母者对自己的孩子负责，最大的尽责就在于当孩子面临困难时，充满信心地对孩子说："你行！"这激情澎湃的声音无疑是推动孩子克服困难继续前进的强大动力，这往往能创造出意想不到的奇迹。很多父母往往对孩子的发展急于求成，一旦不如愿就有"恨铁不成钢"的感觉。其实，历史上大器晚成的例子很多。如少年时代的黑格尔就很笨，在学校经常受到同学的嘲弄，得了一个"老头儿"（动作迟缓的意思）的绰号，他的同学谢林 23 岁就担任了耶拿大学的副教授，黑格尔35 岁才当上副教授，可是黑格尔并不急躁，只是默默地把精力倾注在思索上。后来，59 岁的黑格尔当上了柏林大学校长，成为一代哲学宗师。

父母对孩子要有耐心，无论什么时候，都不要对孩子失去信心。当前对教育上的"韩寒现象"，持宽容态度的人不多，他写了两本书，但六门功课"亮红灯"，好在他的父母并没有伤害他，还鼓励他，给他信心和动力。我想，这也是韩寒不断努力、继续前进的重要支撑点。当然，在生活中诱惑不断增多，社会上对韩寒毁誉不一的背景下，他能否好好把握自己，健康成长，也要取决于他的父母头脑是否清醒、教育是否得当。

父母发现和培养子女的天赋和潜能，必须注重孩子的早期开发。人的学习是有关键时期的。如语言学习最好在 12 岁以前进行，如果错过了这个时机，学起来就会非常困难。城市的孩子比农村的孩子语言能力要强一些，因为城市是一个多元语言环境，它随时将各种语言进行环境转换；而农村封闭、单一的语言环境则阻碍了学生的语言发展。心理学研究表明，在人的早期发展过程中，许多行为和能力的获得具有一定的"关键期"。在这个"关键期"，如果具有良好的环境刺激和适当的练习机会，某方面的行为和能力就会得到较好的发展，语言能力是如此，艺术、体育也是如此。50 岁以后搞体育怎么也不可能获得奥运会金牌。

父母发现和培养孩子的天赋和潜能，要求父母必须尊重子女的兴趣和自身的选择，鼓励子女在不断尝试中发现适合自己的东西。这种发现只能在孩子产生兴趣的过程中，否则效果适得其反。现实生活中父母强迫孩子练琴，最后导致孩子自切手指的惨剧不得不令我们的家长深思。

四、以朋友式的平等身份对待孩子

我心中的理想父母，应该是以大朋友的平等身份来对待孩子，而不是以长辈的身份来压制孩子和以棍棒的方式教训孩子的父母。

我们经常埋怨社会上的等级高低、贵贱之分，其实这根源还在于学校和家庭。在学校里，老师和学生之间是不平等的，普遍形成了老师说、学生听的惯例，学生反对老师就是对老师的不尊重。在家庭里，父母和孩子之间也是不平等的，父母是至高无上的权威，孩子要逆来顺受，无条件地服从。如果我们不用平等的眼光对待孩子，那么他们永远不可能形成独立的人格。

调查研究发现，家庭中父母的教养方式以及父母对子女的态度是影响子女人格发展和个性形成的重要因素。民主型家庭的家长往往是以一个孩子可以信赖的大朋友的身份出现在家庭中，他们给予孩子发展兴趣和爱好的自由，能经常与孩子交流对各种事物的看法，常常对孩子表示信任，即使考试失败也会给予孩子热情的鼓励。

民主型家庭是以理解、尊重、鼓励孩子为教育前提的，孩子在和谐的家庭气氛中，容易发挥自身的潜能，因而它的教育方式是科学的教育方式。通常具有创新意识、活泼、天真、开朗的孩子都有比较平等、宽容的父母。在与孩子的关系上，人们往往对孩子对父母的"没大没小"持否定态度，其实有时是应该提倡孩子与父母间的平等。"伟人之所以伟大，是因为你跪着看他。"孩子也一样，如果他不跪着看父母、老师和权威，那么他的创造力、想象力和独立人格就会逐步树立起来。

在国外（如美国），父母非常注重平等地对待孩子，进入孩子的房间前，通常都要敲门，并问："May I come in？"而在中国，父母往往会毫无顾忌地闯进孩子的世界，毫无顾忌地把孩子的秘密公之于众。孩子没有自己的一片天地和选择的自由。当然，强调平等地对待孩子，并不意味着父母不要给孩子任何帮助、批评和建议。问题的关键是父母要以比较民主的方式教育他，给他选择的机会和解释的权利。当孩子觉得父母不是以长者和权威的身份来教训他的时候，父母的意见往往更容易被接受。

在体罚问题上，家庭教育的理论和现实存在很大的差距。尽管理论界一直呼吁杜绝体罚孩子，警告体罚会出现各种各样的问题，但现实社会中很多家长还是十分注重使用体罚。"棍棒底下出孝子。""不打不成才，一打分数来。"许多父母认为只有打骂才能使孩子成才，却不知道这样会带来许多不利后果。如孩子间的斗殴往往就是从父母那儿学来的，是用一种暴力制服另一种暴力。都说青少年暴力事件增多的原因是受了电影和电视的影响，其实从家庭里往往更容易找到根源和影子，因为许多家庭也经常上演"精彩"的"打斗片"。

五、以身作则，一诺千金

我心中的理想父母，应该是有着和谐家庭关系，能以身作则、一诺千金的父母。

父母是一个教育整体，教育孩子必须要有父母双方的通力合作，也只有双方共同努力才能教育好孩子，这是家教成功的最好保证。父母在重要的价值观念和养育方式上必须达成基本共识。和谐的家庭关系对教育孩子很重要，父母应非常注重自己在孩子面前的一言一行。如父母经常吵架，为孩子大动干戈，很容易给孩子幼小、稚嫩的心灵带来创伤，不利于孩子的健康成长。

从心理学角度来讲，人的行为的养成很大程度上是通过模仿，这是孩子学习的根本途径之一。父母稍有闪失，就会给孩子带来不良影响。试想一下，一个父母整天搓麻将赌博的家庭怎么能期望孩子"出淤泥而不染"，有着强烈的上进心，并不断努力奋斗呢？父母的榜样作用对成长过程中的孩子有着强烈的刺激作用，父母的好习惯和坏习惯都将直接影响到孩子。

著名教育家马卡连柯曾对父母们说："你们自身的行为在教育上具有决定意义。不要以为只有你们同儿童谈话，或教导儿童、吩咐儿童的时候，才教育着儿童。在你们生活的每一瞬间，甚至当你们不在家的时候都教育着儿童。你们怎样穿衣服，怎样跟别人谈话，怎样谈论其他的人，你们怎样表示欢欣和不快，怎样对待朋友和仇敌，怎样笑，怎样读报——所有这些对儿童都有很大的意义。你们态度神色上的一切转变，无形中都会影响儿童，只不过你们没有注意到罢了。如果你们在家庭里粗野暴躁，夸张傲慢或酩酊醉酒，再坏一些，甚至侮辱母亲，那么你们已经大大地害了你们的儿童，你们已经对儿童教育得很坏了，而你们的不良行为将会产生最不幸的后果。父母对自己的要求，父母对自己家庭的尊敬，父母对自己一举一动的检点，这是首要的和基本的教育方法。"

因此，真正懂得教育的父母应该懂得为了孩子做出一定的牺牲，放弃那些不良的个人爱好。父母在孩子面前切忌为教育方式发生争执，一旦发生争执，孩子会心领神会，马上钻空子，依附于一方，攻击另一方，从而进一步加剧家庭矛盾，加深亲子关系的紧张程度。

让孩子学会尊重人，这是人的基本品质之一，也是家庭教育的重要目标。只有尊重别人，才能赢得别人的尊重；只有尊重别人，才能产生和谐的人际关系。马斯洛的层次需要理论把获得别人的尊重看作仅次于自我价值实现的最高心理需要。为了培养子女在这方面的习惯，父母应严格要求自己，要尊重长者、邻居和同事，给孩子树立最直接的榜样，使孩子在潜移默化中接受各种好的价值观念、学习好的行为习惯。此外，自尊是孩子的第二生命。苏霍姆林斯基把自尊看作人最敏感的角落，父母要像爱护花朵一样爱护孩子的自尊心。

一诺千金是中华民族的传统美德。古人云：君子一言，驷马难追。在家庭中，父母对子女一定要做到一言九鼎、言而有信。我国古代广为流传的"曾子烹彘"的故事深刻地告诉父母，一诺千金不仅仅是简单地兑现某个行为，更重要的是培养孩子遵守诺言的信用意识。守信是一个非常重要的品质，可以说是无价之宝。在市场经济社会里，信用已成为商家最大的品牌，是一笔巨大的无形资产。守信用已成为个人安身立命的重要资本之一。因此，父母必须以自己的言行一致来培养子女的信用意识。

六、对孩子多给予表扬和鼓励，不进行侮辱性批评

我心中的理想父母是永不对孩子失望，绝不吝惜自己的表扬和鼓励，绝不进行侮辱性批评的父母。

　　"哀莫大于心死"，父母对孩子的失望意味着真正教育的停止，而孩子对自己的失望意味着进步的停止。信任和自信是一个人不断奋发向上的动力源泉。从人的发展潜能来看，它呈正态分布曲线。天才和白痴都是少数，加起来不超过5%，而绝大部分的人（95%以上）的智力发展水平差不多都是同一水平，对于他们，每个人都有成功的希望，机遇会垂青每一个人。关键的还是每个人有没有把握机遇，有没有对自己失望。有希望才会有追求，才会有前进的动力。生活中也是如此。当一个人认为自己还可救药，还有希望苗头的时候，他才会不断努力。

　　我们培养一个人，就是培养他的自信，我们摧毁一个人，也就是摧毁他的自信。目前的教育，无论是学校教育还是家庭教育，有时就是不断摧毁自信的过程。现在很多的家长都在扮演"刽子手"的角色，好心办坏事，好心办错事，用温柔的手做非常残酷的事。有一句批评不正之风的话说得很精辟："说你行，你就行，不行也行；说不行，就不行，行也不行。"这句话用在教育上很发人深省。我曾经戏称这是"朱永新教育定律"。确实，在教育实践中，说你行了，不行的人慢慢地也就行了。很多人就是在父母、老师和领导的鼓励下不断奋发努力，最后获得成功的。说你不行，不给你使用才能以及成长锻炼的机会，自己也不努力去克服各种困难，不去锻炼与实践，慢慢地你的才能就会萎缩、退化，行也不行了。

　　在教育子女的过程中，很多父母都十分吝惜自己的表扬和鼓励，他们不知道自己的表扬和鼓励会对孩子有多大的激励作用。其实，每一个孩子都是非常在意表扬的。对于他们来说，父母的一个微笑、一个赞许、一种肯定都会激起他们非常强烈的情感，扬起他们希望的风帆。当孩子失望时，父母的一声鼓励"你行，你一定行"，会让孩子重新振作起来。只有使孩子充满自信，才会使他们在生活中不畏惧挫折。所有的孩子都有最适合他表演的舞台，所谓的差生最根本的是对自己缺乏信心，父母、老师对他缺乏信心。一旦这些学生找到了自信，他们就宛如翅膀折断后复原的小鸟，可以重新飞翔了。

　　即使是智力低下的孩子，他们同样可以找到自己的价值。22岁的智障者舟舟的智商指数只有30，仅仅相当于三四岁儿童的智力，但他却在2000年9月与世界顶级乐团波士顿交响乐团的合作演奏中表现出了惊人的指挥才能，令美国人惊叹不已。父母从他出生的那天起，就认准一个道理：孩子是无辜的，既然生下了他，就得对他负责；既然上帝对他不公平，父母就应用双倍的爱来补偿他。舟舟的智商较低，但模仿能力极强，对音乐有惊人的悟性。在他的头脑中有一种我们现在还无法理解和认识的潜能，经过父母的潜心培养，不断地鼓励和表扬，舟舟的特殊才能得到了超水平的发挥。面对一个智力障碍儿童的成功，拥有正常智力的孩子的父母还有什么理由不相信自己的孩子呢？

"赏识导致成功，抱怨导致失败。"这是一位名叫周弘的父亲的教育心得。他的女儿周婷婷年幼时又聋又哑，在父母和许多好心人的教育帮助下，不仅能说会道，还充分发挥了自己的各种潜能。1993 年被评为全国十佳少先队员，后来又成为一名大学生。面对这样的事例，做父母的又有什么感想呢？

七、善于利用各种教育情景，富有教育机智

我心中的理想父母，应该是善于学习，具有教育理性和自觉性，善于利用各种教育情景，富有教育机智的父母。

苏霍姆林斯基在《家长教育学》中提出，所有的人在拿结婚证前必须学习家长教育学，否则不发结婚证。没有接受过系统教育科学训练的父母，正如一个没领到驾驶执照的司机一样，如果匆匆上路，必然会产生不良的后果。因此，一个健全、完善的社会应该通过各种各样的手段让家长去获得必要的教育科学知识。

现在很多学校设立了"家长学校"，但对家长来讲，这种教育实际上已经晚了。因为父母在孩子进入学校之前已经从事家庭教育。如果他从孩子出生时就已懂得教育理论，就有教育的理性和自觉，就会在对孩子的教育中做到应付自如，取得良好的效果。反之，家长如果在不自觉中觉悟、摸索、尝试，等到掌握家庭教育的特点和规律，意识到要教育孩子的时候，孩子已经长大了。印度圣雄甘地很早就有了一个儿子，在青年时代，他忙于自己的个人奋斗，等意识到要好好教育儿子的时候，儿子已经长大并且彻底学坏，怎么改也改不过来了，为此他悔恨终生。由此可见，家长主动

及早地掌握全面系统的家庭教育理论，培养家长素养是十分重要的。

生活处处是教育，生活时时有教育。家长应主动提升自己的教育科学素养，把握各种教育机遇，让孩子在丰富的环境中潜移默化地接受教育，这才是最完备的教育。家庭教育和学校教育相比，具有随时性、渗透性等特点。家长不可能像学校一样开设家庭课堂，让孩子坐下来听，只是通过和大自然的接触，从游戏、吃饭、购物等日常生活中，时时处处对孩子进行教育。家长要时刻记住自己的使命，约束自己的言行，给孩子全天候、全方位的教育。

为了培养家长的教育素养，社会应该给家长提供一些适合他们阅读并富有教育理性的读物。在我国古代林林总总、丰富多彩的家教典籍中，家教的内容包括家庭教育的各个方面，如思想品德、做人做事、技艺能力、意志锻炼、民族气节等。这是一笔不可多得的教育素材，对提高现代父母的科学教育素养有很多可借鉴之处，我们应加以整理总结，并发扬光大。

八、努力配合学校、社区对孩子进行全方位教育

我心中的理想父母，应该是努力配合学校、社区对孩子进行全方位、多层次的教育，从而促使孩子健康、快乐成长的父母。

现在的家长与学校的接触和联系越来越少，传统的家访活动基本上已经没有了，这就使父母了解孩子在学校表现的机会和途径越来越少。这在相当大的程度上影响了对学生的教育成效。父母应善于主动地同学校沟通联系，既不能完全听从于老师，也不能固执己见。家长应努力成为学校、老师和孩子的"中间协调人"。如某些个性强的学生在学校中往往受到不公正的对待，对此，家长要注意采用适当的方式克服两种倾向，即偏向孩子、过多地责备老师或偏向老师、过多地责备孩子，家长应坚持从真理出发，从实事求是出发，鼓励、帮助孩子正确对待不公正待遇。家长应努力成为学校、老师帮助孩子健康成长的好帮手，共同承担起把孩子教育好的责任。

孩子是社会中正在成长的群体，他们的可塑性很强，很容易受到社会环境的影响，容易受到伤害。因此，家长应通过各种各样的途径，配合学校和社区对孩子进行教育和保护。家长可通过电话、书信、家长联络卡以

及访校等多种形式，积极参加学校组织的活动。特别是要经常主动地和班主任、任课老师联系，及时了解孩子在学校的表现，配合老师做好孩子的学习、生活和思想工作。家长也应及时反映孩子在家里的表现，从而使学校和家庭、教师和家长之间形成强大的凝聚力。此外，社区是孩子生活的场所，社区秩序的好坏，工作开展得如何，直接影响孩子的成长。家长要以主人翁的姿态积极参加社区的建设，创造出适合孩子成长的良好环境。

孩子是父母心中的太阳，是父母生活的希望。看着子女健康地成长，做父母的就感到自己的生命在延续。望子成龙、望女成凤是天下父母的共同心愿。但成为合格的父母却是子女成功的关键因素，请天下所有的父母记住这样的话："你可以不是天才，但你可以成为天才的父母。"让我们每个父母都不断努力提高自身的素养，为天才的成长插上飞翔的翅膀！

下　篇

下篇中有三篇文章是讨论教育现代化、创新教育与民族凝聚力问题的，在《光明日报》和《教育研究》发表后也产生了较大的社会反响。有许多中小学把创新教育一文翻印，教师人手一份。这些问题从本质上来说都属于教育政策的领域，教育决策者和教育操作者都应该敏锐地发现和思考。我把教育政策研究作为理论与实践的重要契合点，把理论与实践结合作为一个教育研究者与教育行政管理者的重要契合点，前者对后者的意义是毋庸赘言的。

还有对教育活动中的若干重大问题的沉思录。教育固然需要理想，需要激情、诗意与活力，但教育也需要冷静的分析与深入的思考，尤其在教育的决策过程中，更需要爬罗剔抉、条分缕析，需要海纳百川、集思广益。这样，理性的思考就会使理想的火花更加灿烂。

也有对教育未来发展趋势的分析与展望。对未来教育的研究本质上也是一种探寻教育理想的活动，只有对未来教育的发展大势有清晰的把握，才能使我们的教育活动更具理性，才能使我们的教育理想更有目标。

第十一章　教育现代化与人的现代化

现代化是 20 世纪以来尤其是第二次世界大战以来，人类经历的一场巨大的变革，是以工业化为根基，以改变经济落后面貌和实现社会持续发展为目标的席卷全球的运动。教育现代化作为现代化的重要组成部分，在 20 世纪以来尤其是 90 年代以来，受到了前所未有的重视，被认为是"推动现代文明和社会进步的原动力"。教育现代化之所以备受关注，是由于它与人的现代化、社会的现代化有着内在的逻辑关系。

一、人的现代化是社会现代化的先决条件、终极目标

现代化的根本目标是为人类创造一个温馨、美好的家园，提高人的生活质量和水平；人的现代化不仅是社会现代化的先决条件，也是现代化的终极目标。

现代化问题，至少在第二次世界大战爆发前就已有人开始注意，近些年则已成为一门系统的学问。西方现代化理论是作为主流社会科学的派生物而产生的，其研究对象是处在大变革过程中的第三世界，即发展中国家。中国的现代化也经历了长期的探索。自一百多年前康有为、梁启超领导维新运动始，中国知识分子就开始比较明确地讨论探索中国现代化的道路问题。胡适在 20 世纪 30 年代就曾指出："三十年前，主张'维新'的人即是当时主张现代化的人。"

1933 年 7 月，上海《申报月刊》2 卷 7 号发表了"中国现代化问题"特辑。1964 年，美国塔佛兹大学教授柯尔在香港中文大学做了题为"中国与日本现代化之比较"的演讲，在当时引起了广泛注意。柯尔以现代化的观

念说明近百年来中日两国的经济变迁。他认为现代化是指技术与经济的变迁，以及因此种变迁而带动的文化、社会制度和心理的变革。但当时的讨论大都在中西文化比较的层次上兜圈子，很少涉及经济，特别是人的因素。

直到 20 世纪 70 年代末，当我国全面转向以实现社会主义现代化为中心内容的新的发展轨道后，现代化理论才真正有了较大发展。在改革开放的新形势下，"现代化"更是成为一个最响亮的词，成为时代的最强音，人们也开始关注现代化的实施者——人的现代化问题。从器物现代化到制度现代化，再到人的现代化，这是近代人们对现代化的内涵和进程认识的进步和深化。

社会现代化（简称现代化）的内涵非常丰富，它包括经济、政治、生活、观念等诸方面的内容。衡量社会现代化的标准，一般可从定量与定性两个方面加以考察。从定量的角度看，主要是通过制定综合指标体系加以甄别，如 ASHA 综合评价体系、PQLI 生活质量指数、联合国人文发展指数（HDI）、联合国生活及福利水平度量体系、法国的经济福利指标体系以及英格尔斯的现代化 10 项标准等。

其中以英格尔斯的现代化 10 项标准较为通行。其主要内容为：（1）人均国民生产总值超过 3000 美元；（2）农业增加值在国民生产总值中的比重小于 12%—15%；（3）第三产业增加值在国民生产总值中的比重大于 45%；（4）非农劳动力占总就业人口的比重大于 70%；（5）识字人口占总人口的比重大于 80%；（6）受高等教育者占适龄青年的比重大于 10%—15%；（7）城镇人口占总人口的比重大于 50%；（8）平均每名医生的服务人数少于 1000 人；（9）人均预期寿命大于 70 岁；（10）人口自然增长率小于 1/1000。

有研究认为，英格尔斯的 10 项标准虽然抓住了社会现代化的主要特征和关键变量，但随着时代的发展已显得相对简单和落后。如人均国民生产总值，世界银行《1995 年世界发展报告》中按人均 695 美元、696—8626 美元和 8626 美元以上三个标准来划分低收入、中等收入和高收入的国家或地区，人均 3000 美元的数据相对较低。其他如科技进步在经济增长中的贡献率、恩格尔系数、社会保障覆盖率、贫富差距比、刑事案件发案率等，似乎也应列入指标体系之中。[1]

---

① 眭天桂：《关于现代化的定义、内涵与标准》，《群众》1996 年第 3 期。

对于现代化从定性的角度来分析，主要是把定量性指标体系理性化，上升概括为若干层面。有两种典型的分类办法。

一种是江苏省社会科学院提出的，他们以苏南为对象，把现代化的目标内涵归纳为四个方面：（1）以国民经济持续增长为动力，以工业化为核心的经济现代化；（2）以组织管理科学分层、制度创新为基点，以追求效率、秩序和民主为标志的政治现代化；（3）以社会流动加速和普遍性社会关系建立为内涵，以城市（镇）化为社会景观特质的社会结构现代化；（4）以人的生活方式、价值观念的变革为主体，以现代大众传播方式的普及为载体的文化和人的现代化。

另一种分类是一些历史学家、社会学家提出来的。他们把现代化分为物质、制度与人三个层面：物质的现代化是以国民生产总值为代表、经济数量指标为核心的现代化；制度的现代化是以政治变革和管理体制改革为核心的现代化；人的现代化则是以提高人的素质为核心的现代化。现代化的内核是人，中间层是制度，外壳是物质。一般而言，人们最关心的、首先注意到的往往是物质层面的现代化，然后由表及里，渐次关注制度与人的现代化。这是现代化的自然思维过程。以英国为代表的老牌资本主义国家和以中国为代表的一些发展中国家，选择的是这种模式。以日本为代表的新兴资本主义国家和以韩国为代表的后发达国家，则反其道而行之，采取了以人的现代化为基础，同步推进制度现代化与物质现代化的策略。这是现代化的自觉思维过程。

自然思维与自觉思维的最大差异，是将人的现代化作为社会现代化的结果，还是将人的现代化作为社会现代化的原因。事实证明，自然思维对于从资本原始积累开始现代化起点的老牌资本主义国家或许是恰当的模式，但对于当代发展中国家并不是最佳的选择。对此，英格尔斯有精辟的阐释："许多致力于实现现代化的发展中国家，正是在经历了长久的现代化阵痛和难产后，才逐渐意识到，国民的心理和精神还被牢固地锁在传统意识之中，构成了经济与社会发展的严重障碍。"他认为，一个国家可以从国外引进作为现代化最显著标志的科学技术，移植先进国家卓有成效的工业管理方式、政府机构形式、教育制度甚至是全部课程内容。他们以为把外来的先进技术播种在自己的国土上，就可跻身于现代化国家的行列之中，但他们收获的往往是失败和沮丧。

如果一个国家的人民缺乏一种能赋予这些制度和技术以真实生命力的广泛的现代心理基础，那么再完美的现代制度和管理方式，再先进的技术工艺，也会在一群传统人的手中变成废纸一堆。所以英格尔斯得出这样的结论："人的现代化是国家现代化必不可少的因素。它并不是现代化过程结束后的副产品，而是现代化制度与经济赖以长期发展并取得成功的先决条件。"[1]

其实，人的现代化并不仅仅是社会现代化的先决条件，更重要的是社会现代化的终极目标。现代化的根本目标是为人创造一个温馨、美好的家园，提高人的生活质量和生活水平。现代化的主体是人，社会现代化的过程也是逐步实现人的现代化的过程，是现代化的人推进着制度现代化和物质现代化的进程。

二、现代教育完善和发展人的现代化

现代教育激活了人的自我意识，塑造了现代人的文化素质、行为方式和人生态度，对养成人的现代性具有关键作用。

直接对人的现代化进行研究，最早始于德国社会学家马克斯·韦伯。他认为，随着近代资本主义的产生，不仅需要新的经济体系，还需要新的社会秩序、新的生活方式。由于工业革命所开始的近代生活在许多方面是与中世纪截然不同的，新的社会条件、社会生活迫切地需要造就一代社会新人，即资本主义新人。这一代新人的出现，是新的社会生活得以建立和维持的重要条件。法国经济学家让·莫内认为，现代化要先化人后化物。这种机械地分先后未必可取，但重视人的现代化思想，不能不说是一种远见卓识。

联合国开发署前署长霍夫曼曾说，发展中国家以为建立工厂就可以实现现代化，这简直是幻想。工业化首先意味着建立市场和市场信息系统。他批判了对现代化的简单理解，指出物的现代化不能孤立进行。在此问题上做过深入研究的是美国著名社会学家英格尔斯。1962—1964年，他组织一批社会学家对亚非拉六国（阿根廷、智利、印度、以色列、尼日利亚、

---

[1] 英格尔斯：《人的现代化》，殷陆君编译，四川人民出版社，1985，第4–8页。

巴基斯坦）进行了较长时间的调查，访问了 6000 多人，发表了《走向现代化》和《探讨个人现代化》等著作，对人的现代化问题提出了许多精辟的见解。

他认为，人的现代化是国家现代化必不可少的因素，它并不是现代化过程结束后的副产品，而是现代化制度与经济赖以长期发展并取得成功的先决条件。他提出了 12 条现代人应具备的品质和特征，说明现代人与传统人的区别大体上可概括为三个方面：开放性，乐于接受新事物；自主性、进取心和创造性；兼容性，对社会有信任感，能正确对待别人和自己。

我国对人的现代化的探讨比较早。严复在 19 世纪末提出的"鼓民力，开民智，新民德"的主张和梁启超在 20 世纪初提出的"新民说"，可谓开我国人的现代化研究之先河。较早涉及人的现代化问题的文章，还有林语堂于 1919 年 12 月发表的《机器与精神》一文，后又有潘光旦《工业化与人格》等文。他们批判国民性的弱点，立足于唤醒全民族每个成员意识到自己的责任，挺起民族脊梁，振奋民族精神，重铸"民族灵魂"。虽然许多思想有其局限性，但作为一种探索，仍具有较高的理论价值。新民主主义革命时期，中国共产党人虽没有直接对人的现代化做过研究，但围绕"人"这个关键因素，或从品德修养方面，或从行为规范方面，都做了精辟的论述，许多文章在今天看来仍是经典之作，如毛泽东的《为人民服务》、刘少奇的《论共产党员的修养》等。

新中国成立后，研究人的问题的论著开始丰富起来，但对人的现代化问题仍旧没有进行过系统的阐述。随着世界现代化进程的加快，人的因素日显重要，到七八十年代，许多学者开始真正把目光投向人的现代化问题。对中国人的现代化问题研究得颇为深入的当数我国台湾学者杨国枢及其弟子。他的《中国人的现代化》等论著，提出并阐发了个人现代性的具体内容。

英格尔斯、杨国枢等人关于人的现代化的调查与研究有其特定的时代背景，这决定了他们所论述的现代化人的特征与当代人对现代化人特征的分析无疑是有差别的。英格尔斯关于人的现代化的研究以发达资本主义国家为模式，而杨国枢则偏重于克服中国人的传统、保守、僵化等弊端。他们的研究成果尽管很有价值，但未必适合对当代中国人的现代化的分析。

人的现代化是比社会现代化更为复杂、更难界定的问题。关于人的现代化的研究，往往是从分析传统人与现代人的差异入手的。英格尔斯通过对智利、阿根廷、印度、以色列、尼日利亚和巴基斯坦等国的研究，揭示了传统人的十大特征：（1）害怕和恐惧革新与社会改革；（2）不信任乃至敌视新的生产方式、新的思想观念；（3）被动地接受命运；（4）盲目地服从和信赖传统的权威；（5）缺乏效率和个人效能感；（6）顺从谦卑的道德，缺乏突破陈旧方式的创造性想象和行为；（7）头脑狭隘，对不同意见和观点严加防范和迫害；（8）凡事总要以古人、圣人和传统的尺度来衡量评判，一旦与传统不符，便加以反对和诋毁；（9）对待社会公共事务漠不关心，与外界孤立隔绝，妄自尊大；（10）不重视与眼前的切实利益无明显关系的教育、学术研究等。

在此基础上，英格尔斯提出了现代人的 12 个特征：（1）准备和乐于接受自己未经历过的新的生活经验、新的思想观念和新的行为方式；（2）准备接受社会的改革和变化；（3）思路开阔，头脑开放，尊重并愿意考虑各方面的不同看法、意见；（4）注意现在与未来，守时惜时；（5）具有强烈的个人效能感，对人和社会的能力充满信心，办事讲究效率；（6）能规划自己的现在和未来；（7）寻求新知识和尊重知识；（8）信赖人类的理性力量和理性支配下的社会，信赖他人；（9）重视专门技术，有愿意根据技术水平高低来领取不同报酬的心理基础；（10）乐于让自己和后代选择离开传统所尊敬的职业，对教育的内容和传统智慧敢于挑战；（11）相互了解、尊重和自尊；（12）了解生产过程。英格尔斯为了有效地测量这些特征，还编制了一个综合现代性量表。①

另一位社会学家卡尔通过在巴西和墨西哥的调查与实证研究，也提出了现代人的若干特征：（1）为人处世积极主动，而不是消极被动，在生活的重要问题上相信事前的计划，而且有一种自觉能够实现这些计划的安全感；（2）在实行计划和目标时，依靠自己的力量，而不是信赖亲戚和别人；（3）具有个人主义倾向，不愿在自己的工作团体中过度地认同别人；（4）欢迎都市生活的刺激与机会，有足够的技巧在都市中结交朋友；（5）强调都市中社会结构的可变性，主张任何人都可能影响社会；（6）认为生活与事业上

---

① D.H.Smith & A.Inkeles, *The O.M.Scale : A Comparative Sociopsychological Measure of Individual Modernity*, Sociometry, 29（1966），PP.353-377.

的机会并不是固定不变的，即使是出身低微的人，也可能实现自己的梦想和抱负；（7）最大可能地利用大众媒介。[①]

杨国枢对于中国人的现代化问题也进行了大量研究，在揭示了中国人传统性的五项特质（遵从权威、孝亲敬祖、安分守成、宿命自保、男性优越）的基础上，提出了个人现代性的五项内容，即平权开放、独立自愿、乐观进取、尊重情感和两性平等。

所谓平权开放，是强调权力的平等，即百姓可以批评官吏、学生可以与师长辩论、子女可以同父母争论等，怀有一种开放和容忍的心态。所谓独立自愿，是指在生活与行为上独立自主，尽量少受别人的影响。所谓乐观进取，是指对社会发展持乐观态度，对周围的人和事持信任态度。所谓尊重情感，是指强调各种人际关系都应以真实的感情为主要依据，不必重视其他因素。所谓两性平等，是指男女两性在教育机会、担任职务、社会地位等方面皆应平等，夫妻双方在人格独立、外出工作、结交朋友等方面皆应平等。[②]国内学术界也有人把人的现代化归纳为文化素质现代化、行为方式现代化和人生态度现代化等方面。[③]

人的现代化过程是伴随着人的社会化过程而实现的。它受到家庭、学校、社会等诸多因素的制约，受到法律制度、大众媒介、教育水准等因素的影响，同时也是主体对这些制约与影响因素进行选择和调节的过程。在人的现代化进程中，法制和教育具有特别重要的意义。中国古代早有"学校勉其前，法禁防其后"的说法。在迈向现代化的进程中，人总有一个从他律到自律、从消极应付到积极适应的过程。

法制在规范人的行为、塑造人的文明中起着不可低估的作用。事实上，制度的现代化与人的现代化本身就是相辅相成的关系，制度的强迫性与权威性抑制着人性中天然的冲动，抑制着有悖于现代文明的行为，在这个意义上说，制度产生文明。但制度的执行与监督主体又是人，只有高素质的人才能维护制度的严肃性与权威性，才能保证在制度面前人人平等，才能

[①] J.A.Kahl，*The Measurement of Modernization：A Study of Values in Brazil and Mexico*，Austin：University of Texas Press，1968.

[②] 杨国枢编《中国人的价值观——社会科学观点》，桂冠图书公司，1993，第65–119页。

[③] 参见鲁洁《现代化·人的现代化·德育现代化》，《江苏教育研究》1997年第1期。

产生真正意义上的法制意识。这种高素质的人的产生又离不开教育的作用，所以，法制本身又要以教育作为基础。

教育对人的现代化起着更为直接的作用。英格尔斯等人的研究表明，教育水平与现代性有显著的正相关关系。在他们的调查对象中，受教育较少的人具有现代性品质的只有 13% 左右，而受教育较多的人具有现代性品质的达 49%。这说明，教育对于人的现代化有着"直接的独立的贡献"。[①]

教育，尤其是现代教育对人的现代化所起的巨大作用，是由现代教育的本质特点决定的。

首先，现代教育具有极大的人为性和明确的目的性。它按照社会对个体的基本要求，对个体发展的方向做出社会性规范，把培养现代化的人视为自己的根本任务。现代学校教育的最大特点是弥漫着科学、文化和道德规范的气息，一切活动与环境都是经过精心组织和特殊加工的，是在具有经验的教育者的指导之下进行的，活动的结果还要进行合目的的检查。这样，教育就可以排除和控制一些不良因素的影响，使年轻一代按照社会性规范的方向健康发展。

其次，现代教育具有较强的计划性和系统性。现代教育的内容是围绕上述社会性规范展开的，它不仅考虑了社会政治经济制度、生产力发展对于人才规格的需要，也考虑了知识的逻辑顺序与学生的年龄特点和接受能力，从而保证了人才培养的高质量和高效率。因此，受过现代教育的人，不仅在知识的数量、质量上，而且在接受知识的态度和能力上，往往显示出一定的优势。他们较未受过系统教育的人，在社会意识、社会责任感等方面往往也高出一筹。

最后，现代教育具有一定的终身性和开放性。现代教育强调"教育过程必须持续地贯穿在人的一生中"，强调学校教育与社会教育的一体化。这就为人的现代化提供了广阔的教育时间与空间背景。

总之，现代教育不仅在培养和塑造现代人的文化素质、行为方式、人生态度方面起着重要的社会性规范作用，而且在很大程度上激活了人的自我意识，提高了现代人的需求水平和自我教育能力，使现代人在终身化与开放化的教育氛围中不断完善和发展自己。在这个意义上我们可以说，如果没有现

---

① 英格尔斯：《人的现代化》，第 97 页。

代化教育，没有教育的现代化，也就不可能有真正意义上的人的现代化。

三、把握现代化内涵、趋势，推进教育现代化

教育现代化是以教育思想的现代化为逻辑起点展开的，涉及教育内容、教育设施、教育方法、教育队伍、教育管理及社区教育等诸多方面。

与社会现代化和人的现代化一样，教育现代化的内涵界定也是众说纷纭。根据不同的分类标准，主要有三因素说、四因素说、六因素说和七因素说。

三因素说以社会现代化的三层面为蓝本，把教育的现代化也分为物质、制度和观念的现代化。如杨东平在《教育现代化：跨世纪的伟大使命》中把教育现代化分为以下三个方面：（1）教育在数量、规模上的发展以及在办学条件、校舍、设备、技术手段、教育经费等方面的先进程度。它通常被用作社会现代化的教育指标，例如识字人口占人口总数的比例、在校大学生占适龄青年的比例、教育经费占国民生产总值的比例等。（2）教育在制度层面的现代化，即建立与现代社会政治、经济、科技、文化相适应的教育制度，包括国家的教育体制、学校的办学体制与运行机制等。（3）教育价值、教育思想、教育观念等方面的现代化，即建立与现代生活和世界文明合拍的新的教育观念、教育内容和方法，培养富于责任感和创造力的现代社会的公民。三因素说认为教育现代化的核心是教育价值、教育思想与教育观念的现代化，它是教育现代化的真正内涵和深层目标。[①]

四因素说有两种，一种是在三因素说的基础上加以知识层面的现代化，即指教育教学体系，如课程、教材、教法、学法的现代化。一种是把教育现代化的内涵界定为教育思想、教育内容、教育方法、教育制度等方面的现代化。如顾明远认为："思想现代化是先导，内容现代化是主体，制度、手段是保障。"[②]

六因素说是江苏省教委在1993年底印发的《关于在苏南地区组织实施

---

①　杨东平：《教育现代化：跨世纪的伟大使命》，《教育现代化探索》1996年第2期。

②　引自《教育现代化：观念、思路与对策》，《江苏教育研究》1996年第6期。

教育现代化工程试点的意见》中提出的。主要包括教育思想的现代化、教育发展水平的现代化、教育体系的现代化、办学条件的现代化、师资队伍的现代化和教育管理的现代化。

七因素说是江苏省教委副主任周德藩提出的。他在上述六要素的基础之上又提出了社区教育的现代化问题，认为现代化的社区教育不仅是教育现代化的应有之义，而且与其他方面的教育现代化相辅相成、相互促进，也是学校教育现代化以及培养现代化的人所不可缺少的。重视研究家庭教育，研究现代社会教育资源的开发、建设和利用，才能建设更加完整的现代化教育体系。①

我认为，从操作的便利性与可行性来说，分类不妨具体一些，细一些；而从理论研究的深刻性和系统性来说，分类可以粗略一些。下面，我们着重从操作的角度讨论一下教育现代化的内涵。

一是教育思想的现代化。教育思想主要解决对于教育若干基本问题的看法，如教育的理想与理想的教育问题，培养什么样的人与怎么培养人的问题等。教育思想的现代化是指能把握教育发展的内在规律与时代特征，树立正确的教育观与人才观，如全面发展的观念、终身教育的观念、民主平等的观念、多元化教育的观念、素质教育的观念等。教育思想的现代化是教育现代化的前提，如果没有各级各类教育领导和广大教师的教育思想的现代化，就不可能实现真正意义上的教育现代化。

二是教育内容的现代化。教育内容的现代化又称教育体系的现代化，它包括课程体系、教材内容以及与其相适应的教育方法的现代化。一般来说，课程的水平决定着学生的素质水平，课程结构决定着学生的素质结构，教育内容的现代化决定着现代化学生的素质。在当前，除了要优化学科课程、强化活动课程、开发环境课程，很重要的是建立起一套符合现代教育理念、国际化与本土化相统一的课程和教材体系。教育内容的现代化是教育现代化的核心。

三是教育设施的现代化。教育设施的现代化又称办学条件的现代化，它是指校舍设施、装备条件具有比较先进的水准，能够用现代化的信息技

① 周德藩：《跨世纪的战略选择——关于我省教育现代化工程的若干思考》，《江苏教育研究》1995 年第 4 期。

术、体能训练器械、艺术教育手段以及先进的科学实验设备、充足的图书资料来装备学校。教育设施的现代化是教育现代化的基础。图书资料是教育设施现代化不可忽视的重要方面。

四是教师队伍的现代化。教师队伍的现代化是指教师的学历层次与文化知识具有较高的水准，具备"学而不厌、诲人不倦"的敬业精神，具有追求卓越、为人师表的师德修养，具备良好的教学基本功和技能技巧。教师队伍的现代化是教育现代化的根本。教师队伍现代化的标志是从教书匠向学者型教师、教育家转变。建立起一套教师的培养、选用、进修、晋升制度以及从根本上提高教师的地位与待遇，是教师队伍现代化的关键。

五是教育管理的现代化。教育管理的现代化是指管理队伍、管理制度和管理手段三方面的现代化，即具有一支用现代化教育思想武装、具备现代化管理知识的高素质管理队伍，具备一整套现代教育管理制度，具备现代化的管理手段，从而使教育管理科学化。教育管理的现代化是教育现代化的保证。在当前，建立起符合我国国情的教育评价与激励机制，是教育管理现代化的当务之急。

教育发展水平的现代化可以视为教育管理现代化的一个方面，它又被称为教育结构的现代化，是指能形成各类教育结构、层次机构、专业结构、门类齐全、具有特色的教育体系。教育发展水平的现代化实际上是宏观教育管理的结果，同时又是教育现代化的标志之一。

六是社区教育的现代化。社区教育的现代化是指建立学校与社区的互动机制，形成"学校为主，社区协调，政府统筹，社会参与，共育人才"的全方位教育格局，达到"学生关心社区，社区关心学生；学校对社会开放，社会设施对学校开放"的境界。

上述六方面的内容是一个有机的整体，是以教育思想的现代化为逻辑起点展开的。其重中之重是教师队伍的现代化。哈佛大学前校长科南特曾经说过：学校的荣誉不在于它的校舍和人数，而在于它一代一代教师的质量。因此，教师队伍的现代化应成为各级领导在推进教育现代化时首先考虑的战略重点。作为教育现代化的突破口，则可以根据具体情况加以选择，既可以在教育设施上下功夫，也可以在教育管理上做文章，还可以在教育内容与社区教育上动脑筋。但是，无论选择什么作为突破口，都应注重整体推进、系统优化的原则，保证教育现代化的整体发展。

　　教育现代化的这些趋势对于我们在各个层面推进现代化教育有着重要的启示作用，我们应该充分认识跨世纪进程中教育现代化的历史使命，借鉴国内外教育现代化的各种经验教训，把握我国教育现代化的时代背景，积极稳妥地推进教育现代化，使教育这把"通向新世纪的钥匙"能够顺利打开 21 世纪的光明、辉煌之门。

第十二章　教育创新与创新教育

知识经济已初见端倪。知识经济的发展主要依靠新的发现、发明、研究和创新，其核心在于创新，包括知识创新和技术创新。而知识创新、技术创新以及创新人才培养的基础是教育。目前，我们的教育中有许多与知识经济的创新要求不相适应的因素，因此，实施创新教育已成为时代的要求。

一、创新教育，知识经济时代的发展要求

创新是民族进步的灵魂，是国家兴旺发达的持久动力，创新教育是知识经济对教育提出的时代要求。

科学技术从来没有像今天这样以巨大的威力和人们难以想象的速度深刻影响着人类经济和社会的发展。当我们展望 21 世纪美好前景的时候，一种全新的经济正在形成和发展，爆炸性地向全球扩张，把人类带进一个全新的时代——知识经济时代。

这种经济是以不断创新的知识为主要基础发展起来的，它依靠新的发现、发明、研究和创新，是一种知识密集型和智慧型的经济，其核心在于创新。它强调劳动者的创新素质是经济发展的主要增长因素，强调创新发明、设计以及创造性观念、理论等以创造性智慧为特征的因素能够带来经济的可持续和稳定的发展，并带来巨大的物质财富。

当前，创新能力在知识经济初见端倪的时代，已日益显露出其独特的地位和价值，这是由知识经济时代特殊的经济增长方式决定的。可以说，没有创新，知识经济主体便失去了生命力。

从宏观角度来看，在知识经济时代，创新决定着一个国家和民族的综合实力和竞争力。江泽民同志指出，创新是一个民族进步的灵魂，是国家兴旺发达的持久动力，没有创新的民族是难以自立于世界民族之林的。中华民族曾经在世界历史上创造过灿烂的文明，尤其是中国古代的四大发明，有力地显示了中华民族优秀的智慧和卓越的创新才能。

但是，到了近现代，中国的创新能力却逊色于其他一些国家。以当今世界科学界的最高奖项诺贝尔奖为例，它在很大程度上体现了一个国家和民族的科学实力和创新实力。从诺贝尔奖设立至今已经进行了一百余次评选，然而在这一百余次千余人的获奖名单中，占世界人口五分之一的中国籍公民却没有一人获科学类奖（以2009年为基准）。与此形成鲜明对比的是，杨振宁、李远哲、李政道、朱棣文等数位美籍华人却能获此殊荣。这就给我们提出了一个十分严峻而现实的问题：为什么聪明的中国人只有在外国的环境中才显示出他们更高的创新才能？而那个"我们为什么培养不出杰出人才"的"钱学森之问"更是值得我们认真探讨和深思的问题。但有一点可以肯定，我国在创新人才培养体制中存在着严重的问题，我们还缺乏适合创新人才培养的土壤，还没有形成系统有效的创新人才培养运行机制。

创新对一个国家和民族发展的意义当然不仅仅在于获得诺贝尔奖，其真正意义在于它对促进经济的发展和综合国力的增强有着决定性的影响。因此，目前许多国家都把建立国家创新体系作为政府的一项重要的战略任务来抓，如一直以"模仿"为主要特征的日本，曾极力主张用高投入来购买美国的高新技术产品生产线，立足于利用别国创新的知识来开发制造产品。虽然日本在农业经济和工业经济时代，一度奇迹般地迅速崛起，大有称霸世界之势，但是面临以知识和技术创新为主要特征的知识经济时代，由于其经济发展缺乏自身的创新机制，因而失去了稳定的基础，以致在亚洲金融危机中遭受巨大损失。因此，日本政府为迎接知识经济的到来，开始大力调整教育和科研政策及体制，决定告别"模仿时代"，大力推进"科技创新立国"。近几年，日本对科研创新投入的经费呈明显上升趋势。

日本为迎接知识经济时代所采取的这一举措应对我国有所启示。我国由于多方面原因，如投入不足以及创新体制和运行机制不尽合理等因素，使得创新能力与国家需求以及国际先进水平差距很大。因此，只有建立起符合社会主义市场经济的国家创新体系，全面提高民族的创新能力，才能提高我国的国际竞争力和在世界格局中的地位，这一点已成为人们的共识。

我们知道，创新不是凭空臆造的，它建立在知识的传播、转化和应用的基础之上，而这一切又深深扎根于教育的基础之上，无论是知识创新还是技术创新，均离不开教育对它的支撑。因此，全面增强国民的创新意识，提高创新能力，首先应从教育创新入手，大力提倡和实施创新教育，突出当代学生创新精神的培养，真正培养出与时代潮流相适应的具有创新意识和创新能力的高素质人才，进而提高整个民族的创新水平。只有这样，才可能使我国顺利过渡到知识经济时代，缩短与发达国家在知识经济发展方面的差距。

从微观角度来看，创新教育对个人良好素质和人格的形成与发展也同样具有重要作用。传统的学习是一种继承性、维持性的学习，学生通过学习获得原来已经确立起来的观念、方法和原则，以应付已知的、重复的情景，这在农业社会和工业社会还可以解决问题。然而，在即将到来的知识经济时代，文化知识、科技以及经济发展瞬息万变，思考问题的方式也与以往大有不同。人们不仅要适应原有社会的生活规律，更需要改造原有生活条件并创造新的生活条件，不断完善自我，这就需要强调创新精神、创新观念和创新行为。[1]人们也只有接受创新的教育，进行创新的学习，才能在知识经济社会中迅速地接受新知识，才能创造世界，创新生活。

哈佛大学原校长陆登庭在北京大学讲坛上讲过这样一段发人深省的话："在迈向新世纪的过程中，一种最好的教育就是有利于人们具有创新性，使人们变得更善于思考，更有追求的理想和洞察力，成为更完善、更成功的人。"[2]可以说，卓越的创新能力充分地体现了一个人发现问题、积极探索的心理取向和善于把握机会的敏锐性。创新能力绝不仅仅是一种智力特征，更是一种人格特征和精神状态以及综合素质的体现。

基于创新教育对人的发展有着极其重要的意义，1996年国际21世纪教育委员会的报告《教育——财富蕴藏其中》曾把它作为教育的最高目标："教育的任务是毫不例外地使所有人的创造才能和创造潜力都能结出丰硕的果实……这一目标比其他所有的目标都重要。"

---

① 刘大椿、刘慰然：《知识经济，中国必须回应》，中国经济出版社，1998。

② 《哈佛校长坦言挑战》，《中国教育报》1998年5月4日。

不论从国家和民族发展的角度看，还是从个人发展的角度看，实施创新教育已经显得非常迫切。虽然在历史长河中，早有创新教育的呼声，如早在 20 世纪 30 年代我国著名教育家陶行知就曾极力倡导创新教育，美国教育家杜威也曾就传统教育中缺乏创造性的弊端提出过批评，提倡创造教育，开发学生的创造性思维和能力，但是由于工业社会经济发展的特点，创造教育并未真正得到重视。

如今，我们面对第三次人类文明——知识经济的到来，创新教育在经济和社会发展中的需求已日益迫切，它要求从教育体系、教育模式、教育结构、教育方法以及教育内容等方面进行改革，对教育进行创新，切实提高受教育者的创新能力，为知识经济时代的到来，培养大批符合时代要求的人才。

二、创新教育，重在培养创新能力

创新教育根据创新原理，培养学生具有创新意识、创新思维、创新技能、创新情感和创新人格。

早在 20 世纪初，就有人提出"创新"这一概念，当时主要是经济学家从技术应用这一角度提出的。随着社会的不断发展变化，创新一词的意义也在不断扩展和深化。从字面上看，创新既包括事物发展的过程又包括事物发展的结果，包括新的发现发明、新的思想和理念、新的学说和技术以及新的方法等一切新事物。而通过创新的教育、教学活动来培养学生的创新能力，进而实现上述新事物的教育，就是创新教育。在这当中，创新能力的培养是创新教育的核心。或者说，创新教育也就是根据创新原理，以培养学生具有一定的创新意识、创新思维、创新能力以及创新个性为主要目标的教育理论和方法，使学生在牢固、系统地掌握学科知识的同时发展他们的创新能力。

创新教育的第一方面内容是创新意识的培养，也就是以推崇创新、追求创新，以创新为荣的观念和意识的培养。

只有在强烈的创新意识引导下，人们才可能产生强烈的创新动机，树立创新目标，充分发挥创新潜力和聪明才智，释放创新激情。在 20 世纪五六十年代，许多科学家都把"哥德巴赫猜想"作为攻坚的目标。我国著名的数学家陈景润当时也把这一被喻为"数学桂冠上的明珠"的"哥德巴赫猜想"作为自己的课题，正是在强烈的创新意识的鼓舞和推动下，他才投入了常人难以想象的精力和热情，取得了丰硕的成果。创新是产生于激情驱动下的自觉思维，创新思维是由于热爱、追求、奋斗和奉献所形成的精神境界高度集中，沉浸于那种环境里所产生的自觉思维。这也是联合国教科文组织的"三本护照"中的"事业心与开拓精神"和彼德·圣吉"五项修炼"中的"自我超越"境界。

创新教育的第二方面内容是创新思维的培养，它是指发明或发现一种新方式用以处理某种事物的思维过程，它要求重新组织观念，以便产生某种新的产品。

所谓"改善心智模式"（Improving Mental Models）就是指培养创新性思维。创新性思维具有五个明显的特征，即积极的求异性、敏锐的观察力、创造性的想象、独特的知识结构以及活跃的灵感。这种创新性思维保证学生能顺利解决对他们来说的新的问题，能深刻地、高水平地掌握知识，并能把这些知识广泛地迁移到学习新知识的过程中，使学习活动顺利完成。可以说，创新性思维是整个创新活动的智能结构的关键，是创新能力的核心，创新教育与教学必须着力培养这种可贵的思维品质。

创新教育的第三方面内容是创新技能的培养，它是反映创新主体行为技巧的动作能力，是在创新智能的控制和约束下形成的，属于创新性活动的工作机制。

创新性技能主要包括创新主体的信息加工能力、一般工作能力、动手能力或操作能力以及熟练掌握和运用创新技法的能力、创新成果的表达能力、表现能力及物化能力等。创新技能的培养应居于十分重要的地位，在我国的学校教育中，要加强以基本技能为中心的科学能力和科学方法的培养及训练。

创新教育的第四方面内容是创新情感和创新人格的培养。创新过程并不仅仅是纯粹的智力活动过程，它还需要以创新情感为动力，如远大的理想、坚强的信念以及强烈的创新激情等因素的作用。

创造"涵容着为推进人类文明进化而选择的崇高性、独特性兼备的创新目标，涵容着为提高人类美学价值而投入创新过程的高尚情操，涵容着为增进利他精神而尽情发挥的开拓风貌，涵容着为优化个体的创造性社会功能而认真掌握创新技巧的热情，涵容着为追求永恒的价值目标而把自我短暂的人生化为人类文明序列的磊落胸怀。"[1]在智力和创新情感双重因素的作用下，人们的创新才能才可能获得综合效应。除创新情感外，个性在创新力的形成和创新活动中也有着重要的作用，个性特点的差异一定程度上也决定着创新成就的大小。创新个性一般来说主要包括勇敢、富有幽默感、独立性强、有恒心以及一丝不苟等良好的人格特征。可以说，教育对象具有优越的创新情感和良好的个性特征是形成和发挥创新能力的底蕴。

三、创新教育，需要激发潜能、形成创新力的环境与氛围

创新教育需要社会、学校和家庭三个方面形成有利于创新的环境和氛围。

每个人都具有创新的潜能。但是要把潜在的创新力转化为现实的创新力，必须要有一个激发潜能、形成创新力的环境和氛围。只有在浓厚的社会创新氛围和有利于创新的环境中，才能实现对创新型人才的培养，这一环境和氛围主要包括社会、学校和家庭三个方面。

（一）社会与创新教育

应在全社会营造出有利创新、鼓励创新的社会风气和支持系统，包括对教育导向的宏观指导、科研创新的资金投入，以及符合时代特征的人才观的舆论导向，当然还有必要建立以教育科研为基础、科技创新为核心的国家创新体系。

首先，要正确处理好教育行政部门与学校之间的关系。在我们的教育管理体制中，教育行政部门对学校管得太宽、太死，学校缺乏一定的自主权，只能在统一规定的教育模式中运行和发展，一定程度上阻碍了学校自身创新性的发挥，不利于学校按自身特点培养创新性人才。

---

[1] 金马:《创新智慧论》，中国青年出版社，1991，代序第4页。

其次，加大对创新型人才培养的力度，还需要政府进一步加大对教育创新的资金投入。因为创新能力的培养仅有聪明和智慧是不够的，还需要有巨额的科研经费、齐备的工作设施和良好的环境条件作为支撑。如著名的贝尔实验室每年基础研究经费就有五六亿美元，开发研究经费有五六十亿美元，正是有了雄厚的经济实力做后盾，贝尔实验室才有可能产生六七位诺贝尔奖得主。

再次，政府应利用有效的舆论手段引导全社会形成对人才的正确认识，在全社会形成尊重知识、尊重人才，特别是重视知识创新和技术创新以及创新人才的社会风气，只有在这种有利于创新的社会风气中，才能促使人们求知欲的发展，激发人们的创新兴趣，鼓励新思路的开拓。

最后，还有必要通过政策及法律法规的制定来促进人们的创新激情、保护创新成果，如进一步健全知识产权法，制定创新人才培养政策和创新奖励政策等，全面推进民族创新风气的形成。

建立面向知识经济时代的国家创新体系是政府一项非常迫切的任务，也是我国创新教育能得以顺利发展的土壤。国家创新体系是由知识创新和技术创新的相关机构和组织构成的网络系统，主要由科研机构、高等院校和其他一些教育培训机构组成，其主要功能在于促进知识创新和技术创新以及知识的传播和应用，具体包括创新资源的配置、创新活动的开展、创新制度的建立以及相关基础设施的建设等。有了国家对创新工程的高度重视和正确引导，学校教育也必将在这种社会大环境的影响和支持下，把培养受教育者的创新力放在首要位置，受教育者自身也会积极主动地投入创新教育的活动中去，促使创新教育顺利有效进行。

（二）学校与创新教育

学校作为学生直接接受教育的场所，更应该创设良好的创新教育环境和氛围。一个学校的培养目标、学风、学术气氛及管理体制等都对学生创新意识的形成和创新能力的提高具有很重要的作用。传统学校教育一直以传授知识作为学校的培养目标，在以应付考试为目的的价值观支配下，教师和学生很难形成创新的意识。应试教育强调以升学为唯一的教育追求目标，使得教师和学生处于高度紧张的机械的知识传授中，严重阻碍了学生创新能力的培养。有研究显示，"心理安全"和"心理自由"是创新力形成的两个最重要的条件。因此，树立与时代潮流相适应的教育目标，形成整个学校轻松活泼的校风和人际关系，才能形成有利于学生创新能力培养的适宜的气候和土壤。所以有学者提出，把保障学生的心理安全和心理自由作为营造创新教育环境和氛围的核心。

改变传统的应试教育模式是学校实施创新教育的关键所在。应试教育在教育理念、目的、方式以及内容等许多方面都与我们当今倡导的创新教育水火不容。由于受"学而优则仕"旧思想的影响和支配，在知识、能力和素质的关系上，应试教育过于重视知识的传授，忽视对学生能力的培养，特别是创新能力的培养。在这种教育思想和观念下培养的学生，只注重对知识的记忆储存，而不注重培养综合素质和创新能力。在教与学的关系上，应试教育过分强调教师的主导性，忽视学生的主体性。教学过程中，教师向学生单向灌输知识，学生被动地学习，其主体性和积极性受到很大的抑制。

没有主动性和积极性，创新性也就失去了基础。另外，在对学生的要求上，应试教育过分强调整齐划一，忽视个体的差异性，不注重学生的个性发展，实行统一大纲、统一教材、统一考试。在这种统一的规范下，培养出来的学生的知识结构和思想也容易雷同，缺乏个性，缺少创见。

总之，这种重知识记忆、重考试而轻创新探究的旧教育模式，已经严重影响了学生主动的、生动活泼的、自由的、有鲜明个性的全面发展，远不能适应未来社会对创新人才的需求。因此，面对知识经济的到来，教育界在这几年一直呼吁建立素质教育模式，把学生从考试和升学中解放出来，以提高学生的整体素质和能力作为教育目标，在素质教育中，创新教育成为整个教育模式的灵魂，始终把创新的人格、创新的思维和创新技能的培养作为教育目标的中心。素质教育的逐步完善必将对教育的发展起到极大的促进作用。

（三）家庭与创新教育

家庭是学生不能选择也不能回避的场所，其对学生创新力的培养有着更加深厚的影响和渗透作用。适宜的家庭环境是培养子女创新力的基础和重要条件。有利创新的家庭氛围主要表现在家庭教育的目标、家庭人际关系等方面。

德国学者戈特弗里德·海纳特指出，促发创新力最重要的因素就是父母，家庭中轻松、无拘无束和活泼的气氛有助于创新活动的开展。如果子女与父母之间有着积极的交往，榜样会起到巨大的作用。子女在很小的时候就会试着想新颖的主意和使自己的行为方式独特，这一点尤其表现在他们好问的态度上。这种好问的态度由对某事的好奇心和对知识的追求所引导，前者只在假性创造力的意义上引发提问，而对知识以及深化的知识和信息的兴趣则对真正的创造力有利。

从戈特弗里德·海纳特对家庭与培养创新力关系的分析中，我们可以看出，良好的家庭环境对培养子女创新能力的作用不容忽视。

四、创新教育，需要开放、民主的实践原则

推进创新教育要坚持层次性、基础性、示范性、开放性、民主性和启发性的实践原则。

创新教育已经成为知识经济时代学校教育的主题。那么，如何卓有成效地推进和实施创新教育呢？我认为必须从以下几条原则着手。

（一）创新教育的层次性

所谓创新教育的层次性，是指针对不同层次的教育对象，要确立不同的创新教育目标，设置不同的创新教育内容和途径。具体来说，也就是针对小学、中学及大学几个不同阶段的学生的身心特点，进行适应性的创新教育。

创新意识和创新能力的培养并不是一蹴而就的，必须从幼儿和小学时期就打好基础。对儿童进行早期的创新教育，有助于培养他们的创新意识和创新精神，促使他们早日成才。对儿童的创新力的培养主要应从以下几方面着手。

一是注重培养儿童的观察力。儿童从小具有强烈的接触物体、探究物体的本能和需要，这种本能和需要是创新性思维的基础。应该利用儿童的这种需要，提高他们的观察能力。只有在观察的基础上，才能使儿童有新的发现。

二是注重保护儿童的好奇心。好奇心是科学发明的巨大动力。如果没有好奇心和求知欲，就不可能产生对社会和人类具有巨大价值的发明和创新。儿童由于知识面有限，很容易对事物表现出强烈的好奇心，并会以自己的方式去探索事物、发现问题。作为教育者，应该注意保护儿童的好奇心和探索精神，激发儿童的求知欲，这是创新力发展的基础。

三是注重保护儿童的想象力。儿童时期是想象力表现最活跃的时期，儿童的想象力是儿童探索活动和创新活动的基础，一切创新的活动都是从创新性的想象开始的。

四是注重培养儿童的动手能力。杨振宁教授指出："中国小孩在动手的兴趣和能力方面明显不如欧洲国家和美国的小孩，主要是没有动手的机会。"而只有通过一些实际的动手活动，才能使创新思维的结果物质化，同时也使他们的创新思维更符合现实，具有实际的效果。此外，还可以使他们看到自己的创新成果，体验到创新的乐趣，进一步激发他们的创新探究意识。

五是注重运用游戏的教育功能。游戏是培养儿童创新力的主要方式。通过游戏的方式可以开拓儿童的知识面，提高思维的应变能力，如儿童在"过家家""搭积木"等类的游戏中，就容易运用创新性的思维。但是许多家长和教师并没有真正重视和利用游戏在培养创新力当中的作用。我国著名的漫画家毕克官指出："孩子的游戏中，包含着太多的创造性，只可惜很多父母都大煞风景，把孩子的大部分创造性都抹杀了！"

中学阶段是培养学生创新能力的关键时期，要对学生进行正确的创新教育。中学时代是青少年智力发展的最佳时期，也是身心发展和世界观形成的最主要时期，这时应该把培养他们的创新精神放在突出的位置上。在这一阶段，创新教育的重点和方式也应符合中学生的特点。

一是要激发他们的求知欲和创新欲。广博的知识是创新能力形成的基础，而中学阶段的青少年已经具有接受大量知识的能力，因此要通过各种方式激发他们探求知识的欲望，这种欲望是促使人们进行创新性活动的重要动机，同时还要加强对他们创新意识的培养。

二是要重视中学生学习习惯和学习能力的培养。良好的学习习惯和学习能力是创新能力发展的重要保证，在建立良好的学习习惯和能力的基础上，才能使中学生高效地接受知识，并为以后进入高一级学校及进入社会打下基础。良好的学习习惯和学习能力主要包括自学、观察、思考、想象以及独创等习惯和能力。

三是要注重创新情感的培养。中学生的情感十分丰富，比如热爱、美感、羡慕等，这些都可以作为创新的动机。托尔斯泰多次从艺术的角度谈到激情在创作中的作用，他说："我们的创作没有激情是不成的，一切作品要写得好，它就应当是从作者的心灵里唱出来的。"许多教师都非常强调使中学生受到情感的强烈感染，引导他们充分发挥潜力，发挥聪明才智，释放学习和创新激情。

四是要注重中学生特殊才能和兴趣的培养。在中学阶段，学生个性特点已经发展得比较明显和突出，教师应对教育的"偏才""怪才"予以重视，根据学生情况，因势利导，因材施教，使这些学生的特殊才能和兴趣得以充分发挥，为创新性人才的培养提供良好的教育条件，历史上许多伟大的创新性人才的产生已经证明了这一点的重要性。全面发展并不意味着平衡发展，给特长生尤其是"偏才""怪才"创造宽松的教育环境，给一些特殊的政策，是培养学生创新能力不可或缺的。

五是要开展形式多样的有利于创新能力培养的课外活动。如组织科技小组、开展小发明竞赛等，使学生把理性的知识与感性的实践相结合，无疑，这对开拓创新性思维大有裨益。日本从1954年就创立了多所"星期天发明学校"，后来又创办了"少男少女发明俱乐部"等组织，学生经过学习、培训后，发明创新的效率提高了许多倍。

高等学校是我国推动知识创新和技术创新的主要力量，在高等学校进行创新教育的重要意义是不言而喻的。高等教育中进行的创新教育也要根据自身特点形成自己的特色，其中很重要的一点就是加大教科研相结合的力度，注重学生创新能力的培养。

长期以来，我们比较推崇"述而不作""坐而论道"的"传道、授业、解惑"，而对学生的创造、革新精神比较忽视，这明显与当代高校的教育功能不相适应。从世界范围来看，大多数国家在高等教育方面都十分重视教育与社会的结合、高校与产业的结合，许多国家和地区的高新技术工业园区，如美国的硅谷、日本的筑波、中国台湾的新竹等，都有几所甚至数十所大学作为技术支撑。

因此，我们必须加大高校与企业、高校与科研机构的结合力度，使学生在科研、生产的实践中，培养实际的创新能力，这不仅有利于我国科研工作的发展，同时也是面向知识经济时代培养创新人才的新型方式。当然，除注重学生直接参与科研、生产的创造活动外，还要注重大学生综合素质的培养以及创新思维和方法的训练等。

（二）创新教育的基础性

创新力并非凭空产生，它的产生和发展必须有坚实的基础，这可以从两个方面来理解：一是生理基础，二是知识基础。

从人的生理角度看，脑结构可分为左半脑和右半脑。左半脑同抽象思维、象征性关系以及对细节的逻辑分析有关，执行着抽象概括思维的功能。而右半脑则具有感性认识的优势，执行着形象思维的功能。科学研究已经表明：人的创新能力和右脑功能有着密切的关系，而只有大脑左右半球的功能得到平衡发展，两半脑的活动相互密切配合，人的创新能力才能得到高度发展。

然而，目前的教育理论和教育实践基本上都左脑化了。从小学教育到研究生教育，无论在教育内容上还是在教育方法上，都重言语思维，轻非言语思维；重抽象思维，轻形象思维。而这些被轻视或忽视了的思维形式，恰恰是创新力中十分重要的因素，是右脑的重要功能。

因此，创新教育要从人的生理潜能出发，在继续发展左脑功能的同时，注意开发右脑潜力，如重视音乐、美术、体育等。多采用直观教学，多开展一些丰富多彩的课外活动，特别是课外科技活动，使学生大脑两半球健康和谐发展，从生理基础着手，为学生的创新力发展奠定基础。这大概也是美国 37 个州免费给孩子们发音乐带，以色列让幼儿园的小朋友玩计算机的原因所在。

创新能力的形成、发展还有赖于深厚的知识底蕴为基础。没有知识，人们的正确观点就难以形成，分析问题缺乏依据，人们即使要有所发明、创新也失去了基础。从知识构成的角度看，可分为一般知识和专业知识两个层面，创新教育对这两方面都提出了很高的要求。

美国曾对 1131 位科学家的论文、成果、晋级等方面进行分析调查，发现这些人才大多数是以博取胜，很少有仅仅精通一门的专才。因此，美国主张在加强基础专业学习的同时，提倡"百科全书式"的教育。我国教育

（特别是高等教育）由于受苏联文理严格分科的影响，学生学得越来越专，越来越窄，对知识面的开拓产生了很不利的影响。

当然，在强调知识面广的同时，也要强调专业知识的深厚，培养既专精又通博的新型人才，正确处理好"博"与"约"的关系，以约驭博，一专多能，这是培养创新思维和能力的基础。

（三）创新教育的示范性

所谓示范性是指教育者应以自身的创新意识、思维以及能力等因素去感染、带动受教育者的创新力的形成和发展。在某种意义上可以说，只有创新型的教师才能实施创新教育，才能培养出创新型的学生。

有研究结果显示，创新性较强的教师比创新性较差的教师能在更大程度上培养学生的创造力。因为要使教师对学生的创新力培养比现在更好，就要求教师所采用的方法比现行的更加灵活，更具有创新性和实验性，创新性较强的教师会主动在这方面进行探索和创新，以良好的创新教育方法培养出创新能力较高的学生。

另外，教师本身所具有的创新精神也会极大地鼓舞学生的创新热情，这样，教师就有可能从自己的创新实践中发现创新能力，形成发展的规律，为创新教育提供最直接、最深刻的体验，把创新教育建立在科学的基础上，从而在教学过程中自觉地将知识传授与创新思维相结合，发现学生的创新潜能，捕捉学生创新思维的闪光点，多层次、多角度地培养学生的创新能力和创新个性。

（四）创新教育的开放性

传统教育在许多方面表现出很大的封闭性，这在一定程度上阻碍了学生创新力的培养。这里所讲的创新教育的开放性可以从以下几个方面来理解。

首先，创新教育的开放性体现在教学内容上。现行的许多课程内容明显过于陈旧，不利于学生接受新的信息，教学内容也要体现邓小平提出的"三个面向"，体现出时代性和新颖性，把新的科学研究成果和新的科学概念及时编进教材，帮助学生建立发展变化的而不是孤立静止的客观物质世界的基本概念，引导他们去探索更新的知识，培养他们的创新精神。

其次，创新教育的开放性还应体现在国际化方面。知识经济的两大特征就是知识化和全球化。在我国创新教育实施的过程中，必须强调国家间的交流与合作，充分消化和吸收世界各国先进的科技、教育和文化，为我国的创新教育打下基础。另外，还要树立国际创新意识，积极参与国际创新活动，进而拥有自己的创新成果。

此外，创新教育的开放性还表现在教育者的开放性以及教育方式和途径的开放性等方面。

（五）创新教育的民主性

创新教育的民主性原则强调教育过程中要形成有利于创新的民主氛围，如师生关系、教学环境、学生自由发展度等方面。以上论述创新教育的环境和氛围的内容中也提及了这一点，这里主要从具体的教学过程这个微观角度来论述。

传统教育强调"师道尊严""教师权威"，恰是这些观念和思想给学生创新力的发展造成了极大的阻碍。德国的戈特弗里德·海纳特提出："教师凡欲促进他的学生的创新力，就必须在他们班上倡导一种合作、社会一体的作风，这也有利于集体创新力的发挥。"在创新教育中，教师在课堂教学中应主要起组织、引导、控制以及解答作用，要改变一言堂、满堂灌的弊病，要形成以学生为中心的生动活泼的学习局面。这样容易激发学生的创新激情。托兰斯提出了培养学生创新力对教师的几项要求，即尊重与众不同的疑问，尊重与众不同的观念，给学生以不计其数的学习机会等五项民主性建议。斯坦福大学原校长卡斯帕尔教授在谈到斯坦福和硅谷的成功时，就认为宽松自由的学习环境是培养学生创新力的一个重要原因。

另外，创新教育的民主性还应体现在教师身上，在教学管理中，要改变对教师集中过多、统得过死的现象，使教师的教学活动能成为名副其实的创造性活动，这才能实现上面所讲的示范性原则。

（六）创新教育的启发性

启发性原则主要是针对创新教育中的教学方法而言。创新本身是一项自主性的活动，教师在学生创新教育过程中的主要作用在于启发和引导。

在传统的教学方法中，片面强调烦琐的练习、盲目的抄写、过多的背诵以及偏重死记硬背的考试，只注重对知识的记忆，忽视对知识的理解和消化，阻碍了学生主观能动性以及思维的发展，致使对知识的迁移能力大为降低，更谈不上创新思维和创新能力的发展。我国早在《礼记·学记》中就有："君子之教，喻也。道而弗牵，强而弗抑，开而弗达。道而弗牵则和，强而弗抑则易，开而弗达则思。和易以思，可谓善喻矣。"这里强调了注重对学生的开导和培养学生独立性的重要意义，这对当今培养创新性人才仍然有很重要的借鉴作用。只有通过启发式的教学才能调动学生的主动性、自觉性，激发积极的思维，培养分析问题和解决问题的能力，在教师的启发和引导下，自己寻找规律，使之有新的发现和创新。

以上从实施创新教育的不同侧面论述了创新教育所应遵循的原则。除以上几点之外，还有一些需要注意的地方，如改革当前以考试为中心的评价体系，采用有利于创新思维发展的现代化教学手段，等等。创新教育的实施是一项长期复杂的任务，只有在教育理论上进一步深化，在教育实践中不断完善，我国的创新教育才会日益走向成熟。

总之，创新是人类社会生生不息、永远向前的动力，是民族兴旺的不竭源泉。我们能否自立于世界民族之林，能否站在历史的潮头，能否位于科学技术的制高点，关键在于创新的能力和水平，而这一切又深深依赖于一个国家和民族创新教育能否顺利实施。在迎接知识经济的挑战中，创新教育将历史性地承担起知识和技术创新以及培养创新人才的伟大使命！

第十三章　教育与中华民族的凝聚力

在世界各国综合国力竞争日趋激烈之时，民族凝聚力逐渐被看作综合国力形成和发展的一个重要条件，它是一个国家政治稳定、经济发展和社会进步的重要保证。提升民族凝聚力的基础是教育。教育对于提高全民族的思想认识水平，形成新时期共同的民族价值观、群体意识以及富有时代气息的民族精神具有重要的作用。通过教育来提高全民族的科学文化素质，通过教育提高社会生产率，尤其是发展少数民族的教育事业，对当代中华民族凝聚力的形成具有十分突出的意义。

一、增强民族凝聚力，有利于提高综合国力

民族凝聚力是综合国力的重要内容，是国家生息繁衍、抵御侵略和兴旺发达的巨大动力以及国家强盛的重要象征。

民族凝聚力的强弱在很大程度上制约和影响着一个国家政治、经济和文化等各个方面的发展。以美国摩根索为代表的现实主义学派认为，国力要素不仅包括地理条件、自然资源、工业能力、军备状况、人口数量、外交素质和政府素质等方面，同样还体现在民族特性方面，包括民族的传统、民族的凝聚力等。上海财经大学程超泽博士在综合国力的问题上也提出：综合国力是一个开放型的动态系统，既包括国土、人口、资源、经济、科技和国防在内的"硬"参量，同样也包括战略目标、国民凝聚力等在内的"软"参量以及社会制度、政府要素和政策水平等"协同"参量。[①]

---

① 赵忆宁：《中国综合国力的跃升》，《瞭望新闻周刊》1999 年第 39 期。

　　此外，还有许多其他学者在对综合国力的分析中，都提到民族凝聚力的要素，并把这一要素置于综合国力发展指标中的重要地位。无数史实和现实也都雄辩地证明了民族凝聚力的确在综合国力发展中占据着重要的基础地位，当今世界各国综合国力的竞争在很大程度上表现在民族凝聚力的强弱方面。因此，江泽民同志在全国第三次教育工作会议的讲话中，第一次提出把民族凝聚力作为综合国力的重要组成部分的思想，提出要发挥高昂的民族精神在促进国家经济发展和社会进步中的重要作用，而且要把民族凝聚力作为国家繁衍生息、抵御侵略和兴旺发达的巨大动力以及国家强盛的重要象征。

　　中华民族是一个具有悠久历史的伟大民族，中华民族的发展史其实也是一部各民族不断融合的历史，是一部各民族团结一致、共同开创中华民族新纪元的历史。正是因为中华民族具有强大的民族凝聚力，才能不断推进中华民族发展历史的新进程。无论在过去还是在当今，中华民族的凝聚力都是中华民族不断繁荣强大的生命源泉和精神动力。

　　中华民族之所以在历史的各个阶段都能够发扬吃苦耐劳、不畏艰险的民族精神，不断丰富和发展中华民族的物质和精神文化财富，从而推动人类文明的进步；中华民族在历史发展的各个阶段之所以一直能够团结一致，反对民族分裂和国家分裂，奋起抵抗外来侵略，坚决维护中华民族的主权和独立，敢于同一切阻碍历史发展和社会进步的反动阶级、反动势力和反动社会制度进行英勇顽强的斗争，甚至以无数中华民族优秀儿女的生命作为代价，推动祖国朝着繁荣富强的方向前进……这些都是由于深厚和强大的民族凝聚力与伟大的民族精神在支撑着中华民族的思想观念和行为。这种强大的民族凝聚力是在中华民族历史的千锤百炼中逐渐形成和发展的，这种伟大的民族凝聚力在当代更是表现出特殊的地位和重要性。

　　我国是一个多民族的国家，实现社会主义现代化是各族人民的共同目标和共同事业，而要完成这一伟大的事业，必须要有各族人民的团结协作，要有一个安定团结的环境。

　　可以说，民族团结是国家安定团结的基础，各民族之间强大的凝聚力则是国家发展的动力和源泉。正是由于中华民族历来具有热爱祖国、维护统一的坚定信念和光荣传统，具有强大的向心力和民族凝聚力，这种无可比拟的优势和巨大的精神财富，才使中华民族在世界风云多变的国际环境中，仍然能够维护社会的稳定、开展治理整顿和实行改革开放政策。这是我国的综合国力在世界上逐步得到提高和发展的一个基本原因。

只要各族人民自觉维护和不断增强中华民族的民族凝聚力，世界上任何动荡和骚扰都不能撼动中华民族的钢铁长城。因此，我国在新世纪继续加强和增进中华民族的凝聚力不仅是时代的趋势和历史的潮流，也是实现中华民族在 21 世纪伟大繁荣和复兴的必要条件。

二、增强民族凝聚力，有利于促进各民族间的共识与认同

中华民族凝聚力的形成和发展，取决于中国各族人民对中华民族价值观、民族精神的共识感，对中华民族发展目标的认同感，与中华民族息息相关的命运感和各族人民同甘共苦的归属感，以及为民族利益献身的责任感和使命感。

从民族凝聚力的内涵来说，按照美国心理学家费斯廷格（L.Festinger）给团体凝聚力所下的定义，民族凝聚力应是使民族成员保持在民族集团内的合力，或是使人们集合在民族集团内的情感。确切地说，是一种使其成员对某些人比对另外一些人感到更亲近的情感。[1]从这个意义出发，我们认为，中华民族凝聚力的形成和表现应该包括以下四个方面。

首先，是中国各族人民对中华民族价值观、民族精神的共识感。民族精神是一个民族历史积淀、世代相传、不断发展的一种价值追求和精神支柱。主体在追求客体的价值属性的过程中，人们总是以特定的方式实现价值追求的目的，当这种"特定的方式"形成民族化的、相对稳定的特征时，就构成了民族文化的价值取向。[2]中华民族凝聚力的形成，归根结底是建立在共同价值观的基础之上的。没有共同的价值观，整个民族就没有共同的方向、目标和追求，就没有将中国各族人民统一起来的共同理想。当民族形成了共同的价值观，中华民族的凝聚力就有了基础；在共同的价值观的指

---

[1] 孙玉兰、徐玉良主编《民族心理学》，知识出版社，1990，第 40 页。

[2] 刁培萼主编《教育文化学》，江苏教育出版社，1992，第 121 页。

导和规范下，就会形成群体意识；群体意识愈强，则民族的凝聚力就愈强。

其次，是中国各族人民对中华民族发展目标的认同感。民族成员形成与民族发展相一致的目标认同感是增进民族凝聚力不可缺少的条件，共同的民族发展目标是号召民族凝聚力形成的一面旗帜，它会极大地激发民族成员高昂的斗志和参与目标实现过程的积极性。

在抗日战争中，"打败日本帝国主义，实现中华民族独立"的民族共同目标，曾经号召和团结了全国各族人民，形成了中华民族强大的钢铁长城，粉碎了日本帝国主义侵占中国领土的野心，实现了中华民族的主权独立。在当前，我们党提出建设有中国特色的社会主义，把我国建设成为富强、民主、文明、和谐的社会主义现代化国家作为我国各族人民的共同目标和理想。正是在共同的民族发展目标和理想的指引与号召下，中华民族的所有成员都能积极投身到社会主义现代化建设中去，形成了具有强大凝聚力的社会主义建设大军，不断开创社会主义建设的新局面。

再次，是与中华民族息息相关的命运感以及各族人民同甘共苦的归属感。中华民族具有强烈的民族自尊感，这种民族自尊感在实践中会使每个成员表现出强烈的与民族息息相关的命运感以及各族人民同甘共苦的归属感。它使每个中华民族的成员在实践中认识到，民族的兴亡和发展必然影响到民族团体中每个个体的幸福和发展，并在下意识中将民族个体与所属的民族团体融合成一个整体，为中华民族的兴衰起伏而相应地表现出或自豪喜悦或痛苦悲愤的情感体验。而且个体在与同民族团体其他成员的长期共同生活过程中，也逐渐形成一套适合特定民族生产、生活方式的语言、价值观、道德观以及自我与他人都熟悉并能互相从容地表达的行为方式。人们之间相互无猜疑、无歧视，能获得自尊。

相反，如到另一个民族团体中生活，特别是初始阶段，就会因生理、心理上的不适应而产生挫折感。[①]这时民族的归属感和共同的命运感表现得尤为强烈。这也是许多长居异国他乡的中华民族的海外游子热切盼望中华民族兴旺发达的一个重要原因。中华民族的每个成员所具有的与中华民族息息相关的命运感以及各族人民同甘共苦的归属感，应该是中华民族凝聚力形成的重要条件和标志。

---

① 孙玉兰、徐玉良主编《民族心理学》，第 113 页。

最后，中华民族凝聚力还表现在民族所有成员具有献身中华民族事业的责任感和使命感，并把这种献身民族发展的责任感和使命感付诸实际行动中。中华民族之所以能数千年绵延不绝，在今天能发展成为世界上最具活力和发展前途的民族之一，一个重要原因在于每个成员都能把民族存亡和兴衰系于己身，并通过实际的行动表现出这种责任感和使命感。范仲淹提出的"先天下之忧而忧，后天下之乐而乐"，顾炎武倡导的"国家兴亡，匹夫有责"，都反映了中华民族的优秀儿女和仁人志士心系民族的生死存亡。中华民族的发展史上有许多人为民族为国家献身的伟大壮举，是与他们所具有的民族责任感和使命感分不开的。这是形成民族凝聚力的直接动力，也是民族凝聚力形成的最现实体现。

三、增强民族凝聚力，要重视教育的作用和影响

教育对于增强中华民族凝聚力具有宣传、渗透和融合的基础作用，对于形成民族自强意识、民族复兴的责任感和民族自尊心有着重要的关键性影响。

中华民族凝聚力的形成和发展对于提高我国的综合国力，实现中华民族的伟大复兴具有重要的意义和作用。那么，推动民族凝聚力的形成和发展的基础又是什么呢？就是教育。江泽民同志在全国第三次教育工作会议的讲话中高瞻远瞩地指出："在当今世界上，综合国力的竞争，越来越表现为经济实力、国防实力和民族凝聚力的竞争，无论就其中哪一个方面实力的增强来说，教育都具有基础性的地位。"江泽民同志的这一论断，无论在历史上还是在当前的社会主义建设中都被证明了其正确性和科学性。在中华民族的历史发展进程中，教育在民族凝聚力的形成和发展中一直起着宣传、渗透和融合的作用。

我国封建社会延续了几千年，形成了一套完整的封建教育制度。从根本上说，封建教育制度是为维护封建帝王和地主阶级的统治服务的。所以，以儒家教育为代表的封建教育思想和理论，提倡三纲五常、忠君报国、不犯上作乱的封建伦理道德教育，主要是从维护封建统治出发，培养他们所需要的人才，传授"治民"之术。

但是，我们从另一个侧面也可以看到，儒家所提倡的这些教育制度和思想同时对民族的团结和稳定也具有积极的作用，对民族凝聚力的形成起到了一定的促进作用。如早在两千多年前，我国伟大的教育家孔子就集中论述了大一统的教育思想："天下有道，则礼乐征伐自天子出；天下无道，则礼乐征伐自诸侯出。自诸侯出，盖十世希不失矣。自大夫出，五世希不失矣。陪臣执国命，三世希不失矣。天下有道，则政不在大夫。天下有道，则庶人不议。"①孔子的这一思想对后来孟子的"定于一"，荀子力主的"天下为一"以及吕不韦提出的"一则治，两则乱"的民族统一思想具有很大的启发和影响，对我国古代捍卫民族独立和促进国家统一具有积极的作用。

在我国最早的教育经典名篇《学记》中也开宗明义地提出了"建国君民，教学为先"的教育思想观点。而在《大学》中提出的大学教育"八条目"中，把"齐家、治国、平天下"作为儒家教育的实践目标，这是针对秦亡后又出现天下纷争的局面，试图通过教育解决"齐家、治国、平天下"的问题。这反映了地主阶级中一些人要求结束社会动乱，以实现天下治平以及民族融合与团结的愿望。通过中国古代教育的长期熏陶，中国历史上涌现出了一大批杰出的爱国者，留下了一大批充满爱国主义情感的诗词，如岳飞的"待从头收拾旧山河，朝天阙"、文天祥的"人生自古谁无死，留取丹心照汗青"等。他们伟大的爱国壮举同时又影响和教育了一代又一代中华民族的优秀儿女，直接推动了民族凝聚力的形成和发展。

自 1840 年鸦片战争始，西方列强以坚船利炮的武力手段侵占了中国的领土，使中国社会沦为半殖民地半封建社会以后，中华民族又屡遭西方列强的洗劫，濒临亡国的危险境地。在中华民族内无民主、外无国权的背景下，一部分先进的中国人出于对国家民族强烈的责任感，出于对国家和民族命运与前途的担忧，在新的历史条件下开始探索救国救民的道路，唤起全民族的觉醒和凝聚力，以拯救中华民族于危亡之中。其中，"教育救国"思想在当时占据了主流地位。

综观中国近代教育的发展历程，无论是实学教育、维新教育、民主革命教育、洋务教育还是科学教育思潮，它们的教育理论和观点大都着眼于宏观方面，探讨如何改革中国原有的教育制度，以消除国民的愚昧，培养

---

① 《论语·季氏》。

真正的人才，把中华民族的所有儿女都团结起来，以反抗西方列强的压迫和凌辱，实现中华民族的自强自立。

如维新教育改革派著名的代表人物康有为和梁启超等，就十分重视教育的社会作用，把从事教育事业当作政治活动、救亡图存以及振兴中华民族的重要手段，力图通过教育唤醒民族，改造国家，培养维新变法和自强图新的人才。又如著名的教育救国论的代表人物严复提出，中华民族"积弱积贫"的根源在于"民智已卑，民德已薄"，如不改变这种局面，按照"物竞天择"的法则，中华民族必将成为帝国主义的奴隶。

在严复的教育思想中，发展教育是光复国家和民族的基础和首要条件，他力图通过教育来"鼓民力""开民智""新民德"，以提高中华民族的整体素质，并激发中华民族成员的爱国激情、民族自尊感、民族使命感和民族责任感。实践证明，严复的这一教育救国思想在当时中华民族凝聚力的形成过程中的确起到了很大的鼓舞作用。

此外，资产阶级革命派的许多思想家，如孙中山、邹容、陈天华等人也明确地表现出了教育救国的思想倾向，如邹容的《革命军》和陈天华的《猛回头》《警世钟》等，都是影响极大的著作。他们力图通过加强对整个中华民族炎黄子孙关于民族危机感的教育，来激发中华民族成员的民族自救的紧迫感，从而推进中华民族凝聚力的形成。

"五四运动"时期的教育更是在增强民族凝聚力的过程中起到了中坚作用。"五四运动"是20世纪初一场具有历史转折点意义的思想文化教育和改革运动，它所提出的"民主、科学"的口号把中华民族从沉睡中惊醒，对中华民族精神进行了重新的塑造，使中华民族的自我认识逐步成熟。特别是以鲁迅等人为代表的一批思想文化教育先锋战士，以锋锐的笔触痛斥了旧中国的黑暗，为中华民族的发展指明了方向，极大地激发了中华民族成员对中华民族命运发展的责任感，并由此开启了民族凝聚新高潮。

在"五四"文化精神的影响下，中国陆续出现了许多旨在唤起民族觉醒、实现民族自强的教育运动思想和思潮。如中国现代乡村教育的代表人物晏阳初，认为中华民族贫穷落后的根本原因是广大平民缺乏知识，没有合作的觉悟。因此，晏阳初提出了平民教育会的四大教育和三大方式，力图通过提高中国农民的思想文化素质，实现中华民族的凝聚和振兴。尽管他的理论被国民党所利用，但是在客观上还是对增强中华民族的民族意识和提高民族整体素质有一定的积极意义。

中华民族在近现代之所以会出现空前的民族团结和凝聚局面，一个重要原因在于通过先进思想的传播和教育，增强了中华民族成员的民族意识、民族危机感、民族自尊感和责任感，使中华民族从沉睡中惊醒，大大激发了中华民族成员的爱国热情，从而自觉自主地加入民族融聚的范围中来，真正实现了整个中华民族同呼吸、共命运的民族高度凝聚的社会精神状态。可以说，没有对中华民族成员的民族教育与宣传，以及通过教育来提高全民族的素质，这种民族自强的意识、民族复兴的责任感是难以形成的，更谈不上民族凝聚力的空前高涨。

实践证明，在当前社会主义现代化建设过程中，同样也离不开各族人民的团结和协作，教育也一如既往地在增进民族凝聚力方面发挥着重要的作用。整个中华民族的发展史就是各民族不断融合、以无可比拟的民族凝聚力战胜一切困难、开创中华民族美好未来的历史，教育则是整个民族凝聚力的一个必不可少的基本条件和催化剂。

四、增强民族凝聚力，必须加强思想教育

要增强民族凝聚力，必须加强思想教育，提高各族人民的思想认识水平，形成新时期共同的民族价值观、群体意识以及富有时代气息的民族精神。

民族凝聚力的形成需要全民族有共同的民族价值观、民族精神、民族共同的发展目标以及民族的使命感和责任感，而这些精神因素只有通过教育这一特殊的手段，才能渗透到人们的思想意识当中，尤其是通过思想政治教育这一环节。

目前，各族人民的共同理想是把我国建设成为富强、民主、文明、和谐的社会主义现代化国家，实现中华民族的伟大复兴。这一共同的民族理想与信念正是通过教育这个渠道逐步渗透到中华民族每个成员的意识之中，从而使整个民族在共同理想的指引下，克服一切困难，众志成城，创造中华民族在新时代的奇迹。

江泽民同志在充分肯定教育在当代社会主义建设中增进民族凝聚力的

重大作用时说，1998 年严重的洪涝灾害发生后，正是由于党领导和组织成千上万的军民协同作战，顽强拼搏，取得了抗洪斗争的伟大胜利，并形成了伟大的抗洪精神。这不仅是对全党和干部队伍战斗力的考验，也是对中华民族凝聚力的考验。在这样一个巨大的民族凝聚力面前，任何艰难险阻和敌人都是可以战胜的。

江泽民同志认为，那种激动人心、威武雄壮的抗洪抢险场面在任何一个西方国家都是不可能出现的，而这种巨大的民族凝聚力来自中华民族优良的传统，来自中国共产党的崇高理想和社会主义制度的优越性，来自爱国主义、集体主义、社会主义和马克思主义的教育。正确的世界观、人生观、价值观的确立，民族优良传统的发扬，共同理想和精神支柱的形成与巩固，科学文化水平的不断提高，都离不开教育工作。这些也都是我们民族凝聚力的重要基础和内容。因此，江泽民同志要求各级各类教育机构和全体教育工作者，都应该对增强包括民族凝聚力在内的综合国力承担起庄严的职责。

根据江泽民同志的讲话精神，我们在当代增进民族凝聚力的过程中，在加强思想政治教育工作方面，要着重抓好以下四个方面的思想教育。

（一）要加强爱国主义、集体主义和社会主义教育，这是思想政治教育的核心，也是民族凝聚力形成的有力保证

祖国就民族性的含义而言，是民族存在和发展的各种自然和社会文化环境的统一体。爱国主义心理的发生有其深厚的基础和独特的根源，它深深根植于人类自然情感和民族心理的培养中。通过爱国主义教育，能唤起人们对民族的归属感和自尊心，形成民族凝聚力，激发对自己民族的责任感和奉献精神。中华民族是一个具有悠久历史文明的民族，炎黄子孙祖祖辈辈在中华大地上生息繁衍，创造了灿烂的物质文明和精神文明，形成了独具特色的历史文化传统，这为我们实施爱国主义教育提供了十分难得的教材。而且，中华民族的爱国主义思想源远流长，深入人心，具有伟大的凝聚力和生命力。在过去，我们正是依靠爱国主义精神的教育，使中华民族渡过了多次危机。在当代，爱国主义教育仍是增进民族凝聚力的一个主要途径。对中华民族的所有成员宣扬爱国主义精神，对铸造民族之魂、振兴民族精神、凝聚民族力量、创立民族伟业具有重要作用，爱国主义教育是把中国各族人民凝聚在社会主义建设大业下的一面伟大旗帜，也是把各族人民的爱国

主义精神和凝聚力量转化为建设祖国和保卫祖国之行动的巨大物质力量。

早在1990年，江泽民同志就在首都青年纪念"五四"报告会上提出："在我国历史上，爱国主义从来就是动员和鼓舞人民团结奋斗的一面旗帜，是各族人民共同的精神支柱，在维护祖国统一和民族团结、抵御外来侵略和推动社会进步中，发挥了重大作用。在爱国主义精神的激励下，我们国家和民族自强不息，具有伟大的凝聚力和生命力。"因此，我们在教育工作中应充分认识到，爱国主义是一个国家、一个民族凝聚人民的重要思想基础和强大的精神动力，在当前进行思想素质教育的过程中，应当首先抓好爱国主义教育。

在加强爱国主义教育的同时，我们还要加强集体主义教育和社会主义教育，这三者是有机统一的整体。中华民族素以重视整体利益而著称于世，在传统的群体主义民族精神和民族文化观念的影响下，对于增强中华民族的凝聚力和向心力起到了相当大的促进作用，构成了中华民族凝聚力的思想渊源之一。在当代，我们要继续重视集体主义教育，使全国各族人民在市场经济条件下，坚定不移地维护集体利益和民族利益，培养全国各族人民的集体责任感和荣誉感，使中华民族这个集体成为每个成员相互依存、团结一致的凝聚体，在集体主义教育的旗帜下，激发每个成员为集体而献身的斗志，形成更加坚不可破的中华民族凝聚力。

另外，爱国主义教育和社会主义教育在本质上也是统一的。历史一再表明，社会主义既是中国人民爱国主义民族精神升华的胜利果实，也是中华民族爱国主义民族精神的现实的集中体现。[1]因此，在社会主义教育中，要树立人民对社会主义的坚定信念，使社会主义和共产主义的理想与信念成为全国各族人民的共同追求，把中华民族的所有成员凝聚在社会主义的旗帜下。这是社会主义现代化得以顺利发展的力量源泉。

（二）要加强关于中华民族优良传统和民族精神的教育，使中华民族在历史上早就形成的凝聚力在新时代愈加巩固和强大

民族优良传统和民族精神相对于社会心理和观念具有更强的凝固性和

---

① 李康平：《当代民族精神教育的传统性与时代感》，转引自朱永新主编《迈向二十一世纪的国际理解教育》，江苏教育出版社，1995。

滞变性。中华民族拥有悠久的历史和灿烂的文化，素以刻苦勤劳而著称于世，同时又是酷爱自由、富有革命传统的民族。这些优秀的民族传统和民族精神为中华民族的历史写下了灿烂的篇章。中国的历史，特别是近代以来的历史，是中华民族的一部壮烈的奋斗史和创业史，这是增进民族凝聚力教育的最好教材。通过教育，使广大青少年了解自鸦片战争 180 年多来、五四运动 100 多年来中华民族不屈不挠、抵御外敌的历史；通过由远至近、由浅入深的历史教育，熟知中华民族悠久的民族传统和精神，可以极大地激发他们的民族自豪感、归属感、责任心以及民族的使命感。

同时，通过民族传统的教育，使中华民族的所有成员了解中国共产党为中华民族的振兴以及为实现人类崇高理想而奋斗捐躯、前仆后继的英勇事绩，发扬出的众志成城、气壮山河的英勇气概，从而也会有力地增强民族成员的自尊心和向心力，坚定中华民族的发展道路和共同信念。中华民族的优良传统和精神不仅激励中华民族创造了灿烂辉煌的中华文明，在今后，它亦将成为中华民族奋发向上、团结前进的最深层次的文化动因。

（三）要加强有利于中华民族凝聚力形成的民族文化心理、民族价值观以及民族共同发展目标的教育

民族心理与阶级心理以及其他社会群众的心理一样，都是由需要、利益、观点、情感、情绪、舆论、传统等社会心理现象组成的，这些方面共同组成了一个民族的心理风貌，成为一个民族的心理综合特征。民族的心理风貌包括民族性格、民族的自我意识、民族的自豪感、民族传统、习惯和定型等。[1]而且，各个民族"在漫长的人类文化与自然界的互动过程中形成了民族文化的特色，并最终在文化心理中沉淀积累起来，组建为特定的民族心理结构"[2]。特定时代的民族文化心理结构是由特定的社会心理、文化观念与民族精神构成的，因此任何国家都强调民族文化心理的归属性。民族心理和民族文化是民族凝聚力形成的底蕴和重要条件，而这一切基本上也都是要通过教育的途径来实施民族文化和心理的传递与渗透。如在日

---

① 苏共中央直属社会科学院心理学和教育学教研组：《党的工作中的社会心理和教育学》，史民德、何得霖译，广西人民出版社，1986，第 69 页。

② 刁培萼主编《教育文化学》，江苏教育出版社，1992，第 108 页。

本的课堂中就充溢着"大和魂"或"日本精神"的文化意识，努力表现求合作、共存亡的民族人格特征。美国课堂中则特别强调美利坚合众国公民的自豪精神，大有世界公民或世界主人之气度。中华民族作为世界上具有重要地位的一个伟大民族，其民族文化心理更是源远流长，也正是在中华民族坚固的民族文化心理的共同作用下，使得中华民族的各族人民极易形成共同的价值取向和共同的信念。在社会主义建设的新时期，要继续发挥教育在民族文化心理形成中的传递和渗透作用，使中华民族凝聚力的发展具有更为扎实的底蕴和基础。

日本的思想家中村元在《比较思想论》一书中指出："中国人是一个伟大的国民，其文化将作为中国精神流传下来，如果抛弃了自己历史悠久的文化基础，中国早就停步不前了，也就会永远丧失自己的文化。中国的改革必须立足于中国自身的文化，而这种文化是世界文明的一部分。中国不能蹈袭西方文明的方法来进行改革，如果想抛开自己的文化基础，去实现西方化，中国必然会崩溃消亡。"[1]这是值得我们认真注意的一个论点。

我国传统文化的逻辑起点是"社会本位"的价值标准，而西方现代文化的逻辑起点是天赋人权的"个人本位"价值标准。应该说，封建官僚所倡导的"社会本位"民族心理文化在目的和本质上与当代的"社会本位"观点有着根本的区别，但是从另一个方面来看，中华民族在历史上所形成的这种民族文化心理对于当代的民族融合和凝聚心理有着十分重要的影响。因此，为了充分发挥民族文化和民族心理在民族凝聚中的作用，应该通过各级各类教育机构采取各种教育形式，有组织、有规模、持久地为创造和传递一定的民族文化和心理而努力，这是民族根本的生存条件，也是它得到发展的社会前提。

（四）要加强对中国各族人民的国情教育，这是形成民族共识、增进民族凝聚力的重要环节

在国情教育的内容中，尤其要强调资源、环境和人口等知识的教育，使青少年对人口、环境、资源等基本国情有一个清晰的认识。另外，通过国情知识的传授，使每个成员在理解自己民族的历史和现状的基础上，还

---

① 中村元:《比较思想论》，吴震译，浙江人民出版社，1987，第38页。

要理解作为中华民族的子孙所应具有的民族责任感和使命感，增强他们的民族意识，提高他们的民族精神，使民族自尊心、自信心、自强意识和民族自豪感在中华民族的每个成员身上得到统一和体现，形成强大的民族凝聚力。激励每个成员为中华民族的可持续发展而共同努力。可以说，国情教育的成功与否在一定程度上关系到中华民族能否在 21 世纪屹立于世界强国之林。

需要指出的是，我们在进行以上几方面思想教育的时候，应把教育的内容渗透到社会教育、学校教育以及家庭教育中，而且针对不同的教育对象，要注意恰当的教育方式。如在学校教育系统中，大、中、小学生在思想教育的教材、方法等方面均应有所区别。思想教育的内容也并不是局限在思想政治课堂中，任何学科或活动中都可以渗透以上内容的教育。

另外，我们实施中华民族爱国主义、民族价值观、民族精神以及国情等教育，并不是否认教育的国际化原则；我们通过教育来增进民族凝聚力，并不意味着教育的内容就限制在介绍我国的素材之中，而必须通过对其他国家和民族社会发展的认识，通过学习发达国家的先进经验和其他民族的民族精神，来促进中华民族成员的民族责任感和紧迫感，这在增进民族凝聚力的过程中可以取得异曲同工的效果。

五、增强民族凝聚力，必须发挥教育提高全民素质的作用

要增强民族凝聚力，必须努力发挥教育在提高全民族科学文化的整体素质以及人才培养中的作用，促进良好社会风尚、社会道德的形成，推进精神文明的全面进步，为增进民族凝聚力创设良好的人力基础和社会环境。

民族凝聚力的形成是中国各族人民自觉自动的行为和意识，民族凝聚力能否形成和民族凝聚力的强弱在很大程度上取决于整个中华民族成员的整体综合素质，其中科学文化素质是所有素质的基础。列宁同志曾指出，在一个文盲充斥的国家里是建不成社会主义的。同样，一个文盲众多、科学文化水平低下的民族，也很难使民族的成员自觉形成民族的责任感和使命感，民族凝聚力的形成也就缺少必要的条件和基础。

　　科学文化教育在人们思想观念形成和更新方面有着重要的影响力。在现代社会中，人们的教育水平直接决定着其价值观的形成以及生活方式的选择等，从而影响到民族文化、民族精神以及民族整体文明的发展程度。因此，我们要充分重视教育在提高全民族科学文化素质方面的重要作用，有必要利用各种教育途径，向所有的民族成员传播一定的自然科学和社会科学知识，使全民族成员在掌握一定的科学文化的基础上，从更深层次上认识到自我和民族发展的关系，才能自觉地选择自我发展、自我完善与民族进步相结合的道路。在这种意义上所形成的民族凝聚力则更具有持久性、坚固性和广泛性。

　　同时，通过文明、科学、健康的知识和信息充实人们的心灵，对于优化社会道德风范，创设积极昂扬的文化氛围，传播和扩散现代文明，使人们从中受到潜移默化的教育，促进良好的社会环境具有直接的影响作用，会使整个社会呈现出高度文明的发展水平。整个民族的成员在这样一个文明和谐的社会氛围中便会自发产生强烈的民族归属感和民族自豪感，从而极大地推进民族凝聚力的发展。

　　另外，通过教育不仅可以提高民族的整体文化素质，而且还可以培养一批高精尖的创新型人才，提高中华民族在世界中的地位，扩大影响。这也会极大地增强中华民族所有成员的民族自信心和自豪感，对民族凝聚力的形成也有直接或间接的推动作用。然而，当代中国虽然人口众多，占据了世界人口的四分之一，但是在科学技术方面做出一流贡献并有世界影响的杰出人才却相对较少。这在一定程度上影响了民族的自信心和自豪感，对民族凝聚力的形成和发展也有一定影响。所以，邓小平同志曾指出："一个 10 亿人口的大国，教育搞上去了，人才资源的巨大优势是任何一个国家比不了的，有了人才优势，再加上先进的社会主义制度，我们的目标就有把握达到。"[1]邓小平同志的这一精辟论述，应该对我们当今如何利用教育来增进民族凝聚力的问题有很大的启发和指导意义。

---

[1]　摘自邓小平同志在 1985 年 5 月全国教育工作会议上的讲话。

六、增强民族凝聚力，必须提高教育促进生产力发展的作用

要增强民族凝聚力，必须进一步发挥教育在促进生产力发展过程中的重要作用，提高综合国力和全国各族人民的生活水平；必须大力发展少数民族的教育事业，整体上提高少数民族的综合素质。

民族凝聚力是物质积累和精神积累双重因素共同作用的结果。一个国家经济发展的好坏，直接关系到其成员的切身利益。当国家经济实力增强时，整个民族成员的生活质量和水平就能得到保障和提高。这是增进民族成员对民族和国家的认同感和归属感的第一要素。

在特殊的时代背景下，民族的落后与贫穷可能会激发起民族成员的积极进取心和凝聚力，但是在当今和平的社会环境中，很难想象贫穷落后的民族能对民族成员拥有强大的凝聚力量。教育在发展社会经济的过程中有着巨大的推动作用，从而对增进民族的凝聚力产生间接的影响。

邓小平同志曾指出"教育是一个民族最根本的事业，四化建设的实现要靠知识、靠人才"，强调了科技是第一生产力，教育是基础的思想。美国经济学家丹尼森曾就教育对美国经济增长的作用进行过专门的计算，根据他的计算，美国在 1929—1957 年间，国民经济增长的 21% 应归功于教育。在 1909—1929 年间，物力资本对经济增长的贡献还几乎是学校教育贡献的 2 倍，但是在 1929—1957 年间，学校教育的贡献却已超过了物力资本。[①]

苏联科学院院士斯特鲁米林也曾对此问题做过计算，提出苏联国民收入的增加部分，其中 30% 是教育的贡献。这些都充分表明，教育具有巨大的经济效益，是推进生产力发展和综合国力提升的基础。特别是面临 21 世纪知识经济时代的到来，国家和民族的经济发展与腾飞更加依赖于教育的发展。

因此，在通过增强民族经济实力的途径来增进民族凝聚力的过程中，教育的作用十分明显和巨大。英国教育经济学家约翰·希恩认为，教育的

---

① 西奥多·W.舒尔茨：《教育的经济价值》，曹延亭译，吉林人民出版社，1982，第 70 页。

经济效益有的直接，有的间接，有的有形，有的无形，其中他指出的一点就是，教育不仅能带来生产率的提高，而且"教育还会带来许多属于社会性和经济性的好处，增进社会团结和稳定，从而提升生产效率"②。因此，必须进一步加大教育的投入，落实"科教兴国"的战略。

我国是一个统一的多民族国家，其中有 55 个少数民族，其民族区域自治地方的面积占全国国土的 64%，人口约有九千多万。由于复杂的社会历史原因，少数民族大部分居住在我国的边疆，地处国防要冲。据统计，我国陆地边境有 2.28 万公里，同 14 个国家接壤的边境县，绝大部分是少数民族杂居或聚居区，有许多民族甚至是跨境而居。再加上一些少数民族在族源、语言、风俗、习惯以及宗教信仰等方面与邻近国家的某些民族彼此相通，有着长期复杂的历史社会联系，这就使得我国的许多少数民族肩负着发展与邻国的友好关系以及抵御外来侵略、保卫祖国边疆的双重任务。①

因此，少数民族在整个中华民族中占有非常重要的地位，少数民族之间以及少数民族与汉族之间能否形成强大的凝聚力，对中华民族的发展具有十分关键的重要影响。既然教育在民族凝聚力的形成过程中起着十分重要的基础性作用，那么大力发展少数民族的教育事业应该是实现整个中华民族融合和凝聚的必然要求和趋势。

在少数民族的教育中，首先要加强少数民族人民的爱国主义教育，使少数民族的人民逐步树立起马克思主义的民族观，正确认识和对待我国各民族和整个中华民族的形成与发展，深刻地认识到我国是具有悠久历史的文明古国，是各族人民团结友爱的大家庭。使少数民族的人民在思想意识中，能真正达到如费孝通所提出的"同一民族的人感觉到大家是同属于一个人们共同体的自己人"的思想境界，坚定地树立起中华民族大家庭的统一的国家观念和强烈的中华民族意识、民族自信心、民族自豪感以及民族责任感和使命感，消除地方狭隘民族主义的影响。发展少数民族的教育事业，要努力普及民族教育中的文化教育，提高少数民族地区的教育质量，整体上提高少数民族的综合素质，进而带动少数民族地区的经济发展和社会进步。

---

① 约翰·希恩:《教育经济学》，郑伊雍译，教育科学出版社，1981，第 46 页。

② 王逢贤主编《中小学生爱国主义共产主义教育引论》，教育科学出版社，1987，第 332 页。

少数民族的教育是整个国家教育事业的重要组成部分，它和全国其他地区的教育是相互依存和相互制约的关系。整个国家的教育发展离不开民族教育的发展，民族教育的发展也离不开整个国家的教育发展，两者发展的一致与协调是对增强民族凝聚力的必然要求。

环顾世界，展望未来，在世界各国综合国力竞争日趋激烈之时，民族凝聚力在国际竞争中的地位和作用日益显露。江泽民同志在全国第三次教育工作会议上关于教育与民族凝聚力的讲话已为我们在 21 世纪如何增强中华民族的凝聚力指明了方向。我们必须高举"科教兴国"的伟大旗帜，发扬中华民族悠久的教育传统，充分利用各级各类的教育机构和形式，把中华民族所有成员团结起来，凝聚成一股任何力量都不可阻挡的时代激流，为实现中华民族在 21 世纪的伟大复兴而共同努力！

第十四章　科学发展观与中国教育改革

没有教育的科学发展，就没有人的科学发展，就没有科学发展的社会，也就不能实现以人为本和促进人的全面发展的社会发展终极目标。科学发展观的意义不仅在于纠偏经济社会发展中唯 GDP 增长的倾向，作为一种分析问题、解决问题的思路和策略，科学发展观对未来中国教育改革和发展也具有重要的指导意义。

一、经济社会发展，需要教育的科学发展

科学发展观的实现依赖于教育，教育树立和实现科学发展观将是整个社会实现科学发展的前提和基础。

中国共产党十六届三中全会提出："坚持以人为本，树立全面、协调、可持续的科学发展观，促进经济社会和人的全面发展。"坚持"统筹城乡发展、统筹区域发展、统筹经济社会发展、统筹人与自然和谐发展、统筹国内发展与对外开放的要求"。中共十七大报告又明确指出："科学发展观，是对党的三代中央领导集体关于发展的重要思想的继承和发展，是马克思主义关于发展的世界观和方法论的集中体现，是同马克思列宁主义、毛泽东思想、邓小平理论和'三个代表'重要思想既一脉相承又与时俱进的科学理论，是我国经济社会发展的重要指导方针，是发展中国特色社会主义必须坚持和贯彻的重大战略思想。"[1]

---

[1] 《高举中国特色社会主义伟大旗帜，为夺取全面建设小康社会新胜利而奋斗》，《人民日报》2007年10月25日。

教育与科学发展观的关系非常密切。第一，一个国家的教育发展状况，如义务教育的普及程度、人均受教育年限、公共教育经费投入的比率、区域教育的发展状况等最能体现一个社会全面、协调和可持续发展的程度。教育是一项社会公共事业，是社会和谐发展和可持续发展的基础，事实上，落实科学发展观的一个重要方面就是要协调和统筹经济与教育的发展。十六大以来，国家出台的系列政策如免费城乡义务教育、免费师范教育都是为实践科学发展观所做出的努力。

第二，科学发展观的重点、难点在教育上。我国人力资本（技术进步）对经济增长的贡献率只占35%左右，远低于发达国家75%的水平。例如2003年，我们消耗了全世界钢铁的26%、石油的30%、水泥的60%，才创造了全世界GDP的4%。这与我们的教育尤其是职业教育发展滞后的状况有密切的关系。教育到底是"以人为本"还是"以考为本"？是全面、协调、可持续发展，还是片面、失调、不可持续地发展？是统筹兼顾还是顾此失彼？这都是亟待科学发展观予以明确的关于教育发展的根本思路和观念问题。

第三，中国教育存在的许多问题必须在科学发展观的指导下才能得到真正的解决。从目前的情况来看，我们不仅要解决教育自身存在的非科学发展的问题，同时还要通过教育来促进全社会科学发展观的整体实现。作为全社会的一个先导性、基础性部门，教育要为社会各行业各系统提供智力支持，培养专业人才，传播先进的社会理念，为人的全面发展提供基本的保障。

因此，从这一角度来说，科学发展观的实现首先依赖于教育。诺贝尔奖获得者、经济学家阿马蒂亚·森认为，发展不能单纯理解为工业化或居民收入的增加，而应当是一个拓展自由的过程。而教育对于拓展人类自由、提高生活质量具有重大意义。教育状况将影响个人赖以享受更好生活的实质自由。教育发展尤其是基础教育的发展有利于消除贫困和贫富差距。[1]从一定角度说，教育树立和实现科学发展观将是整个社会实现科学发展的前提和基础。我们认为，这样讲并不过分。因为教育经过这些年的大发展（如高等教育的扩招、义务教育的普及）之后，确实需要科学发展观思想的再

① 阿马蒂亚·森：《以自由看待发展》，任赜、于真译，中国人民大学出版社，2002，第2页。

反思，以引领未来中国教育改革和发展以及整个社会发展的方向。

二、教育发展不平衡，难以满足社会发展的需要

当前教育发展中的突出问题主要表现为教育的区域性发展不平衡、城乡发展不平衡和群体发展不平衡。

改革开放以来，我国教育取得了举世瞩目的伟大成就。2000 年如期实现"两基"目标，高等教育超常规迅猛发展；教育为国家经济及社会发展输送了大量人才，为改革开放和各项事业提供了有力的支持。但是，"近年来我国教育的大发展、大改革，使新旧矛盾相对集中，新情况、新问题不断涌现，成绩背后存在着一些隐患"[1]。与科学发展观相比较，非科学发展的教育现象和倾向还很严重，无论在宏观层面还是微观层面上都可以看到这种迹象。这突出表现在教育发展的不平衡上。

从社会宏观系统看教育子系统，教育发展不平衡的程度远远大于经济社会发展的不平衡，并制约经济社会的全面、协调、可持续发展。这主要表现在三个方面。

一是教育发展的区域性不平衡。中西部教育落后于东部教育。袁振国教授的课题组调查表明：东、西部生均预算内教育事业费的差距，小学教育从 1996 年的 3.5 倍扩大到 2002 年的 3.85 倍，普通初中教育从 1996 年的 3 倍扩大到 2002 年的 3.39 倍，高中教育从 1996 年的 2.8 倍扩大到 2002 年的 2.92 倍。[2]由于投入不足，中、西部教育在教育发展水平、"两基"普及、师资力量、校舍建设以及家庭教育支出等方面都落后于东部。比如 2003 年，上海小学生的生均教育经费是 3715 元，为贵州 418 元的 8.89 倍。教育发展的区域差距导致区域之间劳动力素质的差距，并进而加剧区域性经济和社会发展的不平衡。

二是教育的城乡发展不平衡。从城乡对比来看，长期以来全国预算教

---

① 陈至立：《教育也要可持续发展》，中国教育和科研计算机网 http://www.edu.cn/20020108/3016699.shtml。

② 刘好光：《东部与西部、城市与乡村经济与教育差距在进一步加大》，《中国教育报》2004 年 3 月 6 日。

育经费约 60% 用于义务教育，其中投入农村义务教育的只有 35% 左右。[①]
教育存在明显的城乡"二元结构"：有的城市学校，宽带插口装到了每张课
桌；有的农村学校，孩子还得以沙地当纸、树枝为笔。有的城市学校，铺着
塑胶跑道的运动场不止一个；有的农村学校，连一个可供学生玩的篮球也拿
不出。有的城市学校，投资动辄数亿元；有的农村学校，连粉笔也得一根根
地数着用。有的城市学校，搁到欧美也堪称一流；有的农村学校，拿到非
洲恐怕也算差。[②]城乡教育差异特别是基础教育的不平衡，直接损害教育
公平——让部分乡村儿童输在起跑线上，同时导致教育内部结构系统的矛
盾冲突，比如家庭条件稍好的农村孩子拥往城市学校，优秀师资派往城市
学校，致使乡村学校和教育呈现出凋敝的景象以及乡村文化的缺失。新农
村建设进程中，社会虽然关注到了这一问题，将乡村教育和文化发展纳为
社会统筹发展和重点扶持的对象，但这才刚刚开始，历史遗留下来的发展
问题，亟待在发展中得到更多的关注。一些深层次的问题，比如我们是否
真正把握住了乡村教育的实质，在何种程度上真正接近了乡村教育本身等，
还值得深思自问。[③]

三是教育的群体发展不平衡。社会不同群体拥有的教育资源差距明显。
相对来说，弱势群体接受优质教育的机会比较少，尤其是城市的外来民工
子女、城市贫困家庭子女、农村的女童、特殊教育系统的残疾和智力障碍
人群等，在教育上处于相对不利的地位。美国哲学家罗尔斯对社会福利做
过描述：社会福利是社会中处境最差的人决定的，只有当社会中最差的人的
处境得到改善时，社会福利才会增长。或者说，一个公正社会的决定性标
准在于生活中处境最差的那些人的位置如何。事实上，社会文明发展不是
看少数群体享受了多少社会成果特别是教育发展的成果，更重要的是看社
会大多数群体特别是弱势群体所能享受到的福祉。科学发展观提出的"以
人为本""教育为人民服务"就是要使教育惠及更广大的人民群众。

从教育子系统内部情况来看，教育发展的不平衡表现在教育的结构、
目标、学科类别和价值取向上。

---

① 中央教育科学研究所编《2001 年中国基础教育发展研究报告》，教育科学出版社，2002，第 121 页。

② 慕毅飞：《教育公平呼吁限定最高办学标准》，《中国青年报》2004 年 2 月 25 日。

③ 刘铁芳：《乡土的逃离与回归》，福建教育出版社，2008，第 15 页。

一是教育的内部结构不合理，发展不平衡。公立教育和民办教育，正规教育和非正规、非学历教育的发展不够协调，中等以上教育中的各类教育比例不合理。根据教育部发布的统计数据，2009 年全国共有各级各类民办学校（教育机构）10.65 万所（不含民办培训机构 1.93 万所），各类学历教育在校学生达 3065.39 万人。其中，民办幼儿园 89304 所，在园儿童 1134.17 万人；民办普通小学 5496 所，在校生 502.88 万人；民办普通初中 4331 所，在校生 433.89 万人；民办普通高中 2670 所，在校生 230.13 万人；民办中等职业学校 3198 所，在校生 318.1 万人；民办高校 658 所（含独立学院 322 所），在校生 446.14 万人。[①]民办教育在整个教育事业发展中发挥着越来越大的作用，但民办教育事实上没有获得与公办教育同等的法律地位。《民办教育促进法》出台以后，虽然在法律文本上承认了民办教育与公办教育之间的平等法律地位，但作为其具体内涵的民办学校与公办学校之间、民办学校教师与公办学校教师之间、民办学校学生与公办学校学生之间的平等法律地位的规定，在政府的政策实践中还远远没有得到认真的落实。有相当一部分政府决策部门仍然把民办教育看成是公办教育的补充，是政府财力不足时解决教育供需矛盾的权宜之计，民办教育在其发展中还面临种种阻挠和不平等对待。此外，我国高等教育都力求向学术一条线上靠，研究型、研究与教学相结合型、教学型大学以及培训型学院之间也缺乏合理层次结构。同时，我国重高等教育轻基础教育，重普通教育轻职业教育，重正规学历教育轻非正规非学历教育的情况比较突出。而中等职业教育包括职高、技校等受到种种偏见影响，事实上与普通高中教育难以并驾齐驱。

二是在教育目标上发展不平衡，重成才轻成人。我们的教育只关注学生成名成家、成为某领域的专门之材，而忽视如何做人；关注考试分数，忽视品德、心理等综合素质的培养，学生在科学与人文、知识与道德、智能和情感等方面得不到全面、协调发展；营利成了办学的重要目的，使培养人的教育活动被异化成为一种功利性的经济行为。在教育的途径上，课堂教学成为唯一的教育教学途径，学生被严密的课堂时间隔离在丰富多彩的社会生活和社会实践活动之外。在教育对象上，有望升学的"好学生"备

---

① 《2009 年全国教育事业发展统计公报》，见教育部网站，2010 年 8 月 4 日。

受关注，考试分数平平的成为"陪读生"，分数差的遭受歧视。因此，如何使我们的教育面向所有的人、所有不同资质的学生，使人的理性与非理性、科学与人文、知识和品德、智力与人格、个性和潜能、精神与文化等方面获得全面发展，是树立和落实教育科学发展观必须认真思考的问题。

三是文科与理科发展不平衡，重视理科、轻视甚至歧视文科已经成为影响人文精神发展的直接原因。中学过早地文理分科，使大部分优秀的学生选择理科，选择文科有相当一部分是学不好理科的学生的无奈行为。因此，从高中开始，理科学生基本上不再学习历史、地理，不再阅读经典的文学名著，这直接影响到他们人文素质的提高。同时，文科学生也从此告别自然科学，不再学习物理、化学、生物，他们的科学态度与科学精神的形成，当然也会受到非常直接的影响。这对于中国人文社会科学的发展是一个毁灭性的打击。

此外，整个教育中存在的"以考为本"教育取向，在很大程度上使教育丧失了满足人的发展需要、促进人的全面发展的本性，使"以人为本"的科学发展观难以真正落实到教育上来。现在的教育往往以考试为中心，目中无人，不把人当人，已经成为现代考试制度的突出特点。考试的选拔功能，使中国的教育不断增加难度，学习的内容越来越艰深。大多数学生感觉学习困难，许多农村学生和他们的父母认为学习内容对于今后的生活根本没有用处，许多城市的学生和他们的父母也认为自己孩子学习的东西一辈子派不上用场。一考定终身，为了好的分数可以不择手段地竞争，学校的高低贵贱也是在考试分数面前排队。由此带来的问题是，教育系统内部功能和重心有偏狭，致使教育不能满足人民的需要，也难以满足社会发展的需要。

三、教育科学发展，才能办好人民满意的教育

办好人民满意的教育，既是全社会的一项重要任务，也是政府对人民的承诺。

十七大报告对教育提出新的要求："现代国民教育体系更加完善，终身教育体系基本形成，全民受教育程度和创新人才培养水平明显提高"，并在

加快推进以改善民生为重点的社会建设中提出"优先发展教育，建设人力资源强国"，要求"办好人民满意的教育"。①温家宝同志在 2008 年政府工作报告中明确提出："没有全民教育的普及和提高，便没有国家现代化的未来。要让孩子们上好学，办好人民满意的教育，提高全民族的素质"，把"办好人民满意的教育"作为全社会的一项重要任务，也作为本届政府对人民的承诺。

办好人民满意的教育集中反映了广大人民群众对提高教育质量、改善教育结构、调整教育布局和扩大优质教育资源的迫切期盼。办人民满意的教育不能回避两个基本问题：一是什么样的教育才是人民满意的教育；二是怎样办人民满意的教育。科学发展观的重要思想为确定人民满意教育的基本特征提供了核心的标准和取舍原则。人民满意的教育不是一个静止不变的概念，而是在实践中不断生成、发展和完善的。或许没有最好的教育，只有更好和更满意的教育，但可以描述为科学发展观指导下的人民满意的教育的一个基本特征或基本要求。对此，我非常赞同傅维利对人民满意的教育所做的描述，即人民满意的教育应当能越来越充分地满足广大人民群众日益增长的教育需求；能统筹兼顾人民的长远利益和眼前利益的关系；能充分体现公平和民众参与的精神；能保证各个层次和各种类型的教育全面、协调、可持续发展。②同时，人民满意的教育的本质体现还应当是素质教育的实施和推进。

第一，人民满意的教育应当越来越充分地满足广大人民群众日益增长的教育需求。当今时代，教育已经成为增强国力和实现个人素质全面发展的基础动力。世界各国特别是发展中国家对教育的需求一直保持着快速增长的趋势。在我国改革开放后的 30 年时间里，我们明显感受到了这一趋势。比如：人们对高等教育的迫切需求迫使我国的高等教育从 20 世纪 90 年代末进入超高速发展时期；人们越来越多地向基础教育提出了公平享受优质教育资源的强烈诉求；学习型社会和终身教育已经开始成为社会关注的热点问题。这些都向新世纪的教育改革发展提出了新的要求。因此，要想办出

---

① 《高举中国特色社会主义伟大旗帜，为夺取全面建设小康社会新胜利而奋斗》，《人民日报》2007年 10 月 25 日。

② 傅维利：《科学发展观视域下的人民满意的教育》，《中国教育学刊》2008 年第 1 期。

人民满意的教育，我们就必须十分关注人民群众教育需求的这种变化趋势，把扩充优质教育资源、增加个性化教育资源和发展学习型社会、推进终身教育作为推进教育发展的基本战略目标。

第二，人民满意的教育应当统筹兼顾人民的长远利益和眼前利益的关系。办人民满意的教育，一方面要切实关注人民群众的教育要求，满足人民当下对教育的需要。另一方面，还要引导人民群众对教育的正确需求，而不是一味地迎合学生和家长的一切需求。这就要求教育应当统筹兼顾人民的长远利益和眼前利益。因为单个人的要求一般更倾向于体现个人对眼前利益的追求，而忽视国家利益和长远利益的实现。事实上，绝大多数学生和学生家长对教育目标和规律的把握是直观甚至肤浅的，简单顺应学生和学生家长的要求，并不能保证教育按照其规律所约定的路线行进。如果屈从学生家长对教育的不合理要求，就很容易使教育越来越偏离健康运行的轨道，最终对学生的身心发展和人民群众的长远利益和根本利益造成巨大损害。长期以来，学校教育难以抗拒分数和应试的强烈要求和"压迫"，实际上就是受困于学生和家长"片面追求升学率"和追求应试效果的眼前利益所致。教育应当为国家和儿童、青少年的长远利益着想，满足学生和家长对教育的眼前需求，并非无底线，它必须被控制在满足国家整体利益、人民长远利益以及遵循学生学习和身心发展客观规律的前提之下和范围之内。

第三，人民满意的教育应当充分体现公平和民众参与的精神。十七大报告指出，"教育是民族振兴的基石，教育公平是社会公平的重要基础""实现社会公平正义是发展中国特色社会主义的重大任务"。从教育的价值和基本功能来看，教育与其他社会构成的最大区别就在于它要为未来社会培养人才。教育指向未来，它不仅仅复制现存社会，还要引导年轻一代创建更加进步和健康的社会。教育特别是义务教育的均衡发展是创建更加民主、平等、和谐、文明的社会的基础。

因此，教育由"精英"转向"大众"和追求基础教育的协调均衡发展，应当是教育贯彻"以人为本"的科学发展观和办人民满意教育不可缺失的重要方面。只有越来越多的人感受到、享受到优质教育资源的权利和机会，整个社会的教育满意度才可能从整体上获得提升。就当前基础教育而言，东部与西部、农村与城市、优质学校与薄弱学校之间的差距还比较明显；

边远农村地区儿童上学难的问题、进城务工人员子女就近上学的问题、农村寄宿制学校食宿条件改善的问题以及城市学校的收费择校问题等还很突出。这些都是实践科学发展观、体现教育公平、办好人民满意的教育的重要方面。

此外，人民满意的教育还应当让人民群众参与学校管理。因为公立学校是用纳税人的钱来兴办和运行的，纳税人享有参与学校管理的权利。这样做能够为家长和家长之外的人民群众反映教育意愿、参与教育管理、提供教育资源，构建出一个更加广泛和现实的路径与平台，从而在更高的层次和意蕴上体现"人民教育人民办，办好教育为人民"的社会主义教育的基本宗旨。同时，教育的民众参与精神还体现在学校内部的管理和师生关系上，这就是要为学生积极参与教育管理和建立平等师生关系提供条件和机会，通过让广大师生参与教育管理，构建新型学校文化和师生关系，并为一步步地建立民主、平等的未来社会奠定基础。

第四，人民满意的教育应能保证各个层次和各种类型的教育全面、协调、可持续发展。十七大报告多次提到"全面、协调、可持续"重要思想，具体贯彻到教育上，就是要"优化教育结构，促进义务教育均衡发展，加快普及高中阶段教育，大力发展职业教育，提高高等教育质量，重视学前教育，关心特殊教育"。人民的教育利益不是空洞的，它实际是各个方面和各个阶层人们的教育利益的集合。

教育鲜明的公益性决定了它必须通过全面协调的发展和布局，最大限度地实现和保护尽可能多的人民群众的教育利益和教育需求，既包括高收入群体，也包括低收入群体；既包括高中学生，也包括学龄前儿童；既包括想让子女实现学术性发展的家长群，也包括想让子女实现职业性发展的家长群。如果教育只关注或满足某个群体的教育利益和教育需求，而不能满足最广大人民群众的教育利益和教育需求，就必然不会令多数人民满意。

再从系统论的角度来讲，国民教育体系本身就是一个有机的整体，单一发展一个方面的教育不仅会对其他方面教育的发展带来损害，而且会给其本身的长远发展带来隐患。比如20世纪末，为了适应广大人民群众接受高等教育的迫切需求，我国的高等教育通过扩招，实现了超高速发展。至2009年，我国高等教育的毛入学率已达24.2%，在校生达2979万人。高等教育的快速发展拉动了普通高中的发展，但在中等教育分流过程中，也影响了中等职业教育的健康发展，使职业教育遭遇招生萎缩等办学困境，而高等教育自身也陷入如何确保教育质量的危机。所以，人民满意的教育必须科学统筹各个层次和各种类型的教育，以确保教育子系统全面协调和可持续地发展。

第五，人民满意的教育的本质体现应当是素质教育的实施和推进。办好人民满意的教育就是要不断推进素质教育的实践。2006 年 8 月 29 日，胡锦涛同志在中央政治局第 34 次集体学习时指出：素质教育就是要解决培养什么人和如何培养人的问题，这是教育改革的主题。这就要求教育始终坚持育人为本、德育为先，把立德树人作为学校教育的根本任务，把社会主义核心价值体系融入国民教育全过程。但这并不是说知识的传授不重要，而是在教育的终极层面上澄清教育诸目标和教育价值取向的优先性问题；也不是说教育只要目的和结果，不讲方法和途径，而是要遵循教育教学自身的科学规律去实现合理的教育目标。

当前的问题是教育价值取向上的功利主义、教育方法上的工具主义、教育方式的反科学倾向尤为突出，由于淡化了育人这一教育根本目的或者说教育的优先性目标取向，从而阻碍了教育的健康、协调、可持续发展和学生的健康和谐发展。不全面实施素质教育，就没有学生的全面发展，也就没有学生自身的协调和谐发展，更没有学生的持续发展。

新时期的素质教育应能体现人的和谐发展，关注学生的根本利益，关注学生的终身发展，造就学生终身幸福生活的能力。从教育的根本目的和科学的方法途径上践行素质教育，也就是努力办好人民满意的教育。

或许没有最好和最满意的教育，但建设更好和让人民更满意的教育，却是科学发展观指导下社会主义教育事业发展的基本要求。

四、实现科学发展，需要促进教育全面、协调、可持续发展

只有实现教育的全面、协调、可持续发展，才能从根本上解决当前教育的突出问题，才能办好让人民真正满意的教育。

在社会主义建设新形势下，我国教育已呈现出新的阶段性特征，比如

有学上的问题已经基本解决，上好学的问题成为突出矛盾；数量和规模的问题已经基本解决，质量和结构的问题成为主要矛盾。随着各个阶段教育普及程度的不断提高，我国教育发展的重点、重心和价值取向也正在发生转变，比如正日益从教育数量和规模的扩张转向教育质量和内涵的提升，从更加关注设备、校舍等硬件的建设转向更加关注师资、管理水平、校园文化等软件的建设，从更加关注一般标准、统一水平转向更加注重个性特色、更加关注创造能力的发展，从更加关注有重点的发展转向更加关注均衡的发展等。

总之，我国教育发展面临着新的形势、问题和挑战，如前文所述，一方面是教育发展中的不平衡问题尤其突出，另一方面是人民对教育提出了新的更高的要求和期待，实现高水平教育公平的呼声也越来越高。

在这样一个新的历史时期，全面贯彻落实科学发展观对于推进教育事业科学发展就具有重要的指导意义。今后一段时期内，我国教育改革和发展的思路应当是在体现以人为本的发展目的和统筹兼顾的发展方法的基础上，促进教育的全面、协调、可持续发展。只有实现教育的全面、协调、可持续发展，才能从根本上解决当前教育的突出问题，才能办好让人民真正满意的教育。

（一）促进教育的全面发展

教育全面发展体现在教育发展的全局性、全体性和全方位性等三个维度上。[①]教育发展的全局性首先要求把教育发展放在科教兴国、人才强国的高度来认识。科学技术是第一生产力，人力资源是第一资源，教育是开发人力资源最重要、最根本的途径。把教育放在国家发展的全局、时代发展的全局，才能自觉坚持把教育放在优先发展的战略地位。其次，教育的发展不是某一个方面、某一个领域的发展，而是要多方兼顾、全面把握。这里既包括各级各类的教育，也包括教育的各个方面，也就是建立完善的国民教育体系和终身教育体系。最后，把握全局既要多方兼顾，又要突出重点。全面发展并不是平均发展，更不是削峰填谷，而是要审时度势，一般发展与重点发展相结合，以点带面，互相促进。近十年来，我们始终将农村教育作为教育的重中之重，将推进义务教育均衡发展作为工作重点，同

---

① 袁振国：《实现教育全面协调可持续发展》，《中国教育报》2008 年 7 月 26 日。

时又将重点大学建设作为高等教育的发展重点，抓两头带中间，保证了教育事业的整体推进。

教育发展的全体性指的是，教育是全民族的事业，面向全体人民是教育公益性的要求，也是改革开放的成果让全体人民共享的要求。如何理解和处理大众教育与英才教育的关系，是教育政策选择中难以回避的一对矛盾，也是如何实现教育全面发展的一个焦点。改革开放以来，我国政府非常重视大众教育，1986 年颁布了《中华人民共和国义务教育法》，2006 年又修订了《中华人民共和国义务教育法》，进一步强调了义务教育的公益性和均衡性。当然，强调大众教育并不是忽视高质量、高水平的教育，并不是忽视创新人才的培养。重要的是更加合理地配置教育资源和教育成本分担，让各类人才都能适得其所，"学有所教"。

教育发展的全方位性一是要全面贯彻党的教育方针，坚持德智体美全面发展，不能把教育活动窄化为读书，更不能窄化为智育活动；二是教育要坚持因材施教，为不同特点、不同能力结构的学生提供可选择的发展空间，保证每个人都得到相宜的发展，让每个学生在受教育过程中个性更加鲜明，更具有特色和优势；三是教育过程中要重视学生与教师的共同发展，师生是相互依存的两方面，教师发展既是提高教育质量的关键，也是提高教师生活质量和幸福感的保证，没有教师的发展，也就没有学生的发展和进步。

（二）促进教育的协调发展

教育的协调发展既包括教育与外部关系的协调，也包括教育内部关系的协调。[1]

首先，在教育与外部关系的协调方面，教育必须适应经济社会发展的要求，为我国经济社会的发展培养充分的、适用的、多样的、优秀的人才。同时，在知识经济快速发展、国际竞争日趋激烈的今天，教育还要发挥先导性作用，适度超前发展，为社会的未来发展提供人才储备。这就要求我们的教育观念、教育制度、教育内容和方法等，紧密联系我国政治建设、经济建设和社会建设的实际，充分反映社会主义市场经济的要求，积极、主动地满足和推进中国社会主义现代化建设。1985 年 5 月颁布的《中共中

---

[1] 袁振国：《实现教育全面协调可持续发展》。

央关于教育体制改革的决定》提出："教育必须为社会主义建设服务，社会主义建设必须依靠教育。"十六大报告也强调："全面贯彻党的教育方针，坚持教育为现代化建设服务，为人民服务，与生产劳动和社会实践相结合。"这是经过了历史教训之后重新认识到的朴素真理，是从"以阶级斗争为纲"向以经济建设为中心转变的时代要求。

其次，在教育内部关系的协调方面，由于教育的内部关系从不同的角度可以有不同的分类，比如教育规模、结构、质量、效益的协调发展，城乡教育和区域教育的协调发展，各级各类教育的协调发展等，在不同的社会发展阶段，教育协调发展的重点领域、方面和对象也不相同。

十七大报告提出："优化教育结构，促进义务教育均衡发展，加快普及高中阶段教育，大力发展职业教育，提高高等教育质量。重视学前教育，关心特殊教育。""扶持贫困地区、民族地区教育，健全学生资助制度，保障经济困难家庭、进城务工人员子女平等接受义务教育。"这里明确提出了当前教育协调发展的重点领域、重点方面和重点对象。

当前教育协调发展的重点领域主要有：（1）义务教育及其均衡发展，包括城乡、区域、校际均衡发展。当前我国教育发展已经逐渐呈现出"后义务教育时代"的特征，即从更加关注教育的数量规模转向更加关注教育的质量内涵。因此，缩小由于长期历史原因造成的城乡、区域、校际差距，在经费投入、师资配备、校舍设备、政策许可等方面，制订标准，设定底线，加长短板，显著缩小义务教育差距，无疑都是教育协调发展的现实要求。（2）学前教育和特殊教育的发展。学前教育是公民素质培养的基础，涉及亿万家庭。幼儿教育专家庞丽娟教授提出确立"社会发展，教育优先；人才培养，学前教育先行"的新观念。虽然近年来各地不断提高对学前教育的重视程度，但与学校教育比起来，明显存在差距，比如入园率低，管理职责相对模糊，办园质量相差悬殊等。这与我国义务教育发展的成就不相称。对于几百万有特殊需要的儿童来说，特殊教育是具有终身影响的大事。近年来，各地特殊教育都得到了明显改善，但继续加大力度、提高水平的空间还很大。

当前教育协调发展的重要方面主要是：（1）数量和质量的协调。近十几年来，我国义务教育全面普及；高中教育大幅增长，毛入学率2009年已达到了60%；高等教育实现了跨越式发展，毛入学率2009年已达到了

24.2%。下个阶段的重要任务，特别是高等教育的任务，就是提高教育质量，提高师资水平，改进教育教学模式，办出特色，办出水平。（2）职业教育与普通教育的协调。发展好职业教育对合理利用人力资源，满足社会发展的多种要求意义重大。处理好国家需要与个人需要的关系，重点在职业教育。但职业教育发展要求高、投入大、分类多，困难远远超过普通教育。目前职业教育的吸引力明显不如普通中学，需要各级政府的持续关注和有力投入。

当前教育协调发展的重要对象：（1）从区域来说，是贫困地区和民族地区。我国地广人众，发展不平衡。贫困地区教育、民族地区教育发展的水平需要整体提高。近年来，我国政府出台了一系列措施支持贫困地区和民族地区的发展，加大了中央财政转移支付力度，贫困地区与发达地区、民族地区与汉族地区教育的差距明显缩小。但由于长期形成的历史格局、自然条件的限制等，彻底缩小贫困地区与发达地区、民族地区与汉族地区教育的差距还任重道远。（2）从人群来说，教育协调发展的重要对象是经济困难家庭学生和进城务工人员子女。近年来，我国政府采取了一系列对经济困难家庭学生的优惠政策。随着我国工业化、城镇化进程的推进，进城务工人员子女上学的人数也不断增长，而且他们的下一代已经出生在城市。从目前进城务工人员子女比较集中的大城市来看，小学新生中进城务工人员子女的比例已经超过了原城市居民的后代。国家非常重视进城务工人员子女的教育问题，2001 年，国务院明确了以流入地区政府管理为主和以全日制公办中小学为主解决进城务工人员子女教育的"两为主"政策，但各地解决的情况并不平衡。从战略层面更加关注困难家庭学生和进城务工人员子女教育，既是我国现代化建设的需要，也是切实关注弱势群体，让人民共享改革开放成果的需要。

（三）促进教育的可持续发展

要实现教育的可持续发展，就要坚持把教育放在优先发展的地位，坚持按教育规律办事，最大限度地调动各级政府和社会力量办教育的积极性，调动广大教育工作者的积极性，为受教育者提供丰富多彩、富有创造性的发展空间。[1]

---

[1] 袁振国：《实现教育全面协调可持续发展》。

第一，坚持依法治教是实现教育可持续发展的根本保证。我国已经建立起教育法律法规体系的基本框架，依法治教办学成为社会共识，教育发展步入规范化轨道。全国人大及其常委会先后制定颁布了《学位条例》《义务教育法》《教师法》《教育法》《职业教育法》《高等教育法》《民办教育促进法》等教育专门法律。国务院制定了《扫除文盲工作条例》《幼儿园管理条例》《社会力量办学条例》等多项教育行政法规。教育从无法可依发展到初步形成了有中国特色的社会主义教育法律法规体系，教育的重大问题和教育工作的重要方面都有了法律的依据和保障。今后，要充分认识立法工作在整个教育工作中的基础性地位和重要作用，不断提高教育立法的质量和效率，以保障人民受教育权利的实现为核心，促进人的全面发展，更加关注各方面的权益均衡；要解决实践中的突出矛盾问题，加强对具体教育法律关系和微观教育管理活动的规范，着重提高法律规范的针对性和可操作性。同时，要在教育运行的各个环节上完善法律调节的形式和方法，政府从直接的教育行政管理转变为主要进行宏观管理和提供公共教育服务。

第二，坚持深化教育体制改革是教育可持续发展的关键。改革开放是当代中国的主旋律，改革是教育事业可持续发展的强大动力，改革的关键是体制改革。1985 年《中共中央关于教育体制改革的决定》开辟了中国教育改革发展的崭新局面，义务教育属地化、三级办学体制的确立，为我国义务教育走上快车道奠定了基础；高等教育的权力下放，为多出人才、出好人才，形成丰富多样的办学模式和发展模式开辟了广阔道路；1998 年以后我国高等教育办学体制的改革，为我国高等教育跨越式的发展提供了有利条件。当前，我国教育体制已从计划经济体制下的集权模式向与社会主义市场经济体制相适应的教育体制转变。随着经济发展和人民生活水平的提高，我国社会蕴藏着比同等收入水平国家更加旺盛的学习需求，但是整体办学水平及财政支持条件还低于世界平均水平。社会的强烈教育需求和优质教育资源供给不足形成很大反差，教育发展还存在着体制性障碍，制约着教育效能的进一步发挥。面对这些新问题，我们要继续以改革创新的精神，解放思想，实事求是，探讨教育体制改革的新思路、新模式。

第三，坚持政策制定的科学化、民主化是教育可持续发展的必要条件。当前，我们国家的发展正处在改革开放的攻坚期，面临着深刻变化的国际环境。在这样一个风险和机遇并存的关键发展阶段，决策的好坏优劣对教育发展的成败得失至关重要。我们要以科学发展观为指导，提高教育决策的科学性和民主性，提高教育决策的效能。在决策程序上，出台重大改革措施要经过深入调研、科学论证、周密谋划，先试点、后推广，在具体步骤上要循序渐进，不断总结完善；在决策过程中，要不断提高决策的公开性和透明度，提高教育决策的参与度，广集众智，广纳群贤；在决策方法上，面对现代社会信息不对称的普遍现象，要广泛采集信息，对不同人群的不同意愿、不同观点，进行细致分析和概括，最大限度地反映最广大人民群众的根本利益；在决策结果的评估上，要建立评估意识、评估标准和信息反馈机制，确保决策的不断完善。

在科学发展观中，全面发展、协调发展和可持续发展是相辅相成的。全面、协调发展是可持续发展的基础，可持续发展是全面、协调发展的结果。可持续发展就是保持发展的连续性，保持发展的动力，保持发展的活力，保持发展的与时俱进。建设有中国特色的社会主义教育，办好人民满意的教育，需要我们准确把握科学发展观的科学内涵、精神实质和根本要求。坚持教育全面协调可持续发展，努力把科学发展观的要求转化为推动教育事业发展的正确思路、政策措施和实际行动，对于推进教育事业科学发展具有重要的指导意义。

第十五章　中国基础教育改革的趋势

20 世纪以来，基础教育大约经过了三次重要改革。

第一次是从 20 世纪初到 30 年代左右，以杜威的实用主义教育哲学为标志。其著名的教育思想是"学校即社会""教育即生活"，主张以儿童为中心推进整个教育活动。这套实用主义的教育哲学一改 20 世纪以前教育脱离社会生活、远离社会实践的状态，对美国乃至世界范围的教育制度、教育内容、教育形式及教育方法都产生了根本性的影响。

第二次是 20 世纪 50 年代后期，杜威的教育思想受到新的挑战。杜威的实用主义哲学强调以儿童为中心，不强调课程体系的严谨性、逻辑性、科学性，儿童喜欢做什么就让他们学什么，在游戏中学习，比较注重教育革命性的一面。1958 年，苏联人造卫星上天，美国朝野受到震动，其教育、科学的领先地位受到挑战。美国科学界、公众开始责难美国的教育围绕生活转，不讲究知识体系和科学性，致使国家科学技术水平下降。因此，以布鲁纳提出的以知识结构为中心的课程论为标志，开始了新的改革，这次改革强调知识体系的结构与逻辑性，重视课程结构的科学化。

第三次是 20 世纪 80 年代后。这次改革有两个重要背景，一个是以布鲁纳为代表的结构主义、认知主义思潮，强调课程结构化、教育的科学化，但相对忽视了教育自身的人文内涵，忽视了教育对整个社会问题的关心。人文精神在西方的衰退，引起人们的关注，环境、资源、人口等问题纷呈迭出，人们开始从教育上找原因。杜威的潜台词被再一次提出来，人们认为不仅要教给学生科学知识，更重要的是教会学生怎么做人，教会学生关心整个人类的发展，关心整个社会的发展。20 世纪 80 年代的教育围绕这一主题做了进一步的深化。第二个背景是新世纪的挑战。人类又一次面临跨世纪的时刻，人类以怎样的风貌迈向 21 世纪，也是第三次教育改革的出发点和切入点。

在这样的背景下，基础教育改革的趋势表现在以下十个方面。

一、教育改革的科学化趋势，倡导向科学要质量

科学化的趋势要求强化教育与教学改革的科学背景，强化教育科学研究的地位和作用，提倡向科学要质量，向方法要效率。

科学化是自第二次教育改革以来就长盛不衰的趋势，其特征主要表现在三个方面。

第一，非常注重教育、教学内容的科学的组织与安排。美国在20世纪80年代为提高教学质量，吸收了一大批最优秀的科学家、中小学最优秀的校长和教师研究中小学的教材问题。1985年，美国科学促进协会组织出台了"2061计划"，由科学界、技术界从1985年至1989年花五年时间研究改进中小学教学内容问题。该计划以哈雷彗星与地球下次相遇的时间来命名，其目的在于用最精心的组织安排，把最重要的知识用最合理的方法教给学生，为21世纪美国公民的教育打下基础。除美国外，日本、德国和我国也非常重视教学内容的科学安排问题，我国的新课程计划就是这种努力的尝试。

第二，非常注重教育科学的研究，强化教育改革的科学背景。教育科研受到前所未有的重视，教育理论家纷纷走出书斋，寻找理论与实践的契合点，注重用科学精神和科学态度进行教学改革。21世纪初中国的新基础教育实验和新教育实验，都是在大学教授领导下的自下而上的民间教育改革。

第三，注重用科学的方法来进行教育活动，不仅把最好的内容教给学生，而且用最优化的方法去教导学生。人们普遍开始认识到必须向科学要质量，向方法要效率。

美国"2061计划"对如何讲授科学、数学和技术知识提出了明确要求，如主张教学应始于学生感兴趣或熟悉的问题和现象，学生感到困惑不解，提出问题，展开讨论，然后试着找出答案；主张让学生积极地参与，参与包括收集、筛选和分类、观察、做笔记和绘制草图等活动，还包括访问、调查和进行民意测验等；主张把注意力放在搜集和使用证据上，要让学生自己决定哪些证据是与问题相关的，并能对证据的含义做出解释；主张讲授科学

应该反映科学的价值观，科学不只是大量知识的凝聚，它也是一种融入了人类价值观的社会活动。因此，教师应欢迎好奇心，奖励创造性，鼓励健康的质疑精神，避免教条主义。

二、教育改革的人文化趋势，倡导培养人文精神

人文化的趋势要求教育学生关心人类、关心社会、关心未来，培养学生的人文关怀精神。

科学的发展是一把双刃剑，一方面，它给人类带来了福音，为提高生活质量和改善生活方式提供了便利条件；另一方面，科学对人类自身产生的负面影响也不可忽视，如环境污染、森林毁灭、资源的消耗等。因而，"可持续发展"成为第三次教育改革过程中的一面重要旗帜。所谓"可持续发展"理论，简单而言有三个方面的含义：第一，一部分人的发展不能以影响或牺牲另一部分人的利益和发展为代价；第二，一代人的发展不能以牺牲下一代人的利益和发展为代价；第三，人类自身的发展不能以牺牲其他物种的利益和发展为代价。

明确把人类生死存亡的问题提出来，明确教育怎样为这样一种发展服务，是20世纪80年代末、90年代初教育改革的非常重要的背景。在这样的背景下，联合国教科文组织在继80年代初强调"学会学习"之后，非常强调"学会关心"，要求教育必须教会人们变得更加关注人自身及其生存的环境，具体包括八个方面的内容：（1）关心自己，包括关心自己的健康；（2）关心自己的家庭、朋友和同事；（3）关心他人；（4）关心社会和国家的政治、经济和生态利益；（5）关心人权；（6）关心其他物种；（7）关心地球的生活条件；（8）关心真理、知识和学习。

《教育——财富蕴藏其中》是国际21世纪教育委员会向联合国教科文组织提交的一份报告。该报告提出了"教育的四个支柱"，即：学会认知、学会做事、学会共同生活和学会生存。这四个方面是21世纪教育目标的新要求，也是每个人一生的支柱。由此可见，在21世纪，基础教育的人文化趋势是显而易见的。我国提出在中小学实施素质教育，重视大学生文化素质教育问题，也都与这一背景有密切的关系。总之，人类已越来越清晰地认识到，当今教

育的主要任务应当是教育学生学会关心人类自己、关心社会，学会怎样做人。

三、教育改革的综合化趋势，力求达到教育最优化效果

综合化的趋势要求在学校体制、教育内容和方法方面更好地体现综合性，达到教育的最优化效果。

综合化是第三次教育改革的一个显著特点。它表现在以下四个方面：

一是体制的综合。越来越多的学校兼有普通文化知识教育、学术性升学准备教育、职业技术教育三种职能，如美国有85%的学校属于这一类型，有90%的学生在这种学校中学习。全美中学校长协会认为，这是人人可以学到有益东西的一种具备最佳结构的中等学校。

二是内容的综合。包括两个特征：其一，重新划分科学知识领域。如美国编制的课程改革方案从最能提高学习效率和实际应用出发，把现有科学知识分为六类：共感性领域，包括心理、文学；审美性领域，包括音乐、文艺；符号性领域，包括语言、数学；经验性领域，包括自然科学和社会科学；伦理性领域，包括道德、伦理；概观性领域，包括历史、哲学、宗教等。其二，开设综合性学科。如日本把小学的"社会"与"理科"合并为"生活课"，在高中开设"数理"综合课，内容包括综合数学、计算机数学、综合物理、综合化学、综合生物、综合地学等。

三是教育方法的综合。指各种教育方法的有效配合、组合与融合，以使教育效果最优化。

四是学校和社区的综合。基础教育的改革越来越重视与整个社区的结合。学校与社区要建立互动机制，形成"学校为主，社区协调，政府统筹，社会参与，齐育人才"的全方位教育格局，达到"学生关心社区，社区关心学生；学校对社会开放，社会设施对学校开放"的双赢境界。

四、教育改革的心理化趋势，倡导培养健全人格

心理化趋势要求教育注重培养以健全人格为核心的心理素质，使教育活动深入学生的心理世界。

越来越多的人开始认识到：教育的根本问题是人的问题，学生的问题从根本上说是心理的问题。优秀的学生与其说是智商高，不如说是心理素质强。教育实践也告诉我们，自信和良好的学习习惯是影响学习水平的重要因素。因此，重视心理素质培养的心理教育，已成为基础教育改革的重要特点。心理化的趋势表现在以下三个方面：

第一，在培养目标上，突出以培养健全人格为核心的心理素质。美国在1988年9月发表的《美国的潜能——人》的报告中指出："面向21世纪去开发人的才能，意味着培养人们具有明确的生活目标和社会责任感，具有在变化的环境中应用所学知识和技能的高度适应能力，具有创造意识，并能不断获得新知，而且有能力克服自身的局限。"

第二，教育理论研究重点的心理化。教育理论开始把知识与智力、非智力因素、素质教育等作为研究的主题。

第三，教育实验的心理化。一批著名的教育实验，如我国顾泠沅小组大面积提高数学教学质量实验、邱学华的尝试教学实验、李吉林的情境教学实验等，都蕴含着重要的心理学原理。

五、教育改革的信息化趋势，倡导培养学生运用信息手段获取知识

信息化趋势要求进一步培养学生的信息意识和信息处理能力，更好地利用网络教育资源。

信息化是未来社会的基本特点之一。2010年，全球互联网用户人数已突破20亿，比1994年的300万人整整扩大了近700倍。仅2009年我国网页数量就达到336亿个，年增长率超过100%。随着信息技术和信息产业的发展，在信息化浪潮的推动下，教育出现了一系列的新变化。

计算机的教育现代化功能得到极大的强化。随着计算机走进每一个教室和家庭，学校教育将更广泛地采用电子计算机，各种学科的教育教学软件被广泛开发和采用。学校教育、家庭教育、社会教育三个系统有可能通过计算机联网。开放式教学将会出现，学生不用到学校上学，在家里就可

以接受教育。

与此相适应，信息处理教育在各个学习阶段得到加强，教师积极、灵活地运用各种信息媒介机器和教材，如与计算机相适应的电子书籍、电子图书馆、教育软件等都被开发和运用。教师的角色也发生了一些变化，教师的主要任务不是在课堂上满堂灌输，而主要是提供咨询服务。以课堂讲授为主的教学方式变为以教师辅导为辅、学生运用信息手段主动获取知识为主的方式。信息网络的运用可以突破传统观念中的教室、校园乃至国界的束缚，相互之间可以交换信息、分享软件、传送文件等。共享网上信息资源已逐渐成为教育的一道新的风景。

六、教育改革的国际化趋势，倡导教育发挥国际交流作用

国际化趋势要求进一步加强外语教育和国际理解教育，发挥教育在国际经济与文化交流中的作用。

信息化的社会必然是一个国际化的社会。随着现代交通、通信技术的高度发展和经济、科技、文化、教育等交流的日益频繁和扩大，地球变小了，国家间的联系也越来越紧密了。在合作与友谊不断发展的同时，冲突与摩擦也日益加剧，战争与和平问题、地球环境问题、文化误解与文化摩擦问题等也开始滋生。这些问题对教育提出了新的挑战，教育在目标、内容、方法、手段等方面正在大力改革，以适应这一要求。

教育的国际化主要表现在以下三个方面：一是外语教育普遍加强；二是教育机构向国际社会开放；三是以理解国际社会、关心和宽容异国文化为特征的国际理解教育受到重视。当然，在国际化的潮流中如何保持和发扬中华民族优良的文化教育传统，也是应该加以高度重视的课题。

七、教育改革的个性化趋势，倡导办有特色有个性的教育

个性化趋势要求学校有特色、学生有特长、教师有风格，发现学生的

独特性，尊重学生的独创性。

个性是教育的灵魂。教育的真谛就是充分挖掘每个学生的潜能，形成学生的独特个性。有个性的教育就是最好的教育。个性化的特点有二：

第一，不同地区和不同学校开始放弃标准化与统一化的观点和做法，注重追求自己的办学特色和教育风格。尤其是薄弱学校，把个性化教育视为变革的契机。

第二，在教育的过程中注重学生的个性发展，许多教师越来越深刻地认识到，发现学生的独特性，尊重学生的创造性，是教育成功的要诀。

近年来，我国许多城市中学的特色教育初见成效。如上海建平中学的"选择"教育。他们提出"创造选择气氛，提供选择机会，扩大选择范围，发展选择能力"，全校的课程由过去的单一知识类变为知识必修课、选修课、休闲课三类并驾齐驱。选修课已开了 100 多种。面对每一种课程，学生可以选择老师，选择进度。

八、教育改革的民主化趋势，倡导培养师生的公民意识和民主精神

民主化趋势要求教育处理好公平与效率的关系，培养师生的民主意识与民主精神，让公民参与教育决策，让教师参与学校管理。

教育的民主化也是基础教育改革进程中的世界性潮流之一。随着社会民主化进程的不断推进，人们民主意识和民主精神的成熟与发展，教育的民主化也日益受到重视。

教育的民主化主要表现在以下三个方面：

第一，教育机会的平等。教育机会平等是教育平等的基础。《学会生存》指出："可能平等地受教育，这只是求得公平的必要条件，而不是它的充足条件……平等的机会必须包括同样成功的机会。"随着各国义务教育制度的实施，大多数国家在这个问题上的主要矛盾已不是有无受教育权利的问题，而是能否受到更好教育的问题，"择校热"在一些国家和地区包括我国成为社会关注的重要问题。因此，通过各种措施提高各类学校尤其是薄弱学校

的水平，已成为各国基础教育改革的主要内容之一。

第二，民主的师生关系。各国在基础教育改革中普遍意识到，民主的师生关系是使教育过程生动活泼、学生创造精神和创造能力得以充分发挥的保证，只有在民主的气氛中才能培养出具有民主精神的人。

第三，教师与学生共同参与学校管理。学校管理不再是校长或少数人的专利，教师与学生在学校的发展中及日常经营的决策上拥有发言权。

九、教育改革的法制化趋势，倡导教育行为的规范和完善

法制化趋势要求通过教育法规有效地推动和保障整个国家教育事业的发展，使教育行为更为规范和完善。

在基础教育的改革进程中，世界各国都非常注重法制建设，使教育行为和教育行政管理行为严格地按照有关的教育法律来进行，并通过教育法规有效地推动和保障整个国家教育事业的发展。

教育法制化有两个基本特点。

一是教育的立法日趋完善、严密和体系化。如美国仅职业技术教育就先后颁布了《地区发展法》《人力开发与培训法》《职业教育法》《就业机会法》《职业技术学校学生贷款保险法》《职业教育法修正案》《就业培训合作法》等。日本三省堂出版的《解说教育六法》包括了11类187件各类教育法文件，其中关于学校教育方面的41件，关于学校保健的也达到12件。

二是重视课程标准的法律化。如日本的《小学学习指导要领》《初中学习指导要领》《高中学习指导要领》，虽然未收入教育法的文件中，但在一定意义上有准法律的作用。

十、教育改革的终身化趋势，倡导教育贯穿于人生全过程

终身化趋势要求将教育贯穿于人生从摇篮到坟墓的全过程，进一步加强教育的灵活性、开放性。

自从保罗·朗格朗提出终身教育的概念以来，社会知识的急剧更新和人们闲暇时间的急剧增加，促使终身教育进程加快。20 世纪 70 年代初，联合国教科文组织的报告《学会生存》中明确要求"把终身教育作为发达国家和发展中国家在今后若干年内制定教育发展方针的主导思想"。紧接着先是美国，然后许多发达国家都制定了《终身教育法》。

终身教育的推行淘汰了把人的一生分为上学、工作、退休的观念，学校不再是为学生一生准备一切的场所，教育将贯穿于人生从摇篮到坟墓的全过程。

在基础教育领域，教育的终身化表现在以下三个方面：

第一，学校教育的灵活性加大。如日本自 1988 年起设立了学分制高中，不同学历背景的人都可以根据需要接受高中教育。学校开设多样化的科目，教学时间灵活，学分实行累计制。高中与专修学校互相承认学分。一些国家甚至允许学生在家中学习。

第二，学校向社会开放成为终身教育的阵地。如学校向社区开放运动场地、体育馆、图书馆、教室，并为市民举办各种公开讲座等，为社区的终身教育服务。学校不应只是青少年学生学习的场所，也应成为每个人终身可以利用的学习场所。

第三，教师的继续教育受到前所未有的重视。新教师的研修制度以及定期培训制度已正式写进各国的教师法中。

第十六章　中国高等教育改革的方向

近二十年以来，中国高等教育的发展总体上有了很大进步，最显著的成绩，就是从精英化走向了大众化。2007 年，中国高等教育的毛入学率已经达到 23% 左右，2011 年已经达到了 26.5%。从数量上来说，我国高等教育有了非常大的飞跃。通过"211 工程"和"985 工程"等，高校的科学研究也有了很大的进步；通过教学评估和学科建设，高等学校的教学管理逐步规范，教学水平稳中有升。高等学校在帮助弱势群体方面也做了大量工作。目前，中国已经成为世界上接受高等教育人口最多的国家。

与此同时，这些年，对中国高等教育的质疑也不绝于耳。这些问题究竟表现在哪些方面？应该如何解决？

一、高等教育问题频现，亟须提到议事日程

高等教育存在的主要问题有：行政化倾向比较突出，大学分类管理还不够，最优秀的人才还没有进入大学教师队伍，教学品质有待于进一步提升，少数高校学术呈现虚假繁荣，大学债务问题严重等。

第一，高等教育行政化倾向比较突出。高校分为副部级、正厅级学校等，行政级别色彩非常浓，校园内部的行政色彩也非常浓，学术的中心地位受到影响，高校的学术氛围、学者做学问的兴趣，都受到了影响。

第二，整个高等教育的分类管理相对来说还不够，各种大学趋同化情况严重，所有大学都向综合性大学发展。学校特色不明显，学校间的界限越来越模糊。

第三，一大批最优秀的人才还没有加入大学教师队伍中来。目前各级科

学院、社科院、作协、画院等系统都是和大学分开的，也就是说，非大学机构聚集了大批知识分子。我认为，完全可以把拨给这些机构的款项拨给大学，把这些机构里的知识分子聚集到大学里面。上述研究机构里的学者、作家、诗人、画家等都应该在大学里面做教授。国外大学里有驻校作家、驻校诗人、驻校画家，等等。更多的社会精英聚集在大学，这样大学才能更有人文气息和学术氛围。对于在上述机构工作的专家学者本身来说，大学的环境也会更加有利于他们的发展。而且这样可以使政府节约许多行政成本。

第四，大学的教学品质有待于进一步提升。中国的高等教育从精英化向大众化进程太快，仅用了短短20多年时间就完成了这个历程，而西方国家则经过100多年发展才走完这个过程。高等教育的急剧膨胀，导致了一些问题，比如师资明显不足，造成一部分高校教师队伍鱼龙混杂，教学质量不能保证；大学的自主创新能力相对还不够强；等等。我们的大学基本上还是延展延续了中学教育的方法，满堂灌的情况还很严重。可以说，我们的大学还是把知识作为起点。曾经有一个调查，中国大学生每月阅读量不到一本书，而且真正阅读专业类书籍的不到20%，阅读外文书籍的仅仅9%。而美国大学生每周阅读量在500—800页。

第五，少数高校学术呈现虚假繁荣。现在的一些教授往往同时在两三个学校任职，导致一个教授的成果可能在三个大学同时被计算，这种重复计算夸大了学术成果。教授可以在别的学校兼职上课，但是学术成果不应该作为兼职学校的科研成果。我认为，一个学校的兼职教授不能超过一定比例。另外还有具体的问题，比如高等教育评估问题，现行的一些评估政策不符合实际，也不利于真正的竞争。而且，现在的各种教育评估，尤其是学位点评估等，往往成了学校之间的公共关系竞赛。"条件"不如"关系"，许多学校的主要精力不是建设而是"攻关"。

第六，大学债务问题严重。新一轮发展过程中，为了适应扩招的需要，相当多的学校都建立了新校区，学校很大一部分精力都放在了借钱、还钱上。用在学校内涵建设上的精力就不够。2006年、2007年，我曾相继提出了《关于严格控制大学建设新校区的提案》《关于尽快解决高校巨额贷款负债问题的提案》。高校债务的潜在风险是，许多学校的收费完全是为银行打工，没有必要的经费投入教学与科研，校长也为还钱伤透脑筋，没有心思在教学科研上面。

二、高等教育改革，需疗治大学行政化痼疾

大学的行政领导，应该由教授来担任，通过民主选举，由校长任命，并且实行任期制。

中国的干部制度一直是序列化的。一般都是科级、副处、正处、副厅、正厅这样一级级升上去的，大部分人很难通过破格的程序提升。所以，大学的教授和管理人员如果要想与政府间人员进行交流、流动，高校就必须有一个参考的级别。

一直以来，中国公立高校的校领导都是有行政级别的。原来本科院校的党委书记与校长是正局（厅）级，近10年来，位列"985高校"的大学成了"副部级大学"，其党委书记和校长成为中央直接管理的副部级干部。1999年，进入"985工程"第一期的高校只有9所，而到2007年，985高校已经有43所。某种程度上，副部级大学的出现，也增强了高校领导的官员定位与官员意识，大学校长又基本是上面任命的，这也强化了政府对高校的行政管理和控制。现在高校的评价机构、行政机构可以说都是行政导向的。高校浓厚的行政色彩使原来学术气息浓重的大学校园不可避免会出现学术腐败和教育腐败问题。

从某种意义上来说，高校校长其实是作为官员来提拔和任命的，一些院长、系主任和教授也会在高校和政府机关间调动，如果取消大学的行政级别，可能会使学者教授没有机会进入干部序列，参与公共事务管理。我认为有一种变通的办法，那就是对学术性机构应该给予特权，不要进入序列化过程，走非公务员系列。但大学教授可以做科长，也可以做处长、厅长。只要用人单位有一套完善的考评机制，职位要求和考评方式是明确的，这就具有可操作性。大学走行政序列在国外是没有的，有行政级别其实反而限制了很多教授进入行政序列的机会。

在现有情况下，怎样切入才能更好地弱化甚至消除大学的行政色彩呢？我认为关键是要修改高等教育法，建立起大学的职员制。大学里应该只有少部分职员即管理人员，这些职员是终身制的，这些人应该参照政府

管理，有层级管理，有很大的晋级空间，但这种晋升以工资级别为主，不与职位挂钩。其他职员应该都是轮换的。大学里面很大的一个问题，是行政人员和专业人员的界限相对来说比较清晰。我认为不应该把高校的行政人员和专业人员明显分开，而应该实行轮换。行政领导职务，比如教务长，应该由教授来做，实行任期制，任期结束还回去做教授。教务长和其他行政人员应由民主选举产生、校长任命。所有类似的岗位都由教授轮换。这样还能大大减少高校行政人员的数量，提高行政人员的工作水平。现在高校行政人员太多了，而且行政人员考评压力没有教授的考评压力那么大，因此，在高校，做行政人员在某种程度上似乎比做教授更有吸引力。

其实，在现在的大学，真正要解决行政化的问题，需要进一步拓宽思路，既要学校管理去行政化，又要高校管理人员去学术化。现在很多高校的领导、行政管理人员，还要写文章、评职称。其实，他们只要做好服务就行了，不应该参与评职称。政工人员评职称很荒唐。行政管理人员应有他们自己的职务上升通道，不必再进入学术职称序列。

我建议在行政资源和学术资源之间做一个防火墙，不允许行政权力垄断学术权力，行政资源瓜分学术资源。如果大学这样的问题都不解决，或者解决不了，不要说再过五十年，就是再过一百年，我们也进不了世界一流大学之列。体制的问题是一个大问题，要真正把大学的学术权力交给教授。现在，行政力量太强大，影响了学术力量的发展。

三、高等教育改革，需探索大学分类管理

大学应该分国立、省立、市立、民办，民办大学里面又分营利性大学和非营利性大学。

我主张对于大学进行分类管理。大学不应该泛泛讲要不要产业化。因为不同的学校要求是不一样的，不能一概而论。目前中国的大学分类不是很清晰，大学应该分国立、省立、市立、民办，民办大学里面又分营利性大学和非营利性大学。

公立大学就是政府的事业单位，是为老百姓提供公共产品的地方，经费应该由政府财政来提供支持，应该是完全非产业的。民办大学里面不营

利的也是不应该产业化的。营利性的当然可以走产业化道路。所以，讨论大学应不应该产业化，首先应该对大学做一个界定和分类。非营利性的不可以产业化，而营利性大学则必须产业化，像美国的凤凰城大学那样。现在提出的问题是，在那些公立大学里，财政拨款并不足以支付学校的一切开支。也正因此，高校不得不想方设法取得额外收入。以高校招生为例，虽然高校没有完全意义上的招生自主权，但可利用 120% 投档、加分政策、特长生招生、2% 机动指标等办法取得一定自由度。现在一些高校有 5%—10% 的点招生名额，只要学生够了提档线，就可以被录取。这种点招生学生一般每人要交 5 万元到 10 万元费用，这已经成为学校经费不可或缺的部分。

在国外，大学可以充分利用社会资本比如各种基金会的捐赠等。但我们的公立大学的基本预算不能依靠这个，公立大学的财政拨款不能搞差额。但现在各级政府还不能完全保证拨款，原因之一是大学数量众多，财政负担沉重。如果把公立大学减掉一半，政府经费就没有那么紧张。我主张大学要进行改制，保留 10—20 所国立大学，每个省保留 2 所左右省立大学，每个市保留 1—2 所市立大学。可以把其余的大学"卖掉"，交给企业去做，用企业精神改造大学，应该出台中国著名企业办大学免税等政策。这样大学和大学之间就有真正意义上的竞争。

四、高等教育改革，需探索建世界一流大学的学科路径

创建世界一流大学，应该将"减肥"充分应用到学科建设上；同时，应该制定学科的科学评价标准，并大力支持与市场关系不密切的基础学科。

近 10 年来，国家财政用于高等教育的资金有了很大提高，比如进入"211 工程"和"985 工程"的学校，都得到了大笔拨款。但我们提出要建 100 所世界名校的目标是不是太高了？目前全世界真正称得上世界名校的，也不过百所。如果把资金集中一些是不是效果会更好？香港科技大学只用了十几年的时间就成了世界名校。国家给一些内地名校拨款很多，它们是完全有可能建成世界名校的。但现在很多学校都把钱用在硬件建设上。我认为大学的关键在学科，按学科瞄准世界地位，更容易吸引人才来，所以

大学应该按学科投入。"211 工程"是按学校支持，如果按学科，可能效果会更好。

现在，很多高校的研究生导师，特别是工科院系的导师都有拉课题的任务，给一些专心学术的老师造成极大压力，并使一些学者商人化。其实，这种情况国外也有，国外很多高校也管教授叫老板。中国出现这种情况和中国现在的科研评价机制有关，太急功近利，科学研究往往周期较长，出成果可能要 5 年甚至 10 年，现在是每年评估。造成一些教授注重包装，而不注重内在和长久的东西。在大学里面，对学者本身的评价，过分注重了他发表的成果，他的科研经费、课题等，而忽视了学术界本身对他的认同。国外很看重一个学者在学科里面的影响，他的学术地位和学术威望。不同学科应该有不同的评价标准。有些学科周期长，有些周期短，有些学科和市场关系密切，有些不密切，所以不同学科应该有不同的评价标准，区别对待。

如何让和市场关系不密切的基础学科有足够的资金发展，而又不靠学者自己东奔西走拉课题呢？首先，政府对科研的投入体制要有变化，对不同学科有不同政策，涉及基本理论、长远发展的，政府要投入多一些，不能让这些老师面向市场，他们面向市场根本拿不到钱。其次，与大学配套的民间基金非常不充分。大学教授拿钱一个是从政府拿，重点面向基础性学科，和国家长远发展关系密切的；一个是直接面向市场的，可以交给企业家去做。还有一些学科介于两者之间，不属于基础学科，也不是直接面向市场，但社会上很多人对这些学科特别有兴趣，比如某些特殊的乡土艺术类专业。这样的学科要靠基金会。从政府和企业那里都拿不到钱，就可以到基金会拿钱。也就是说，让不同类型的教授从不同渠道都得到资金。现在中国社会的非营利机构还不够发达，基金会规模也较小，从基金会得到大笔资金恐怕还不现实。所以迫切需要社会各方面的配套发展，现在可能有一些外部条件还不具备，但这是方向。政府可以出台免税等激励机制。

要建设一流大学，关键是要培养真正意义上的大师。什么是大师？从学术上来说，应该是国际上公认的学科领袖，比如掌握了世界性的关键技术，是一些前沿技术的创造者、关键理论的提出者。如果中国的大学能有一些这样的学者，那就很了不起了。这就要求我们的大学应该在全世界范围内招聘一流教师。

世界一流大学的另一个标准，就是要招收世界一流的学生。没有世界一流的学生，也成不了世界一流的大学。现在，我们的招生有问题。第一，它招海外学生的标准较低。去上哈佛、耶鲁的学生，都是全中国最顶尖的学生。清华要提升品质，就要把世界上最优秀的学生招到清华来，至少在某几个学科的学生，应该是全世界最优秀的。第二，它也没把国内最优秀的学生都招到学校里来，很多优秀的高中生都选择了出国读大学。

所以，没有一流教师队伍和一流学生，永远也无法建成世界一流大学。

五、高等教育改革，需鼓励民间资本进入

高校办学应该从审批制改为准入制。同时，应该对独立学院进行改革，让公立高校与民办高校在同一标准下进行竞争发展。

中国的民间资本还没有真正进入教育领域。首先，缺乏好的机制吸引民间资本进入高等教育。因为公办学校占了绝大部分，留给民间资本的空间就很小，先前进入的民间资本有许多在苦苦挣扎。其次，中国高等教育现在还是审批制，而不是准入制，一道道门槛使民间资本进来后风险很大，发展缓慢，很难短期内实现办一流大学的目标。必须先办专科，专科一般两年，第一届学生毕业后，才有资格办本科；本科四年，第一届学生毕业后才有资格申请硕士点。这个周期太长，没有20年是建不成一所好大学的。国家应该制定一个标准，招博士是什么条件，大学本科是什么条件，只要达到条件就可以一步到位。就像办企业一样，不一定先办一个小厂，办好了再办一个大厂。国家应该注重标准的建立，而不是注重门槛的设立。可以将那些弄虚作假的学校列入黑名单，永远不得进入。第三，目前公办大学办了相当多的独立学院。这些独立学院其实是民营的，收费和民营学校差不多，但是挂着公办学校的金字招牌。这对其他民营学校是非常不公平的，所以真正的民办大学发展比较困难。政府应该放宽限制，鼓励更多民间资本进入高等教育领域。

现有的独立学院政策也是限制民间资本进入的重要原因。不少独立学院要给母体"交租"，很难处理好和母体学校的关系。独立学院往往处于弱势，赢利不多。还有一些规定也不尽合理。比如规定独立学院要有500亩

地，这个要求就不太合理。国外很多著名大学只有二三百亩地。香港城市大学就 100 多亩地，但招了将近 2 万个学生。看大学主要是看品质，而不是占地多少。如果民间资本进入高等教育领域，并和公立高校在同一个标准下竞争，对公立学校也是一种促进。公立学校对社会变化缺乏敏感，办得好不好政府都给钱，学校没有内驱力，缺乏改进的动力。民办大学就不会，因为民办大学只有两条路——要么辉煌，要么死亡，没有中间路线。学校要拿毕业生的就业率说话，靠自己的信誉让社会承认，让市场承认。最典型的是中欧国际商学院，早期他们没有经过教育主管部门批准就自己给毕业生发文凭，教育部门不予承认，所以早期中欧国际商学院的毕业生没有教育部门颁发的文凭。但后来美国、欧洲都承认了中欧国际商学院，认为它是中国最好的商学院之一，后来中国教育部门也就承认了。我去看过北京的吉利大学，他们现在也自己发本科和研究生的文凭。应该鼓励他们探索，让社会去选择。只要它的毕业生有市场，学校就可以办下去。

六、高等教育改革，需容纳偏才、怪才

大学应该容纳偏才、怪才，应该鼓励学生尽早参加科学研究，应该拥有真正的学术自由。

真正的大师级的科学家，许多是怪才、偏才，只有怪才、偏才，才能做出不同寻常的大业绩。但实际上，真正意义上的偏才、怪才，并没有资格进入中国的高等教育体系。如现在清华等名校在江苏省招生，至少要求学生任何一门学科的成绩不得低于 B，自主招生的总分不得低于第一批录取分数线。这样，像钱锺书、吴晗这样的天才今天连大学门也进不了。

我们现在往往是打着全面发展的"旗号"，干着全面不发展的勾当。要求所有的学科都学好，学生就没有自己的志趣，就没有着重下力的方向，就没有执着的科学精神。我们不能鼓励平均主义，不能鼓励平均发展，否则就会导致平庸。这在中国所有的大学都是一样的，不仅仅是清华。但是，清华需要有这样的胸怀，那就是：把全世界的偏才、怪才都给我。

大学应该鼓励本科生尽早参与科学研究。学生一进大学，就应该既是一个学习者，又是一个研究者，一开始就应该有科研的精神、能力，只有

这样才能成长起来。对文科学生，就应该是共同阅读、共同讨论。对理工科学生，就应该是参与实验。但是，在很多大学，实验室基本上不对学生开放，学生进实验室要过很多关，非常麻烦。实验材料的消费也控制得很严，一个学生要想自主地做实验，只是在毕业时才有可能。所以，要注意公共实验室的建设，让学生把实验室当成另一个教室。图书馆和实验室，对大学生的成长极其重要。

在人才培养方面，我特别强调大学的学术自由。我们在这一点上做得还不够，我们需要学术自由、学术民主的气氛。大学本就是各种思想、各种创意自由生长的地方，需要听取不同的声音，容纳不同的声音。在不违反法律和学术规范的前提下，我们的大学应该让思想有充分交流的空间，让学术有自由成长的空间。这是我们的所有大学都需要特别关注的。没有这个，我们同样也走不远。

改革不在于大刀阔斧，而要循序渐进，但关键是找准方向。我们高等教育的路究竟怎么走，改革的方向是什么，需要认真研究。据我所知，有关部门已经开始在考虑修订《高等教育法》，我们期待这次修订会解决目前存在的一些问题。但改革是漫长的过程，高等教育达到理想的状态可能需要几代人的努力。

第十七章　中国课程改革的发展趋势

面对未来社会信息化、国际化的新冲击，世界各国都开始意识到教育在 21 世纪的地位和价值。这种思考使许多国家自觉地进行着全方位的面向 21 世纪的教育改革，而课程改革往往是各国教育改革的中心内容。

展望 21 世纪我国课程改革，我认为，将会出现以学会关心为主题、以国际化为重心、以本土化为特质、以多样化为方向的发展趋势。

一、课程改革应引导学生学会关心

以学会关心为主题的中国课程改革趋势，将引导年轻一代从只关心自我的狭隘圈子中跳出来，超越自我，关注社会。

从世界各国面向未来的课程改革的趋势来看，大致有现代化、国际化、本土化、综合化、活动化等基本特点，但"学会关心"往往是各国课程改革的潜在主题。在 21 世纪，这个主题将由潜而显，成为未来我国课程改革的主要内容之一。

众所周知，1972 年由联合国教科文组织召集的、以法国前总理埃德加·富尔为首的国际委员会曾提出过著名的名为《学会生存》的报告，报告指出"教育正在越出历史悠久的传统教育所规定的界限。它正逐渐在时间上和空间上扩展到它的真正领域——整个人的各个方面"；教育在时间和空间上的大大延伸，要求"全面改革教育系统，使之按照终身教育的原则，把各种教育层次和形式都结合和连接起来"；"可以说，一个国家以终身教育目标为所有教育子系统的方向，这便是对当今时代挑战做出的独特和恰当的回答"。报告提出为了适应知识陈旧率加快、科学技术飞速发展及由此引起的产业结构调整、劳动市场急剧变化等形势，仅靠年轻时在学校里学到的知识和技能已不能适应经济和社会发展的需求。所以，一个人要"学会生存"，就必须按照终身教育的理论来安排自己的一生。

21世纪将是科学技术向更高、更新、更尖、更精方向发展的时代，人类将进一步认识自然，开辟新能源，征服癌症、艾滋病等困扰20世纪的疾病。科技化社会将给人类带来更丰富的物质财富，将给人们的生活带来更多更大的便利。人们在享受着高科技恩惠的同时，也会面临前所未有的挑战。所以，20世纪80年代末，在由联合国教科文组织主持召开的面向21世纪教育研讨会上，该组织教育助理总干事波尔提出了一种新的观点：终身教育理论指的是经济和科技发展、产业结构调整和劳动市场的波动对个人的挑战，而当前人类所面临的挑战都远远超出了个人的范围，如大气变化、臭氧层的破坏、酸雨、来自核电站的放射性污染、水污染、耕地减少、动植物物种灭绝、森林被毁、世界人口急剧增长等。这一切都严重威胁着人类的生存。而解决上述问题，就必须推行"全球合作精神"，教育年轻一代从只关心自我的小圈子中跳出来，学会关心超越自我的世界。这就引发了从"学会生存"到"学会关心"的教育观念的转变。

联合国教科文组织和国家教育发展研究中心在联合召开的面向21世纪教育国际研讨会通过的圆桌会议报告《学会关心：21世纪的教育》中提出："我们需要一种新的、具有更高整体化的求知公式。把求知集中到寻求我们从地方到全球各个层次上面临问题的解决方法，也许是实施这种整体化方式的最好方法。"这必然涉及未来教育内容和课程的整体改革。从许多国家的改革思路来看，主要是打破学科中心主义的课程和内容的结构，实行多学科综合、基础知识和能力的综合、知识的广度和深度结合。

其中，具有代表性的是美国的"2061计划"，它反映了21世纪中小学课程改革的全新框架。在各种课程改革的设计中，各学科的严格界限被打破了，代之以全新的整体组合的课程，以往一些被忽略的课程，如体育、美育、德育及劳动教育等成为新课程体系的重要组成部分；在重视"显性"课程的同时，对"隐性"课程也非常重视。"显性"课程着重的是知识、技能和理解，而"隐性"课程着重的是关心、动机、态度。尽管各国具体的课程改革措施不尽相同，但一个共同的思路都是从21世纪新人的整体素质出发做出改革设计。当今课程发展的趋势是"隐性"课程越来越受到重视。

在科技化的 21 世纪，教育将更注重人类的生存和发展主题，道德教育与环境教育的课程将普遍开设并得到强化，以培养年轻一代的人文精神、道德精神和国际精神。伴随着科学技术的高度综合和整体化，大量边缘学科、相关学科、交叉学科的纷纷出现，学校的课程也会出现综合化的趋势。

我国正在致力于现代化建设，如何避免其他国家工业化过程中出现的传统家庭的终结、个人主义或损人利己动机的滋生以及为社会服务的责任感的淡薄等问题，是 21 世纪我国教育改革首先必须解决的问题，课程改革也会以此为中心内容加以展开。

二、课程改革应注重以国际化为重心

以国际化为重心的中国课程改革趋势，将进一步加强外语和国际理解教育，培养具有国际意识、国际视野和跨文化交往能力的人才。

未来社会是一个国际交往十分频繁的社会。随着现代交通、通信技术的高度发展和经济、科技、文化、教育等交流的扩大，地球急速地"缩小"了，"地球村"的概念说明未来的社会将是国际化的社会。

在国际化的社会中，任何一个国家都不能完全孤立于国际社会之外而长期生存与发展。经济上的往来愈来愈多地打破国界，各国向国际社会开放，已成了当今社会的发展趋势。许多国家的企业已不只是为本国生产，而是面向世界并依靠世界进行生产。同时，跨国的联合体日益增多，区域经济合作不断加强，并呈现出国际化的趋势。

在国际化的社会中，许多问题的解决，如战争与和平问题、地球环境问题、文化误解与文化摩擦问题等，也非一个国家或几个国家的能力所及，而有待于世界各国的共同努力。因此，只有从全人类的角度出发，积极为人类的和平与繁荣，解决地球上各种各样的问题做出贡献，参与使自然、人、机器共同生存的人类文化的创造，才能使国际社会健康、稳定地发展。

在这一背景下，适应国际化社会已成为世界各国面向未来的教育与课程改革的重要内容。如 1990 年，日本大学所设置的国际关系、国际政治、国际经济、国际文化等冠以"国际"的专业达 48 种，比过去 10 年增长了 4 倍。

现代教育本身就是一种国际现象，是各国之间互相交流、互相学习、取长补短的结果。现在发生在某一个国家的教育大事会在很短的时间里传遍全世界。大量国际教育学术研讨会议的召开，各国教育机构之间的密切往来，专家、学者的频繁交往，教育信息的快速传递、广泛传播等都大大促进了国家间教育文化的交流。教育为适应这种不断增加的国际交往就要大力推行教育课程的国际化，从而培养适应形势发展需要的具有广阔的国际视野、关心和了解国际形势及其发展的国际化人才。中国教育的"三个面向"（即面向现代化、面向世界、面向未来）也正是为了适应这一变化而做出的回应。

在21世纪，我国的改革与开放会进一步深入，国际交流会进一步扩大。以经济往来为龙头的文化教育往来将日趋频繁，教育将在目标、内容、方法、手段等各个方面适应未来的国际化要求。在教育内容（课程）方面，将会更加突出国际化这一重心。

首先，外语教学的普及率会大幅度提高。为了使社会成员能较好地适应国际交往的需要，外语（首先是英语）课程的比重在中学和大学会进一步增大，小学也将逐步开设外语课程。

其次，教育机构会进一步向国际社会开放。在21世纪，我国会吸引更多的外国留学生来学习中国语言和文化，也会招聘更多的外国学者来教授外国语言和文化，校园内的国际化色彩会更加浓厚，课程设置也将考虑这一特点。

再次，课程建设会进一步适应国际化的需要。国际化不仅意味着了解国外的语言文化，更重要的是形成从全人类利益和全球观点出发考虑问题、理解国际社会、关心和宽容异国文化的品性与风貌。这就要求在课程建设中注重国际精神的培养，尤其是在语文、历史、地理、哲学等人文学科的教学中，加强国际化内容的渗透。

最后，课程改革会逐步与国外的相关课程接轨。在大、中、小学的各个阶段，课程内容变化的趋势之一是向国际标准靠拢，尤其是大学课程中的国际经济、国际法以及自然科学科目，很可能会大量采用原版国际通用教材。

此外，课程研究的国际化也是21世纪我国教育科学发展的特点之一。在中国近代历史上，从教育科学的"西学东渐"到中国现代教育学的产生与发展，经历了一个曲折、坎坷的过程。历史证明，如果我国教育科学画地为牢，闭关自守，缺乏与世界各国的"对话"能力，就不能获得真正的、健康的发展。所以，课程研究也将进一步按照国际规范，对课程的设置、设计、实施和评价进行比较研究。在目前比较着重研究国外课程发展现状的基础上，更注重探求世界课程改革的普遍规律，为课程改革提供一个多维参照系。

三、课程改革应注重以本土化为特质

以本土化为特质的中国课程改革趋势，将更加注重中华民族文化传统的特色，加强本土教材的开发与研究。

国际化并不是"西化"，并不是丢弃我国教育的特色，湮没我国教育的个性，使我国教育的发展与课程的改革在西方各国之后亦步亦趋，而是重视"本土化"的国际化，是以我国文化为背景，以中国国情为基础的国际化。国家的课程改革离不开民族文化传统，因为存在于民族文化意识中的传统积淀对于课程改革有着重要的影响，传统联系着过去、现在和未来。

在适应国际化的同时，许多国家都强化了课程改革的本土化努力，把本国传统文化的教育放在十分重要的位置。如瑞典教育改革的倡导者和组织者胡森教授认为，对于体现本国文化传统的文学、历史等基本课程，任何时候都不能削弱，而且必须加强，应在此基础上适当地吸收最新科技成就，并使这两个方面很好地结合起来。日本的学校教育在注重学习和吸收西方文化的价值取向的同时，也十分重视培养现代日本人继承和发扬传统文化忠于国家、忠于企业、忠于职守等东方儒家的伦理道德，比较妥善地处理了文化教育中继承与创新、吸收与扬弃的关系。在课程内容的编制方面，日本也比较注重本土化的内容。如在日本的历史教科书中，古今中外的比例都按照自己的国情科学地安排。

21世纪的社会将是科技高度发达的国际化社会，正因为如此，加强传统文化的教育，弘扬民族的优秀文化才尤其重要。这种"壮根"的本土化教育趋势，在未来的我国社会将格外受到重视。中国是一个有悠久文化的文明古国，传统的民族文化源远流长，博大精深，其中很多优秀的思想都是我们的宝贵财富。改革必须要立足现在去审视过去，使优秀的传统文化为现代化服务。在当代，世界两大思潮——科学主义和人文主义应协调发展。在人文主义思潮方面，中国儒家思想文化体系中以人文主义和伦理本位为基础的传统文化教育思想，将发挥它积极的时代功能。西方学者关注中国传统文化的侧重点也就是这方面内容。

中国人自古以来就具有执着的大陆民族自我意识，具有"月是故乡明"的眷恋国土乡邦的情怀。从陆游"夜视太白收光芒，报国欲死无战场"的诗句，到顾炎武"天下兴亡，匹夫有责"的名言，无不折射出强烈的爱国主义激情。我国又是一个有着数千年悠久历史和灿烂文化的文明古国，积累了丰富的精神遗产，如何弘扬民族文化，继承并发扬光大，将是 21 世纪我国课程改革必须认真对待的问题。历史已反复昭示人们：越是"本土化"的东西，往往也越是"国际化"，越是具有世界性的意义。

21 世纪我国课程改革的本土化趋势将表现在以下几个方面：

首先，作为本土化象征之一的华语（汉语）教育将会受到重视。从 20 世纪 90 年代开始，在中国本土和东南亚地区，华语教育的需求不断增大，学习华语的热潮会持续很长一段时间，很可能会出现一大批双语学校。

其次，在学校教育和社会教育的体系中，中国文化的课程以及中国特色的内容将占很大比重。我国政府领导人曾于 1991 年 3 月致信国家教委领导，主张要宣传"中国五千年的灿烂文化"，国家教委为此通知要求教育学生"知道我国古代在文学艺术、科学技术、哲学思想、伦理道德、教育、军事、对外交往等方面的重大成就，以及对人类历史所产生的深远影响，树立民族自尊心、自信心和自豪感"。由此看来，中国文化的课程在学校教育体系中所占的分量应逐步加重。在社会教育体系中，随着人们闲暇时间的增多，各种形式的中国文化教学团体会大量产生，如中华气功、中华武术、中国书画、中医与养生等，不仅会吸引大量的华人，也会对世界上其他国家产生强烈的辐射作用。

再次，课程的形式和内容也将进一步本土化。我国古代积累的丰富的教材编纂经验及优秀的教材范本，为课程改革提供了可以继承和借鉴的东西。如《三字经》《千字文》《弟子规》《急就篇》《小儿语》《五言鉴》等蒙学教材言简意赅，朗朗上口，易于记诵，是现代许多儿童教材望尘莫及的。在 21 世纪课程改革中，可能会借鉴古代某些成功的经验，使教材编写更具本土色彩。

最后，课程研究的本土化也会加强。认知心理学家曾志朗在讨论中国心理科学的本土化问题时曾指出：完全采用西方心理学的方法来研究中国人的心理，其结果只能是镜花水月。他谈道："当传统的智力测验已经因为种族、文化的差异而饱受攻击时，我们的中小学校却大量地翻印这些量表来测验学生；当学者们一再警告不可滥用不把情境文化考虑进去的智力测验时，我们的教育单位却一再地用这些测验成绩来决定学童分班的标准。教育当局如此的草率行事是误人、误事、误国。"同样，在强调教育（包括课程）研究的国际化的同时，我们也会更加注重研究方法的本土化，在课程研究的选题、方法等方面广采百家之长而又保持自身特色，并逐步形成具有中国特色的课程理论。

改革开放以来，我国的课程改革不断深化，取得了许多成绩，但是，就总体而言，计划体制模式的束缚和影响仍然存在，许多教学内容和课程体系仍然陈旧、落后，与当代科技、经济和社会的发展不相适应。21世纪要求人才是高素质的创新人才，面对时代的迫切需要，我国课程改革的力度必须加大。

四、课程改革应注重以多样化为方向

以多样化为方向的中国课程改革趋势，将切实落实国家、地方、学校三级课程管理政策，教师将由课程的单一执行者成为课程的开发者。

在战后基础教育课程改革中，美国的课程改革最早、最引人注目。这次课程改革的重要指导思想是强调统一的国家基础，在全国范围内形成统一的现代课程内容。但大规模的国家课程开发并没有取得理想的效果，批评随之而来。20世纪70年代初就有学者指出，五六十年代的课程改革"选择的是成人支配学生。他们只知道要让儿童学习，他们没有去问一问儿童想学什么。由于改革者是大学学者，他们与公立学校和教育学院没有多少联系，他们也趋向于忽视教室和学校组织的严峻现实"。

基于对国家课程开发失败的反思，一种对应于国家课程开发的校本课程开发从20世纪70年代开始日益得到重视。进入90年代，成为许多国家教育改革的方向之一。

在我国，陈侠较早注意到课程多样化的趋势。他在《课程论》中提出要处理好"统一要求与适应差异的关系"，指出"将有多样化的课程，适应多样化的需要"。20 世纪 80 年代，这种对课程多样化的探讨，是在统一的中央集权机制前提下进行的。进入 90 年代，校本课程开始为我国学者所关注。1999 年 6 月，全国教育工作会议确定了国家、地方、学校三级课程管理政策，课程多样化问题的探索进入了课程开发机制层面。

开发校本课程对学校教师提出了新的要求。长期以来，教师习惯于按照统编教材按部就班地组织教学，重方法轻课程。校本课程的提出，要求教师不仅要完成教学工作，还要参与课程开发。教师将由课程的单一执行者，成为课程的开发者。

第十八章 中国道德教育的创新与未来

新的世纪，中国道德教育面临着怎样的挑战和使命？中国道德教育发展将会呈现什么趋势和特点？中国道德教育体系如何进一步改革和创新？这是每一个具有历史责任感的中国教育工作者，每一个华夏文明哺育的中国人，每一个尊重东方伦理文化的国际教育同行都十分关注的问题，也是中国道德教育研究亟须探索和回答的问题。

一、道德教育经受知识、市场与全球化挑战

知识经济初见端倪，市场经济体制逐步建立，全球化浪潮汹涌澎湃，可持续发展呼声日趋强烈，中国道德教育将经受前所未有的挑战。

"当今世界，科学技术突飞猛进，知识经济已见端倪，国力竞争日趋激烈。"[①]中国经济和社会发展既迎来了世界各国发展所共同遇到的普遍问题，又存在着实现新旧体制转变、坚持和建设中国特色社会主义的特殊国情。这种客观的社会存在，决定了21世纪中国道德教育将面临更加复杂、严峻的挑战和光荣、艰巨的使命，也构成了未来中国道德教育发展、创新的现实基础和根本动力。

（一）科技革命高涨、知识经济崛起和中国现代化新进展对道德教育提出新的时代要求

人类步入2000年时，一种以知识的生产、分配和使用为基础的新经济

---

① 见《中共中央、国务院关于深化教育改革全面推进素质教育的决定》。

形态——知识经济正在迅速崛起。据联合国有关专家估计，今后30年或许更短一点的时间，知识经济将在世界范围内基本形成。①在此期间，中国一方面要加快完成工业化，一方面又要抓住机遇，迎接知识经济时代的到来，这就向中国道德教育提出了新的时代要求。知识经济的"知识"是既包括科技知识，也包括人文知识以及人的思想观念、行为方式、价值取向等精神道德文化的广义知识，在知识经济中，后者同样是直接影响经济发展的重要因素。知识经济作为高度一体化、网络化的经济，在其发展中必然要求加强包括科技道德、信息道德、经济伦理、生态伦理等内容的新型道德建设和道德教育，以保障、促进经济社会的规范、有序运行和人的健康、和谐发展。

知识经济的灵魂是创新，关键在于培养能够创新的人，正如叶圣陶曾经断言的："研究和利用现代科学技术的不是电脑，不是机器人，而是千千万万活生生的人。这千千万万的人要研究得精，利用得好，不仅靠科技知能的高明，也得靠思想品德的纯正，意志操行的坚强。"②培养新一代公民的创新精神，尤其成为道德教育的突出任务。中国道德教育必须努力适应21世纪知识经济和中国现代化对国民思想道德素质与中华民族精神文明提出的新要求。

（二）社会主义市场经济体制的建立对道德教育产生正负效应

当跨越世纪门槛的时候，中国正在进一步实现由传统计划经济体制向社会主义市场经济体制的根本转变。在这一转变过程中，所有制结构和分配方式的调整，市场机制作用的充分发挥，生产力的不断解放和发展，深刻地影响着社会生活的各个领域，对传统的价值体系和道德规范产生了极大的冲击。

社会主义市场经济体制的建立，迫切要求加强正确的政治思想导向，要求在道义与利益、个人与集体、公平与效率、竞争与合作、权利与义务、民主与法治等一系列基本关系上树立更加合理的价值观念，呼唤适应市场经济的新型伦理规范和主体人格。这些已经并将继续对中国道德教育发展

---

① 参见吴季松《知识经济》，北京科学技术出版社，1998。

② 叶至善、叶至美、叶至诚编《叶圣陶集》第11卷，江苏教育出版社，1991，第253页。

起到积极的推动作用。

同时，市场经济条件下多种经济成分和分配方式的并存，物质利益原则的通行，竞争性、趋利性的强化，加之新体制本身尚不完善，往往对道德教育产生消极的负面效应，比较容易形成个人主义的价值误导，导致"信仰危机""道德失范"、拜金主义、极端利己主义、以权谋私、欺诈行骗等各种腐败、丑恶现象乘机蔓延。

中国道德教育既要反映市场经济发展的需要，促进与市场经济体制相适应的价值观念和道德规范的构建，又要超越市场经济固有的局限，用高尚的道德理想培养人，对市场经济和社会全面进步发挥正确的引导、协调和提升作用。

（三）全球化浪潮和霸权主义压力与我国扩大对外开放包括"入世"给道德教育带来新的课题

进入新世纪以后，和平与发展仍将是世界局势的主流。各国的经济、科技、文化交流和合作越来越广泛，国际交往日益信息化、网络化，经济全球化加快。但同时，国力竞争也愈加激烈，发展中国家与发达国家之间的贫富差距和不平等关系有可能继续扩大，而干涉别国内政，把自己的社会制度和意识形态强加于人，甚至动用武力侵略别国的霸权主义威胁依然严重存在。

面对此种情况，中国进一步实行对外开放，一方面可以增进同各国的相互了解和友好合作关系，争取良好的国际和平环境及周边环境，参加世界经济大循环，更多地吸收和借鉴世界各国包括资本主义发达国家的先进科学技术、管理经验及其他一切文明成果；一方面又要经受开放的风险，维护国家独立和民族尊严，坚持有中国特色的社会主义，不断增强包括经济实力、国防实力和民族凝聚力在内的综合国力，反对霸权主义，抵制腐朽思想文化对人民特别是对青少年的侵蚀。

在这样的环境条件下进行道德教育，既要面向世界，教育人们具有开放的国际视野和对别国人民文化传统的理解、尊重，促进国际和平与合作，学习当代世界先进的道德文明成果，又要立足本国，教育人们正确认识国情，继承中华民族优秀文化传统和革命传统，大力弘扬爱国主义精神，不断提高对各种外来文化的辨别力和选择力，"为实现四化、振兴中华的共同理想团结奋斗"①。这也是时代给中国道德教育带来的新课题。

（四）生态保护和可持续发展赋予道德教育历史责任

随着科学技术和工业化的发展，人类征服、改造自然的能力大大增强，但同时也对自己生存的地球环境造成了空前的破坏。"人们已经承认，我们所面临的一些严重的生态问题，就我们所知，可能会严重威胁着人类的生存。如大气变化，臭氧层的破坏，酸雨，来自核电站的放射性污染、水污染，耕地减少，动植物种的绝灭，森林被毁，世界人口急剧增长，所有这一切，都迫使我们去重新检讨人类的生存和生活方式。"②

生态环境破坏所提出的挑战，远远超出了个人、地区、国家以及一代人的范围，是当前和未来人类共同面临的挑战。世界上包括中国在内的许多国家纷纷从本国国情出发，认真实施经济发展与生态保护相结合的可持续发展战略，并且谋求这方面的国际合作。

正是在这样的情况下，联合国教科文组织由提出着眼个体的"学会生存"而发展为"学会关心"，并把它作为21世纪教育的口号，强调要教育人们从只关心自我的圈子里跳出来，"关心他人""关心社会和国家的政治、经济和生态利益""关心其他物种""关心地球的生活条件"等。③"天人合一"的中国文化传统受到普遍重视和认同。人们越来越重视保护生态环境，以实现人、社会、自然的和谐共处和可持续发展。

这不仅把人伦关系扩大到人与自然的关系，为伦理道德增添了新的内涵，实际也是深刻地涉及正确处理个人与社会、国家、某一人群与人类整体、当代人与后代人关系的问题，本质上反映了新世纪的伦理要求。培养人们置国家、社会和全人类整体利益于一己利益之上的价值观和为人民服务、为子孙造福的责任感，把人、社会与自然和谐统一的新道德规范转化为自己的自觉意识和文明习惯，是21世纪中国道德教育义不容辞的责任。

---

① 见中共中央颁发的《爱国主义教育实施纲要》。

②③ 国家教委国家教育发展研究中心、中国教科文组织全委会秘书处编《未来教育面临的困惑与挑战——面向21世纪教育国际研讨会论文集》，人民教育出版社，1991，第18-19页。

（五）现代社会生活和作为个体的人的生存、发展向道德教育凸现多方面的关注点

从 21 世纪初起，中国经济在小康的基础上开始向中等发达国家水平迈进。高度发展的现代物质文明，将进一步改变人们的社会生活和个体的生存、发展方式。优裕的物质生活不一定能带来充实的精神文明，相反，沉迷于物质享受，却必然会丧失精神的家园，弃绝理想与奋斗，以致贪欲成性，迷信盛行。

现代高科技创造了"人机对话"和"足不出户，便知天下"的奇迹，却减少了人际直接交往的机会，有可能导致一定程度的人伦疏远、人情淡漠、人道缺失。充满竞争和风险、快节奏多变化的现代工作、学习与生活，将给人们的心理带来巨大的压力。

心理素质的好坏，社会适应能力的强弱，越来越成为决定一个人成功与否的重要因素。如何营造现代中国人的精神家园，培养人们高尚的理想、情操和艰苦奋斗、廉洁自律的意志品质，如何弘扬人文精神，提升人文价值，如何使人们养成健全的人格和良好的心理素质，是新世纪中国道德教育不能不深切关注的关系到未来人的生存、发展的突出问题。

（六）全面推进素质教育和道德教育发展本身使其产生内在的改革需要

世纪之交，为了实现社会主义现代化建设的宏伟目标和中华民族的伟大复兴，中国召开了第三次全国教育工作会议，动员全国人民深化教育改革，全面推进素质教育，实施科教兴国战略。这是中国整个教育事业的一场深刻变革，必将带动道德教育进一步发展和创新。

长期以来，由于应试教育的影响，中国道德教育往往在"德育首位"的呼喊中被忽视或扭曲。"假大空"的道德教育模式、"头重脚轻"的道德教育序列、"唯理论"的道德教育评价方法，使中国道德教育出现了明显的滑坡。在这种情况下，基于传统经济、政治体制和社会结构而建立起来的道德教育体系，难以得到真正的触动和实质性的改革。

这种道德教育体系所存在的脱离现实、忽视主体、封闭单一、形式主义等弊端日益显露，严重影响了道德教育的感染力和实效性。随着时代的发展，特别是素质教育的全面推进，中国道德教育已经到了非进一步改革、

创新不可的时候了。这也是新世纪中国道德教育发展的内在需要和自我挑战。

二、道德教育呈现各方面统一的格局

新世纪中国道德教育的发展将呈现由现实性与超越性、民族性与世界性、主体性与规范性、实践性与科学性、整体性与开放性相统一的格局。

面对 21 世纪的各种挑战和艰巨使命，总结正反两方面的经验，中国道德教育必须遵循历史唯物论和辩证法，走一条立足现实、面向未来、批判继承、综合创新的发展道路，努力构建有中国特色的社会主义现代道德教育体系。这也是新世纪中国道德教育发展的大趋势。它明显地具有以下几个基本特点。

（一）现实性与超越性的统一

这是就道德教育的基础和功能来看的。21 世纪中国道德教育将完全摆脱在原有经济体制和社会结构基础上建立的陈旧模式，摒弃"回归传统"或"移植西方"的"济世药方"，真正立足中国现实而又面向未来。以当今世界环境下中国现代化建设的实践为根基，与社会主义市场经济和对外开放相适应，帮助受教育者树立正确的政治方向和价值观念，养成新型的道德规范和主体人格。

而在反映和适应现实的过程中，中国道德教育又将积极突破现实的局限，面向未来，用萌芽于现实而又超越于现实的道德理想来引导人、培育人、激励人，促使受教育者不断去追求一种更加高尚的精神境界和行为方式，完善自我，提升人生，为创造共同富裕、高度文明的未来社会而奋斗，从而充分发挥道德教育对人的全面发展、对中华民族精神文明和整个现代化建设的重大促进作用。

（二）民族性与世界性的统一

这是就道德教育的源流和特色来看的。21 世纪中国道德教育将以马克思主义为指导，以现代化建设实践为依据，以"古为今用""洋为中用"为原则，继承中华民族道德教育的优秀传统，借鉴当代世界道德教育的文明成果，努力开拓自身发展、创新的道路。中国道德教育将尊重历史，进一步发掘整理和批判继承中国道德教育遗产，剔除其以小农经济和君主专制制度为基础的封建性糟粕，吸取其具有普遍合理性的体现民族精神和符合民族文化心理特点的民主性精华，更加重视发扬"五四"以来形成的进步的道德传统，并将其融入新构建的现代道德教育体系，使现代道德教育体系根植民族文化，富有中国特色。

同时，中国道德教育还将面向世界，进一步加强同世界各国的道德教育交流与合作，抵制腐朽思想文化的侵蚀，博采适合国情的道德教育先进理论、材料和经验，并将其融入有中国特色的现代道德教育体系，使中国道德教育体系汇入世界大潮，更具时代气息。

（三）主体性与规范性的统一

这是就道德教育的本质和目的来看的。21世纪中国道德教育将不再单纯从外部给人施加说教和约束，而是以人为本，把道德作为人的内在需要，把受教育者作为成长着的思想道德主体来培养，以主体德行的建构和德行主体的发展为根本目的。因此，它将充分尊重受教育者的主体地位，切实实行道德教育的民主化，注重激发受教育者的道德自觉，着力提高他们的是非善恶辨别能力、自我教育能力、道德实践能力。

与此同时，中国道德教育又将重视"规范教育"，把合理规范作为经济社会发展的客观要求和人类道德文明与群体自律精神的集中体现，致力于适应社会主义市场经济体制和现代化建设需要的新型道德规范的养成教育。这包括社会公德、职业道德、家庭伦理、学生日常行为等规范的养成教育，使这些规范化为主体内在"自律"的要求，从而形成良好的文明习惯、人际关系和道德风尚，建立更加合理的社会生活秩序和个体生命秩序，为主体德行发展创设良好的环境，使主体真正获得对道德必然的把握，即道德自由。

（四）实践性与科学性的统一

这是就道德教育的重心和方式来看的。21世纪中国道德教育将改变理论"灌输"为主和形式主义的教育方式，而以现代化建设实践中的实际思想道德问题、以受教育者的道德实践为重心，注重引导受教育者自觉地投身道德实践，把参加集体的社会实践活动与个体在日常生活中的道德践履、体验和修养结合起来，持之以恒，反复实践，养成习惯。让受教育者在实践过程中学习和运用正确理论，并使之转化为自己的思想认识和道德信念，在实践基础上实现道德认知、道德情感、道德意志、道德行为的统一和协调发展。以受教育者的实践为检验、评价道德教育效果的根本标准，不断提高道德教育的实效性。

中国道德教育在增强实践性的同时，还将讲求科学性。它强调培养受教育者不仅以积极的情感驱动，而且以科学的理性精神来进行道德实践和道德批判，更多地运用观察、调查、实验、个案分析等科学方法和先进的科技手段，来研究道德现象，了解教育对象，实施道德教育，总结道德教育经验，揭示道德教育规律，并在马克思主义指导下，面向道德教育新的实践和新的发展，使道德教育学科建设达到新的水平，逐步实现中国道德教育的科学化。

（五）整体性与开放性的统一

这是就道德教育的结构和体系来看的。21世纪中国道德教育将打破单一、封闭的旧格局，建成整体性和开放性的"大德育"新体系。根据人的素质发展的整体性和影响人思想道德素质发展的因素的多样性，中国道德教育将从整体着眼，努力使受教育者学会做人，做"有理想、有道德、有文化、有纪律"的公民，促进其素质的全面提高和整体发展。既有区别又相联系地安排各教育阶段的具体内容、实施途径和方法，形成道德教育的科学序列和整体衔接；把道德教育与智育、体育、美育等其他各育有机结合，寓于学校各学科各课程之中，并以社区为重要依托，加强各级各类学校、家庭、社会各方面教育力量的组织和配合，构成道德教育的社会网络和整体合力。

面对各种思想文化相互交流和激荡、多元多彩多变的现代世界，中国道德教育不仅要有整体结构，还应该是一个开放系统。它将为了造就开放社会中能够自学自强自律的思想道德主体，而让受教育者置身于开放的教育情境和过程之中。它将在与外部环境的相互开放中，不断实现自己的发展和更新，同时发挥对文化的选择、引导和创造功能，从而形成一个充满生机和活力的现代教育体系。

三、道德教育需要创新教育目标

21世纪道德教育新的目标系统，核心是培养新型主体人格，其基本结构可概括为爱国精神、伦理精神、创新精神、自律精神。

21世纪中国道德教育目标的创新，要主动迎接新时代的挑战，"面向现代化，面向世界，面向未来"，充分体现人、社会、自然和谐发展的新道德理念，以造就"有理想、有道德、有文化、有纪律"的新人为总要求。新的目标系统，核心是培养新型主体人格，其基本结构可概括为四种精神。

一是爱国精神。中国道德教育首先要培养受教育者作为中华民族一员的主体意识，具有强烈的民族自尊心、自信心和深厚的爱国情感；了解国史，熟知国情，自觉继承中华民族优秀文化传统和革命传统；热爱社会主义祖国，把个体的人生理想与民族的共同理想联结起来，在为祖国现代化事业和中华民族伟大复兴奋斗中实现自身价值；发扬民主精神，以国家主人翁态度依法履行公民义务，行使公民权利，积极参与国家政治和社会生活，推进民主、法治建设。

二是伦理精神。中国道德教育要培养受教育者树立人己一体、义利结合、天人合一的伦理观和价值观，自觉遵守社会公德、职业道德、家庭道德、环境道德规范以及国际通用规则；正确处理自己、他人、集体、国家之间的利益关系，崇尚集体主义和为人民服务，提升精神境界；学会关心，学会合作，学会人际交往和国际合作；热爱大自然，珍爱生命，能对人、社会、自然的和谐统一和可持续发展尽责。

三是创新精神。"教育既有培养创造精神的力量，也有压抑创造精神的力量。"[①]中国道德教育要为受教育者潜能开发和个性发展营造宽松的环境，大力培养他们的创新精神，使之具有开放的视野、改革的观念和创新的追求；对已有知识和传统思想道德能进行独立思考、理性批判，敢于突破陈规，挑战权威，探索真理；发展自信开朗、竞争进取、不拘一格、标新立

---

① 联合国教科文组织国际教育发展委员会：《学会生存——教育世界的今天和明天》，华东师范大学比较教育研究所译，教育科学出版社，1996，第188页。

异、富于想象、乐于创造的创新人格；增强适应变化、承受挫折、坚韧不拔的心理素质。

四是自律精神。"教是为了达到不需要教。"①中国道德教育要注重激发受教育者内在的道德需要，培养他们自强不息的精神和自我教育、自我发展的能力；面对纷纭复杂的思想文化影响，能够自主判断、自主选择，吸收有益的营养，抵制腐朽的垃圾，抵御不良的诱惑；能把进步的道德理想和合理的行为规范自觉地转化为自己的信念和习惯，对自己的思想、情绪和行为实行自我反省、自我调控、自我修养；能把自身德行发展、人格完善的需要和愿望，脚踏实地、持之以恒地付诸实践，在不断改善的生活实践中实现自我。

四、道德教育需要创新教育内容

21世纪道德教育要形成具有中华民族特色、体现时代精神的生活化、创新性的道德教育内容系统。

21世纪中国道德教育内容的创新，要按照中国道德教育的新目标和受教育者思想道德素质发展的规律，把发扬中华民族优良道德传统同借鉴当代世界先进文明成果结合起来，贴近和关注受教育者的现实生活，敏锐反映经济社会变革和文化的创新，形成具有中华民族特色、体现时代精神的生活化、创新性的道德教育内容系统。

第一，加强对中华民族道德传统的批判继承和创造性转换与对世界先进文明成果的借鉴吸收和中国化改造相结合。中国古代伦理道德在数千年的发展中积淀了丰厚的内容，形成了完备的体系，并通过大量经书诗文、生活习俗、人物典范等流传下来，其中有许多虽产生于封建社会，但在一定程度上体现了民族精神的优良传统。

例如，"天人合一""以人为本"的思想观念，"天下兴亡，匹夫有责"的爱国抱负，"天下为公""先忧后乐"的集体情怀，"刚健有为，自强不息"的进取精神，"仁爱孝悌""谦和好礼"的人伦原理，"见利思义""先义后利"

---

① 叶至善、叶至美、叶至诚编《叶圣陶集》第11卷，江苏教育出版社，1991，第297页。

的价值取向，"诚实守信""勤俭廉正"的道德品质，"修身养性""慎独律己"的修养态度，"富贵不能淫，贫贱不能移，威武不能屈"的浩然正气，等等。要从当今世界和中国发展的背景来分析这些优良传统，把它们从基于小农经济和宗法制度的传统道德体系中分离出来，同与之交织的封建性糟粕区别开来，赋予新的时代内涵，使之成为中国特色现代道德教育内容的重要来源。

发扬中华民族优良的道德传统，应当包括继承、发展中国近代特别是"五四"以来在社会变革与前进中开创和形成的新思想、新道德。例如，振兴中华，反抗侵略，树立理想，艰苦奋斗，结合工农，服务人民，献身于民族解放和社会主义现代化；弘扬民主，反对专制，争取自由平等，承担社会责任，尊重独立人格，追求个性解放和发展；崇尚科学，破除迷信，解放思想，实事求是，不断探索真理和改革创新；等等。中国道德教育内容的创新，更需要以此为文化源头。

同时，还要注意吸收当代世界各国包括资本主义发达国家的先进文明成果，特别是那些普遍适用于市场经济、知识社会和解决当代人类共同道德问题的思想观念、伦理规范，并根据我国国情加以改造，使之与中华民族优良道德传统融为一体，成为新世纪中国道德教育内容的有机组成部分。

第二，突破旧的"课程"框框和"教条"形态，建构生活化的道德教育内容。中国道德教育要贴近、关注受教育者的个体生命和现实生活，把体现社会要求的思想观念、道德规范与人们的日常生活密切联系起来，构成适合不同类型、层次受教育者的特点和实际的教育内容系列。学校道德教育课程，要打破旧的"课程"框框和"学科"模式，以理论、规范与一定学段学生生活实践的结合为教材，除了显性的课程内容，还要注重开发、利用教育教学活动和环境中一切积极的隐性课程内容。为此就要全面实施素质教育，改善学校教育教学活动和环境，把其中对学生思想品德产生消极影响的因素减少到最低程度。

中国道德教育内容要扎根生活土壤，融入对受教育者个体日常生活、学习生活、交往生活、集体生活、职业生活等的关心、指导之中，真正发挥对人生的肯定、调节、提升功能。

第三，增强中国道德教育内容的创新性。中国道德教育内容要有一个基础性的相对稳定的系统，更要向时代和生活开放，不断从经济社会变革和文化创新中吸纳新鲜的思想道德养料，引进人们生活中所遇到的思想道德上的新挑战、新矛盾、新问题和新热点，使教育者和受教育者的个性得到张扬，思想道德批判和创新能力得到发展，实现道德教育内容的不断创新。

五、道德教育需要创新教育方法

21 世纪道德教育要建立具有中国特色和时代特征的符合规律性、富有实效性的道德教育方法系统。

21 世纪中国道德教育方法的创新，要根据中国道德教育的新目标、新内容，总结历史的和现实的道德教育经验，切实贯彻主体性、实践性的基本原则，实行人文教育方式与现代科技手段的有机结合，建立具有中国特色和时代特征的符合规律性、富有实效性的道德教育方法系统。

第一，尊重受教育者的主体地位，发挥受教育者在道德教育中的主体作用，促进思想道德主体的自我形成、自我发展。中国道德教育方法的创新，首先在于废除居高临下单向灌输的模式，把道德教育作为教育者的教育与受教育者的学习相互作用并通过受教育者的自我教育实现的活动，真正尊重受教育者的主体地位，在教育者与受教育者之间建立民主平等、教学相长、亲密友爱的关系，创设受教育者主体人格发展的必要前提。要从受教育者的现实生活和成长实际出发，循循善诱，启发引导，唤起受教育者内在的道德需要和思想自觉，使之积极参与教育过程；优化环境，交流情感，让受教育者在潜移默化的熏陶和动人心弦的共鸣中主动实现思想道德的"内化"。要使受教育者学会自我教育，让他们在开放的情境中锻炼自辨是非善恶、自主正确选择价值和行为的能力；在自己的生活里学会自我修养，在思想道德上不断适应新的客观要求，激励自我、调控自我、完善自我、超越和创新自我。

第二，知行统一，注重引导受教育者自觉地进行道德实践，以受教育者的实践为检验、评价道德教育效果的根本标准。中国道德教育方法的创新，必须克服说教为主和形式主义的弊端，把道德教育的重心转移到对受教育者实践的指导上来，把受教育者的自觉实践作为道德教育的出发点和归宿点，作为培养思想道德主体的基本途径。要让受教育者结合实践认真学习必要的理论知识，并通过他们自己的生活实践获得深刻体验和理解，使之真正转化为他们的认识乃至信念。要组织受教育者参加公益劳动、文化建设、社会调查、科技服务、勤工俭学、军政训练、节日活动等各种社会实践，更要引导他们在日常生活中随时随地自觉地将正确的思想道德认识实实在在地付诸行动；可以根据实际需要相对集中一定时间组织受教育者开展某些实践活动，更要引导他们对做人所必需的基本的思想道德、文明行为持之以恒地反复实践，养成良好的习惯。要创新道德教育的评价方法，把评价贯穿在受教育者的道德实践中，以受教育者道德实践的改善和提高作为衡量主体德行发展、评估道德教育效果的根本标准。

第三，实行人文教育方式与现代科技手段的结合。道德教育是以人为本、以人育人、学会做人的教育，人际交往、情感沟通、言传身教、榜样仿效、经典诵读、考察体悟、躬行践履、修身养性等富有人文特点的教育方式，具有不可替代的重要价值和独特优势，这也是中国道德教育方法上的优良传统。21 世纪中国道德教育要根据新情况，很好地继承和发展这些行之有效的教育方式；同时，应当关注大众传播媒介、多媒体计算机和网络等现代信息科学技术，以及心理测验与咨询等现代心理科学技术给道德教育带来的影响。积极开发、利用这些科技手段为道德教育服务，发挥其在培养现代意识和主体人格上的长处，抑制其可能产生的不利于人健康成长的负面效应，并同人文教育方式有机结合，提高"育人"实效，是中国道德教育方法创新的一个重要方面。

六、道德教育需要创新教育体制

21 世纪道德教育需要构建充满生机和活力的科学化、民主化、社会化、终身化的道德教育体制。

21 世纪中国道德教育体制的创新，要与经济社会变迁和整个教育体制改革相适应，遵循现代道德教育规律，构建中国道德教育发展需要的充满生机和活力的科学化、民主化、社会化、终身化的道德教育体制。

第一，建立科研机制。中国道德教育的发展和创新必须依靠科学。要把开展道德教育科学研究作为道德教育组织的重要职能，并建立科研先导的道德教育运行机制，要大力开展道德教育的调查研究，及时把握青少年思想品德发展的动态及规律。通过搜集剖析道德现象、事例、个案，研究道德教育新情况、新问题，进行道德教育试验，揭示道德教育规律，来形成道德教育的正确决策和可操作方案，指导整个道德教育实践。要加强道德教育的科学建设，把道德教育课题列为国家和地方哲学社会科学规划、教育科学规划的重要内容，培养大批具有科学理论素养的道德教育专家，设立必要的道德教育科研机构，建设高水平的道德教育学科，并为专家待遇和科研经费提供保障，使中国道德教育的科学化在体制上得到落实。

第二，实行民主管理。中国道德教育在管理制度上需要进一步民主化。要在坚持国家统一的道德教育基本目标、基本内容的同时，针对各地各类受教育者的不同情况，研究、制定多层次多样化的道德教育具体目标、具体内容，开发国家课程、地方课程和学校课程相结合的学校道德教育课程，以充分发挥各地各校道德教育的积极性和优势、特色，更好地适应受教育者个性、人格发展的需要。要在党和政府领导下实行群众广泛参与的道德教育管理制度，让受教育者参与教育，让教育者和受教育者参与管理，扩大他们自主教育、自主管理的权利；建立由道德教育专家、行政领导和各方面群众代表组成的道德教育工作委员会、道德教育咨询会，具体管理道德教育工作，向党和政府提供道德教育重要信息和决策建议；改革道德教育评价制度，加强自我评价和公众评价。

第三，形成社会网络。要从提高中华民族思想道德素质和精神文明水平的高度，以青少年、儿童教育为重点，面向全体社会成员，努力在全社会构筑道德教育的立体网络和终身教育体系。做到不仅教育部门抓道德教育，而且宣传、文艺、广播电视、新闻出版、电子信息以至公安、工商管理、海关等各部门齐抓共管，形成道德教育合力；不仅学校成为良好的育人园地，而且企事业单位、社会各界都能发挥道德教育职能，在政府统筹下实行学校同家庭及周边地区社会各方面密切合作，组成社区道德教育网络；不仅关心青少年、儿童健康成长，而且要系统组织成人包括老年人的道德教育，构成终身道德教育体系，从而实现中国道德教育的社会化、终身化。

七、道德教育需要创新型的教师

21世纪道德教育需要造就队伍宏大、能够担当育人重任、堪为人师表的新世纪道德教育教师。

21 世纪中国道德教育教师的创新，要使道德教育教师主动适应和促进中国道德教育的发展，在道德教育的创新实践中努力实现自身的创新，造就队伍宏大、能够担当育人重任、堪为人师表的新世纪中国道德教育教师。

"教育者本人一定是受教育的。"[①]从中国过去的道德教育中培养出来的道德教育教师要去培养未来的一代新人，更非得自己先受教育、实现自身的创新不可。

中国道德教育教师的创新，除了要与道德教育的社会化、终身化相适应，形成专兼结合、功能互补、规模宏大的教师队伍结构，更重要的是要实现道德教育教师职能和角色的根本转变。要使道德教育教师的职能，由"传道"即单向灌输现成的思想道德结论，转变为关心、指导、帮助受教育者实现思想道德素质的自我发展，在这个过程中同时使自己也受到教育，获得发展。由此，道德教育教师的角色也相应地要由凌驾于受教育者之上的"灌输者""管束者"，转变为受教育者主体德行发展的"良师益友""人之师表"。这也就是中国道德教育教师的转型。

为此，中国道德教育教师要努力实现自身素质的创新和提高。要对 21 世纪世界和中国经济社会发展与文化变迁具有宽广的视野和正确的世界观、方法论，对自身的育人使命有清醒的意识，树立中国特色社会主义的现代道德教育理想、观念；要在开放的环境中不断加强自身的思想文化和道德修养，对受教育者真正能够做到启人心灵、为人师表；要系统掌握现代道德教育知识、技能，提高道德教育的创新智慧和实践能力。

中国道德教育的发展与创新能否成功，可能归根到底将取决于中国道德教育教师能否创新。

---

① 中共中央马克思恩格斯列宁斯大林著作编译局编《马克思恩格斯选集》第 1 卷，人民出版社，1995，第 11 页。

第十九章　中国教师教育改革的未来前景

强教必先强师。

我国现有 1700 万名教育工作者，其中各级各类学校专任教师有 1390 多万名。[①] 他们是推动教育事业科学发展和提升教育品质的重要力量。加强教师队伍建设，提高教师队伍素质，是广大人民群众的期盼，更是教育改革发展的迫切需要。

素质教育讲了许多年，为什么一直没有真正地实施？除了政府职能的错位、考试与评价机制的偏差以及社会的推波助澜，一个非常重要的原因是缺乏一支能够真正实施素质教育的教师队伍。尤其是在农村实施免费义务教育以后，农村教师的素质问题，将直接影响农村基础教育的质量。说一千道一万，推行素质教育关键在教师，在教师的素质。高水平的教师队伍，必然会具有正确的教育观念、渊博的知识体系、良好的师生关系；必然会懂得面对全体学生，研究全体学生的德、智、体等方面的全面情况，探索适合学生身心健康发展的教育方法，因而他们的教育也必然是素质教育。反之，低水平的教师队伍，必然不了解教育的真谛，不会自觉地学习与进修，不会按照素质教育的要求去工作；他们可能会自觉不自觉地追求分数，甚至可以不顾学生的身心健康，天天给学生讲解大量例题，布置大量作业，进行各种考试，他们的教育也必然是违背素质教育宗旨的应试教育。概而言之，教育品质不是取决于学校建筑多么漂亮，教学设施多么先进，而是取决于站在讲台上的那个人素质如何。所以，建设一支高水平的教师队伍，也是实施素质教育的前提。

---

① 此为 2011 年数据。

一、加强教师队伍建设和教师教育改革，迫在眉睫

从整体来看，最优秀的人才还没有真正进入教师队伍，教师培养模式比较单一，教师继续教育体系不完备、水平参差不齐，农村和城市薄弱学校优秀教师数量紧缺，优质教师资源配置不均衡，少数教师职业倦怠严重，整体素质偏低。所以，加强教师队伍建设和教师教育改革，迫在眉睫。

近年来，在各级党委政府高度重视和全社会关心支持下，中小学教师队伍建设取得了新的突破和新的进展。一是教师资源整体配置得到优化。教师队伍的总量增加，年龄结构进一步优化，中青年教师成为中小学教师的主体。45岁以下的小学、初中、高中教师分别占到了69.9%、84%、87.3%。二是教师队伍整体素质得到提高。幼儿园、小学、初中、高中专任教师的学历合格率分别达到了96.5%、99.5%、98.7%、94.8%。其中农村专任教师的学历合格率提高更为明显。具有大学专科、本科学历的教师已经成为新增教师的主体。三是农村师资力量得到加强。通过"农村义务教育阶段学校教师特设岗位计划""农村学校教育硕士师资培养计划"、城镇教师支援农村教育和师范生实习支教等工作，使农村教师队伍得到补充和加强。四是教师培训工作全面展开。中央财政安排了专项资金5.5亿元，实施"国培计划"（中小学教师国家级培训计划），仅2010年就培训了115万中小学教师，其中农村教师占95.6%。五是师德建设得到重视。通过全国教书育人楷模推选与学习宣传等一系列师德主题宣传教育活动，和学习贯彻《中小学教师职业道德规范》等措施，师德建设受到进一步关注和重视，涌现出许多优秀的教师群体。

但是，我们也应该清醒地看到，目前我们的教师队伍建设仍然面临不少问题和困难。

第一，最优秀的人才还没有真正进入教师队伍。最好的教育必须有最优秀的教师。在历史上，凡是教育发展得最好的时期，总是社会上最优秀的人才进入教师队伍的时期。但从目前的情况来看，我们最优秀的高中毕业生往往没有选择报考师范专业，最优秀的大学毕业生也没有选择把教师作为自己的职业。近年来虽然通过免费师范生、增加教师绩效工资等一系

列措施，吸引优秀学生报考师范专业，但情况并没有多大改观。相比较而言，近年异军突起的芬兰教育，其秘诀之一就是以较高的入职门槛保证教师的基本资质。芬兰义务教育学校教师最低学历是硕士，必须接受 5 年以上的高等教育才有可能获得，而且教师职业是高中毕业生的第一位的期望职业，教师教育课程的入学竞争倍率达到 10 倍。

第二，教师培养模式比较单一。我们采取的是相对单一封闭的师范院校培养教师的模式，缺少吸引优秀大学生从事教师职业的管道。在师范教育课程设置上，教育理论和教师技能课程严重偏少，课程内容一般仅限于教育学、心理学以及教材教法老三门，所占学时一般也只有 160 学时左右，在所有课程中所占的比例还不到 5%。这些课程的设计，缺乏对教师成长规律的深入研究，尤其是在职业认同和专业发展方面，对于教师的专业阅读、专业写作基本没有考虑。在教育技能的训练方面，机会则更少。教育实习的时间安排也严重不足，仅为 4—6 周，与英美等国家 15 周的教育实习时间相差甚远。

第三，教师继续教育体系不完备，水平参差不齐。近年来，我国教师继续教育取得了长足进步，但仍存在着目标偏离、机构单一、师资质量不高、内容陈旧、手段落后和激励机制不完善等方面的问题。如在培训目标方面，存在着重学历提高，轻能力培养；重知识传授，轻师德提高；重不合格学历教师的继续教育，轻合格学历教师的继续教育等。在机构设置方面，相对于国外教师继续教育庞大完善的教师培训进修网络，我们基本还局限在大学、教育学院和教师进修学校中，明显表现出单一性的缺陷。在培训方式方面，主要是传统的课堂授课方式以及"满堂灌""填鸭式"教学，能够真正提高教师教学技能技巧和实际管理能力，且形式生动活泼、实践性很强的教学方式很少被运用。在培训内容方面，大部分是重复师范院校开设的课程，对已经具有教学经验的老师指导性不强。在培训机制方面，还没有建立起完善的自主研修、激励考核机制。强制性培训多，选择性培训少，这在很大程度上影响了教师参加继续教育的主动性和积极性，使得许多教师把参加继续教育看成是不得已而尽的义务。

第四，农村和城市薄弱学校优秀教师数量紧缺，优质教师资源配置不均衡。虽然国家不断加大对教育的投入，边远农村及少数民族地区与发达地区的教育差距仍然明显。据国家教育质量监测中心对 50 个县的调查显示，农村学校与城市之间的教育质量差异仍然非常大。虽然国家采取了许多措施稳定农村教师队伍，但是"孔雀东南飞"的现象仍然愈演愈烈。据广西壮族自治区教育厅的调查，该区"十二五"期间农村中小学（含幼儿园）教师的需求达 8.6 万余人。在许多农村学校，外语、音乐、美术、体健、地理、历史、生物等科目的专任教师严重缺乏。在城市，优秀教师集中在名牌学校的情况也非常普遍，导致了学校差距的扩大和择校热的现象屡禁不止。

第五，少数教师职业倦怠严重，整体素质偏低。如果在谷歌上搜索"职业倦怠"，会发现竟然有 80% 的内容是关于教师的。也就是说，在有职业倦怠倾向的整个群体中，教师发出了最强的声音。教师工作的时间之长、要求之高、对象之复杂、压力之大，使许多教师产生了倦怠感。这种职业倦怠是应试主义和市场主义合谋的结果，也导致了师生之间、同事之间、生命与知识之间的分离及自我与社会的隔离。就师生关系来说，教师更多的是用权威、用分数来威逼孩子，或者以功利化的师爱为手段、以世俗化的成功为诱饵来控制学生，师生间是一种控制与被控制、灌输与被灌输的关系，而不是那种亲切的、自然的师生关系。就同事关系来说，在分数面前、奖金面前、待遇面前、职称面前，教师和教师几乎成了对立的竞争者，教师生活中虽然也有教研活动，但是没有真正的教研；虽然也有教职工大会，但是没有真正意义上的公共活动，教师和教师成了生活在同一屋檐下的互不相干的陌生人。

二、教师教育改革，需要改变教师教育的培养模式

建议推出高师 3+1 模式，探索 4+1 模式，改革高师院校教育类课程和教学方法，加强高师教育实习工作，以教育论文作为师范生的学士论文。

随着师范院校规模的扩大以及综合化的趋势，教师培养在一定程度上被削弱。因此我们对于改革教师教育提出以下建议：

1. 推进高师 3+1 模式，探索 4+1 模式。

所谓 3+1 模式是指在高师本科学制 4 年不变的条件下，学生在前 3 个学年系统地学习公共必修课、专业必修课以及公共选修课和专业选修课，

利用最后一个学年集中学习教育学科类课程，进行教育见习和实习，完成毕业设计或毕业论文。

由于我国高师的教育类课程逐一分散在好几个学期开设，战线拉得很长，不能引起学生足够的重视，习得的基本概念与基本理论容易遗忘，且理论与实践相脱离。学生往往重专业理论，轻教育理论，故远远没有达到开设此类课程的教学目标，直接影响了学生教育理论素养和教学实践能力的提高，也影响了师范生的质量。而将教育类课程集中在最后一年进行开设，由于课程之间衔接紧密，渗透性强，体系清晰，能使学生从思想上高度意识到教育类课程的重要性，意识到教育能力是教师的重要能力，促使其进一步增强未来教师的角色意识，同时也能改变目前四年级师范生比较松散的学习状况。

4+1师范教育模式意味着独立设置的师范院校与综合性大学将在专业教育方面并轨，而在职业教育方面分离。教育类课程和从教技能训练作为一种职业教育将由专门的机构对新师资进行职前培训，学生需同时获得本科专业文凭和师资培训证书后方能取得教师资格。该机构应同时负责新教师的继续教育，并以此作为其晋升教师职称的条件。4+1模式适合于培养高中段教师。

2.改革高师院校教育类课程。

我国现今高师院校开设的教育类课程通常只包括公共心理学、教育学、分科教学法和教育实习等科目，已不能适应现实需要，存在诸多问题：①在课程安排上，教育类课程没有被放在应有的重要位置。课程门类单一（教育类课程俗称"老三篇"），教育职业技能训练课程少，课时少（约占总课时的5%—6%），课时比例严重失调；②在教材方面，基本理论框架无重大突破，教材的教学法功能不足；③教育内容严重脱离实际（师范教育实际、基础教育实际）；④反映时代特色不够，对改革开放以来我国教育改革中的新情况、新问题、新经验总结不够；对当代国际可供借鉴的教育理论和经验研究总结不够；⑤对内容体系与相关学科的交叉、重复、渗透缺乏整体研究与协调，致使课程的科学性、有效性受到影响。

为了使教育类课程体系的改革适应21世纪师范人才培养的需要，应该对原有的课程进行全面改革，新的课程体系应包括四个方面的内容：

①教育基础类课程。将原来的公共教育学、心理学改成教育基础、教

与学的心理学、教学理论和教学技术三门课程。

②教师职业技能课程。包括教师口语训练、书写规范与技能训练、学科教育学、现代教育技术。

③教育类讲座课程（选修）。包括班级管理、学生评价、心理辅导等若干课程。

④教育实践类课程。包括教育实习、教育调查、来自教育第一线的优秀校长和优秀教师、班主任的报告等。这一课程设计注重了教育理论与实际的结合，也注重培养学生的从教能力。

3. 改革高师教育类课程教学方法。

我国教育类课程的教育方法与西方发达国家相比显得过于死板，以教师讲、学生听的理论说教为主，学生在进入教育实习前，基本没有进入教育教学情境，这使学生在具体的实践情境中很难自觉地用理论来剖析问题和解决问题。鉴于此，高师教学方法改革的重点是处理好教师的主导作用与学生的主体作用、课堂教学与课外教学见习、教材与基础教育改革以及理论学习与实际操作之间的关系。如组织学生开展课堂讨论、辩论，举办读书报告会，进行课堂模拟教学和教学评价；结合教育教学理论，实地观摩教学，播放优秀中小学教师的课堂教学录像，从理论的角度对教学实录中所体现出的教学目标、教学方法、教学步骤等进行分析评判，并编写规范教案，促使学生尽快将学与教的心理学知识转化为教学技能；外请优秀中小学校长、教师和班主任向学生介绍优秀的教学和班主任工作经验；转变教育类课程教师的角色，要求教师进入中小学第一线，了解中小学生和中小学教学的过程和内容，并调查中小学教学工作中存在的问题，进行相应的教育科研，这使教师能极为紧密地联系中小学实际对师范生进行理论教学和实践指导，教学效果明显提高，同时也充分发挥了教师的沟通师范生与中小学教育教学实践的桥梁作用，进一步加深师范生对中小学的感性认识。

4. 加强高师教育实习工作。

目前师范教育实习的指导工作不同程度地存在以下五个方面的问题：师范教育实习指导目标不明确，评价不规范；实习指导教师的资格认定缺少硬性标准和规定；实习指导的内容存在一定的片面性；实习指导过程的形式化倾向较为严重；师范教育实习的指导工作存在着单一化的倾向。因此我们建议要加强实习指导的工作，选派优秀的指导教师，制订合理的实习计划，充分发挥实习学校优秀教师的作用。

5. 以教育论文作为师范生的学士论文。

以教育论文作为师范生的学士论文是强化师范教育师范性的有效途径。通过让师范生进行教育调研，撰写教育论文，可以大大强化师范生今后从教的意识，促使师范生在实践中主动为今后做教师做准备。

三、教师教育改革，需要加强教师继续教育

建议完善中国教师继续教育的法制体系，建立中国教师继续教育的师资资格认定制度，建立中国教师继续教育的基地、网站、文库、影像资料中心，组建中国继续教育督导团，建立中国继续教育培训的市场机制。

继续教育作为一种教育制度在我国确立，是教育变革的结果。近几年来，我国教师继续教育在取得很大成绩的同时，仍然存在不少问题，这些问题严重制约了教师成长和教育品质的提升。这里对我国教师继续教育提以下几点建议：

1. 建立和完善中国教师继续教育的法制体系。《中华人民共和国教师法》和《中华人民共和国教育法》这两部法律只是笼统地从总体上对教师继续教育做了规定，只是初步改变了我国教师继续教育无法可依的状况，对教师继续教育的一些具体问题仍缺乏明确的规定，因而国家要尽快制定具有可操作性的教师培训法规，对继续教育的经费来源、培训机构的设立、考核的办法、培训证的认定、不同的教师在什么情况下接受什么样的培训等方面都应有明确的表述。只有逐步完善我国教师继续教育的法制体系，才能真正将我国教师的继续教育纳入法制化的轨道，使教师培训具有强制性、严肃性、稳定性和实效性。

2. 建立中国教师继续教育的师资资格认定制度。在教师继续教育师资资格认定上，我国应加快步伐，借鉴《教师法》中教师的资格和任用制度的规定，并广泛吸收国外的经验，在教师继续教育的师资应达到的水平、教学实践的能力和资格证书的有效时间等方面做出明确的规定，力争在3—5年内建立比较完备的教师继续教育的师资资格认定制度。

3. 建立中国教师继续教育的基地。在知识日趋综合化的今天，教师不

仅需要拥有深厚的专业知识，而且需要有广博的相关知识。无疑，名牌大学、综合性大学在这方面拥有比较明显的优势。另外，教师继续教育的基地也可以办到著名的中小学中去。一些著名的中小学实际上就是当地的文化教育中心，它们拥有大批经验丰富、教学水平高的名师和较强的学科基地，从而由这些中小学对教师进行继续教育的培训，这样做针对性强，容易取得实效。此外，只要条件许可，也可组建专门的教师研修中心，由中心根据教学中的专题，聘请一流大师与教师对话，通过与大师的交流，唤起教师对理想的追求，激发他们的潜能和创造力。

4.建立中国教师继续教育网，充分利用网络资源，为面广量大的教师提供充沛的继续教育资源。教育行政部门应尽快建立起全国范围内的教师继续教育网，把全国最优秀的教学资源优化和集中，为教师提供一个学习知识、获取信息的广阔空间，进而促进教学方式、教学手段和教学模式的变革。另外，也可以利用民间网络公司的资源，利用他们灵活多变的优势，广泛吸收他们参加教师继续教育网的建设。也可以在现有网站的基础上进行改造，如有"中国最大的网络教师培训学院"之称的教育在线（www.eduol.cn）。

5.建立中国教师继续教育文库，为教师提供精神食粮。目前我国使用的教材内容明显陈旧，与发达国家相比，至少落后十年左右，因而加强教材的翻译和编写、更新教材的内容已显得刻不容缓。同时，应该组织专家研究教师继续教育的读书书目，筛选中外经典教育名著，为教师提供扩大知识面的广泛阅读材料，丰富教师的精神世界。

6.建立中国著名教育家影像资料中心。应该把当代教育家们精彩的演讲和课堂教学等内容录制下来，为全国的培训机构服务，实现资源共享，从而避免优秀教育家长期东奔西跑、忙于应付各种讲学活动的状况，使他们有足够的时间和精力研究教育教学。另外，影像资料中心的建立也为边远地区的学校和一些办学条件比较差的学校提供了一种和大师对话的途径，通过观摩，帮助这些学校的教师尽快获取教育信息，掌握先进的教育理念和教育方法，不断提高教育的质量。

7.组建中国继续教育督导团。很多在一线工作的优秀教师有丰富的教学经验，但由于基本教育理论素养的缺乏，他们的经验难以上升为理论化的知识，难以形成具体的教学模式，这时就需要专家的指导和帮助，帮助他们克服巅峰之后的"高原现象"，帮助他们尽快地成为专家型、学者型的教师。以前这项工作只是由少数高校教师和一些研究人员零星地在做，现在可由教育行政部门出面，有针对性地对若干优秀教师加以辅导，从而发挥出良好的规模效应。

8.建立中国继续教育培训的市场机制。教师继续教育培训的对象层次繁多，需求各异，但现行的政策是上级部门指定培训地点和培训内容，学校和教师没有选择的权利，这种行政上的垄断带来的是工作的低效。教师对这种强制性的培训普遍持有抵触情绪，为了应付上级的检查，教师到培训处报到，但报到之后即刻走人，常常造成实际参加培训的人数还不到应该参加培训人数的一半的现象。因而，应该把选择培训基地和培训内容的权利交给学校和教师，由学校和教师根据自己的需要，自主地加以选择，教育行政部门加以必要的监控，这种措施的结果必然是每一个培训基地都会千方百计地提高培训质量，以吸引生员。面向市场，才会有压力；有了压力，才会有动力。因此建立继续教育培训的市场机制势在必行。

四、教师教育改革，重在提升农村教师的素质

建议从数量的补充和质量的提升两个方面加强农村教师队伍建设，吸引最好的老师到农村去，加强农村教师的培训。

《国家中长期教育改革与发展规划纲要》明确把促进公平作为"国家的基本教育政策"，并且提出教育公平的关键是机会公平，基本要求是保障公民依法享有受教育的权利，重点是促进义务教育均衡发展和扶持困难群体，根本措施是合理配置教育资源，向农村地区、边远贫困地区和民族地区倾斜，加快缩小教育差距。

其实，教育公平的关键在农村。目前，农村教育已经成为中国教育这个大"木桶"最短的一块板。在许多城市，我们教育的硬件和软件并不亚于一些发达国家，但是在农村，我们的教育发展水平总的来说还比较低。最近几年，我走访了不少农村学校。我们发现，在免除了农业税、义务教育阶段的学杂费、教科书费、农村困难学生寄宿费以后，农村教育虽然有了很大的发展与变化，但并没有像人们期待的那样有根本改观。相反，在一些地方，农村学校萎缩的情况比较严重，有些村庄甚至出现了"空洞化"

现象，到了难以为继的地步。

农村教育的关键，在农村的教师。农村教育为什么萎缩？其中的一个重要原因，就是农村没有好的教师。一些优秀的教师都跑到县城，跑到大城市去了。所以，县城的学校人满为患。

农村教师是中国教育最主要的一支力量。据统计，2009 年，全国普通中小学专任教师 1064.01 万人，其中小学教师 563.34 万，初中教师 351.34 万，高中教师 149.33 万，在城乡分布上，城市教师 218.07 万，县镇教师 372.99 万，农村教师 472.95 万，县镇以下的中小学教师占到总数的 79.5%。所以，我们说，没有农村教师素质的提升，就没有中国高素质的教师队伍；没有农村教育的发展，就不会有中国教育的现代化。农村教育发展的关键，是农村教师队伍素质的提升。

农村教师队伍建设的问题，主要是从数量的补充和质量的提升两个方面来进行。从补充数量的角度来看，关键是要吸引最好的老师到农村去。近年来，教育行政部门在这方面做了不少工作，如 2006—2009 年共招聘了 12.4 万名特岗教师到西部 900 多个县 1.5 万所农村学校工作，推进城镇教师支援农村等，这些措施应该继续实行。但是同时，我认为更加重要的是应该建立起正常的补充机制。我觉得有两条非常重要。一是要改革现有的免费师范生制度，借鉴大学生村官的办法，吸引最优秀的大学生到农村去教书。彻底解除大学生的后顾之忧，让他们能够真正地留得住、出得去、干得好。也就是说，不是在师范生入学的时候就给予资助，而是从优秀的毕业生中选拔那些有志于服务农村的大学生，服务满三年就可以免去其就读师范大学的学费。三年以后自由选择，在考研究生或者公务员方面给予加分录取。如果留在农村，给予安家费用、研修费用等。二是要组织退休教师志愿者队伍解决师资问题。全国有大量的退休教师和科学技术人员，他们中的大部分人身体健康、业务精湛，如果能够组织起来，有序地去那些最需要的农村地区发挥余热，可以在相当程度上解决农村教师短缺的问题。

在农村教师队伍建设中，特别要加强农村幼儿教师队伍建设，提高农村幼儿教师的整体素质。目前，我国幼儿园的职生比（教职工与儿童比）为 1∶17.8，其中城市为 1∶9.7，县镇为 1∶17.2，农村为 1∶36.5，远远超出了《全日制、寄宿制幼儿园编制标准》规定的 1∶7—1∶8 的比例，幼儿教师的紧缺已经成为制约农村学前教育事业发展的瓶颈。因此，必须大力推进地方办好中等幼儿师范学校和高师院校学前教育专业，支持地方建设幼儿师范专科学校，扩大部署免费师范生学前教育专业的招生规模；同时实施农村幼儿教师的培训计划，推动各地开展幼儿教师的全员培训；颁布幼儿教师的专业标准等。

从提升质量的角度来看，教育行政部门也做了许多工作，如从 2004 年实施"农村学校教育硕士师资培养计划"以来，一共招收了 4500 多名优秀本科生到农村任教，2010 年开始投入 5.5 亿元的国培计划，重点也在加强农村教师队伍的培养。许多民间机构、NGO 组织也做了许多卓有成效的工作。如烛光行动借助新东方的资源对农村外语教师的培训，就取得了非常好的效果。

但是，我认为，除了这样的短期的请进来、走出去的培训，最关键的应该是根据教师专业发展的规律，对农村教师进行系统全面的培训。根据新教育研究院最近几年在贵州凤冈、四川北川等地的探索，我们认为，一个好教师的成长，其实最重要的有三条，我们把它们称为教师专业发展的"吉祥三宝"，即专业阅读、专业写作和专业发展共同体。专业阅读，是站在大师的肩膀上前行，我们专门开发了教师专业阅读地图，创建了新教育网络师范学院，鼓励教师和那些最伟大的教育著作对话；专业写作，是站在自己的肩膀上攀升，我们专门开展了教师教育叙事研究，开始建立中国典型教育案例库，鼓励教师活得精彩、做得精彩、写得精彩，书写自己的生命传奇；专业发展共同体，是站在集体的肩膀上飞翔，我们通过教育在线等形式，让教师打破时空的局限进行深度的交流与合作。从我们网络师范学院的学员大部分是来自农村中小学的老师的实际情况来看，农村教师的成长的确是有规律可循的。

从许多民间组织的实践以及我们的探索来看，社会力量关注和推动农村教师队伍的建设，是卓有成效的。希望教育行政部门能够及时关注和总结这些民间的经验，并且从经费等方面给予支持，让全社会都来关心和支持农村教师队伍的建设。

百年大计，教育为本；教育大计，素质为要；素质教育，教师为本。我们必须高度重视培养和造就一支高水平的教师队伍，在各个环节上狠下功夫，才有可能在未来的教育中真正地实施素质教育。

第二十章　中国教育的未来展望

进入 21 世纪以来，以高新技术为核心的知识经济已经占据经济发展的主导地位，人力资源的重要性远高于以往任何时代，国家综合国力和国际竞争力的强弱将越来越取决于教育的发展和科技进步以及知识创新的水平。在世界各国日益把发展高质量的教育作为 21 世纪经济和社会发展的基本国策的背景下，中国的教育也将以崭新的姿态推动整个中华民族的前进和发展。展望中国教育的未来，将会有哪些发展趋势和特点？

一、教育质量的提高越来越受到重视

教育的基础性作用和战略地位将更加突出，中国教育将不仅注重规模的扩张，而且更注重教育质量的提高。

20 世纪世界各国的经济社会发展的经验，尤其是发展中国家的崛起事实以及日本等国家战后的经济奇迹，已使人们愈来愈深刻而自觉地认识到，社会、经济的发展愈来愈依靠科技的进步和劳动者素质的提高。美国、德国、法国、日本、新加坡等国都在世纪之交，对教育如何适应新世纪的发展采取了许多积极的措施和对策，这些措施和对策都基于一个基本的认识：在 21 世纪的国际竞争中，谁赢得了教育，谁就将赢得世界领先地位的主导权。中国作为一个发展中国家，要想在 21 世纪跻身世界强国之林，也必须深深扎根于教育的发展基础之上。

在 20 世纪，由于受各方面条件的限制，我国许多人没能充分享有受教育的权利。但是，在 21 世纪的中国教育发展中，在全社会的共同努力下，教育的投入会进一步加大，教育的法制会进一步完善，这种状况将会大有改观。在 21 世纪的中后期，整个社会将会成为一个人人热爱教育、人人接受教育的社会，是一个充满浓郁文化氛围的教育乐园。我们一直梦想的高等教育大众化也已经在 21 世纪变为现实，"科教兴国"的伟大战略将会得到真正体现。经过教育的熏陶和培养，整个中华民族将以一个崭新的精神面貌出现在世人面前。

在 21 世纪，我们在过去许多年中一直在呐喊和追求的素质教育模式将会得到更深层次的发展，并将成为 21 世纪教育改革和发展的主旋律。在素质教育的引导下，我国将会建立起一套完整的素质教育体系，达到世界一流的教育水准。学生将会从考试的桎梏中解放出来，每个学生都能获得个性和潜力的最大限度发挥，使他们在身心和谐发展的教育氛围中，愉悦、主动享受新世纪教育带来的新气息。教育将从过去只注重培养适应工业社会的具有一种职业技能的"单向度的人"，转向培养能适应瞬息万变的社会的通用型人才。在科学的教育内容和教育方法的引导下，人们的创新激情和创新能力将得到极大的发挥。教育质量的提高将进一步增强中华民族的凝聚力，展示中华民族的智慧和才能。

随着社会对教育的日益重视和教育品位的日益提高，教师的社会和经济地位将有所提高。大学教师的工资待遇将会有较大幅度的提高，这一职业将会上升到社会地位排行榜的前列。中小学教师也将日益成为受人尊敬的职业。教师地位的提高和教师资格证书的广泛推行，会使教师职位的竞争日趋激烈，教师的全员聘任制也将使教师队伍的质量不断提高。

二、信息化将改变中国教育的模式

中国将迈入信息化社会，新的教育技术革命将在很大程度上改变中国教育的模式。

信息化是新世纪社会发展的基本特点之一。著名未来学家托夫勒认为，新世纪无论现在看来多么混乱、无序，其中一个显著的特点就是知识的膨胀与迅速传播。新的科学理论和技术知识每天都要更新，昨天还是科幻小说中的题材，今天就已变成了现实。工业、商业、金融业正日益依赖于市场信息和技术信息；公司间的信息战正愈演愈烈，已变得生死攸关。国家间的争夺也日益从谋取军事强权转向科技竞赛。谁拥有大量的知识，谁就能在新世纪获胜。

21世纪的信息化社会，将会导致新的教育技术革命，计算机的功能将会得到极大的强化。随着计算机走进教室和家庭，学校教育将广泛采用电子计算机，各种学科的教育教学软件系统将会被广泛开发和采用，学校教育、家庭教育、社会教育三个系统有可能通过计算机联网。与此相适应，信息处理教育在各个学习阶段将进一步得到加强，教师将积极并灵活地运用各种信息媒介机器和教材，帮助和指导学生进行学习。以课堂讲授为主的教学方式将有可能变为教师辅导为辅、学生运用信息手段主动获取知识为主的方式。

多媒体计算机的普及更加强了自学的魅力，传统的课堂教育模式将会彻底被颠覆，在中国的许多地区将会出现一大批真正意义上的网上学校和"开放型学校"。在这样的学校里，学习可以不受时间的限制，通过现代通信手段，学生可把作业"交"给老师，老师也可把问题予以解答，并可以把考卷、课文讲义和作业"发"给学生。师生双方可以在约定的时间里谈心和讨论问题。在不久的将来，电子课本将会全面普及，各种形式的教育网站将纷纷建立，各个阶段教育的各类学校将会通过教育网塑造学校形象，争取优秀生源。跨校学习将成为可能，新型的跨校联合文凭将成为现实，类似于"可汗学院"的新型网络大学也会应运而生。

信息化社会不会使学校消亡，计算机再高明也不能取代活生生的教师。而且，随着计算机的普及，学生玩游戏机荒废学业等问题也会产生。因此，未来的中国教育也将面对如何防止信息化社会的负面作用等新问题，努力建立能有效利用信息技术的新型教育体系。

三、教育的国际化大大加速

中国经济国际化的进程将大大加速，教育的国际性色彩也将更加明显，将会出现新的国际理解教育的景观。

在新世纪，现代交通、通信技术将高度发展，经济、科技、文化、教育等交流将进一步扩大，各个国家的联系将愈来愈紧密，地球上任何一个国家与地区之间的联系将既快捷又方便，像在同一个村庄一样。任何一个国家都不能完全孤立于国际社会之外而长期生存与发展，各国向国际化社会开放并自动融入国际社会，将成为新世纪的重要特征。

在新世纪的国际化社会里，许多问题的解决，已非一个国家或几个国家的能力所能及，而有赖于世界各国的共同努力。也就是说，只有从全人类的角度出发，积极为人类的和平与繁荣、解决地球上各种各样的问题做出贡献，参与能保全宇宙船"地球号"生态系统的正常运转和使自然、人、机器共同生存的人类文化的创造，才能使国际社会健康、稳定地发展。

新世纪的国际化社会也会对中国教育产生重要影响，新的国际理解教育景观将会出现，以经济往来为龙头的文化教育往来将日趋频繁。教育将在目标、内容、方法、手段等各方面适应国际化的要求。

首先，外语教学的普及率将会大幅度地提高，外语教学将普遍从小学起开设，双语学校将会大量涌现，在城市将成为一种主导性的教学模式。中学的外语课程比重将进一步加大，大学的课程会用外文版教材。

其次，教育机构将进一步向国际社会开放。国际著名的教育机构将会纷纷进入中国，出现大批诸如宁波诺丁汉大学、苏州西交利物浦大学、上海纽约大学这样的国际合作办学模式。同时，中国会吸引更多的外国留学生来学习中国语言和文化。来中国学习科学技术的留学生将会愈来愈多。我国也会招聘更多的外国学者来任教，校园内的国际化色彩会更加浓厚，国际学校会大量出现。

最后，国际理解教育将进一步加强。国际化不仅意味着了解和掌握国外的语言文字，更重要的是形成从全人类利益、全球观点出发考虑问题，理解国际社会，关心和宽容异国文化的品性和风貌。因此，在学校中将进一步加强国际理解教育，注重国际精神的培养。

值得一提的是，未来中国教育将出现一大批哑铃式的学者，他们穿梭往来于中国和其他国家之间，在国外的学术机构从事教学和科研，在国内的科技工业园区进行创业和发展。他们把国外先进的科学技术和市场信息、管理模式带到国内，在国内从事高科技产品的研制、开发与生产，再将产品销售到国外。我个人认为，在 21 世纪 20 年代左右，会形成一个留学生回国的高峰，学成归来的海外学子将在 21 世纪中国的经济建设和社会发展中发挥出生力军的作用。

当然，国际化不是"西化"，不是丢弃中国教育的特色。在加强国际理解教育的同时，未来中国教育将更加注重中华民族传统教育，注重挖掘优秀的传统教育文化。

四、教育将更加注重为人自身的发展服务

中国教育将更加超越为政治或经济发展的工具作用，而为人自身的发展、为丰富人们的精神生活服务，教育的内在魅力将得到更加充分的展示。

中国正在逐步步入"成熟化"社会。成熟化社会的重要特征就是闲暇时间的增多和对精神生活的渴望，而充实人们的闲暇时间和满足人们的精神需要，自然是教育责无旁贷的任务。教育将不仅仅承担"兴国""富民"的政治经济功能，而且更加注重其培育人的根本性功能。终身教育的倡导者朗格朗早就揭示了教育在丰富人的精神生活、满足人的闲暇时间方面的意义。他说："在我们时代还有一个因素起着决定性作用——闲暇时间的增加。在世世代代作为少数人的特权之后，现在闲暇时间已成为亿万劳动者都可以得到的了，这就给他们的生活带来了新天地。人们公认，不久的将来，我们社会的成员将把比从事工作多得多的时间，用于休息和娱乐。这便提出了他们要用闲暇时间干什么这样一个重要问题，其答案就是有一部分用在教育上。第一点是必须要为了闲暇时间而进行教育，这就是说，人们必须做好准备并接受训练，以便有价值地使用这种自由支配的时间；第二点是在闲暇时间必须向人们提供教育，这就是说，人们把空闲的夜晚、周末还有几周或数月的假期中的一大部分的时间，能够而且应当用于智力活动，用在学习和研究上，用在可以引起他们的求知欲和使他们从事各种艺术活动上。"

未来的成熟化社会，将会淘汰那些把人的一生分为上学、工作和退休的观念，学校将不再是为学生的一生准备一切的场所，教育将贯穿人的一生。也就是说，未来的教育将是学习社会化、社会学习化的教育，是正规教育与非正规教育相互补充的教育，是从摇篮到坟墓的教育。

在新的时代，中国的社会教育（社区教育）设施将会有很大的发展。各级教育机构将会正式组建社会教育的协调组织，图书馆、博物馆、科技

馆、青少年教育设施、妇女教育设施、体育设施以及类似于国外公民馆（市民馆）的教育设施将在终身教育中发挥作用。

五、教育产业会有较大较快发展

中国的市场经济体系会进一步完善，人们对于教育的需求会日益强烈，并呈现出多元化的态势，教育产业化的进程也将进一步加快。

伴随着我国在20世纪90年代市场经济的逐步发展成熟，教育已逐步从原来封闭的计划经济模式下解放出来，逐步地面向市场。教育已开始打破了由国家包办的格局与体制，一种新型的多元化教育发展模式正在形成，作为教育的主体，学校也逐步认识到市场经济社会中自身的主体地位。伴随未来市场经济的进一步成熟，教育的产业化进程必将呈进一步加快的趋势。人们的物质生活水平进一步提高和传统的望子成龙的社会心态，以及人口规模的继续扩大，决定了教育市场具有相当大的潜力，可拓宽空间很大。

首先，随着《国家中长期教育改革与发展规划纲要》的颁布，民办学校未来将会有较大幅度的增长，尤其是在非义务教育阶段，各种形式的非国有制学校将如雨后春笋般在各地出现。它们凭借教育设备先进、学校机制灵活、教师工资待遇高等优势，吸引相当一部分生源。这在很大程度上减轻了各级政府的教育投资压力，可以将更多的经费用于国有学校的投入与改造，从而全面提高中国的学校教育质量。

其次，围绕教育的各种产业，如教学设备、教育补习、教材教参、学生服装以及学生用品等，将会形成激烈的竞争态势，教育内外的各种机构将为之组建各种形式的产业团体，教育产业将会成为产业结构中的一个重要生力军。

最后，教育机构将更多地介入社会的各个领域，在经济建设的主战场上纵横驰骋。不仅会出现像北大方正、东大阿派、清华紫光这样的一大批高校名牌企业集团，还会出现像新东方、学大教育、安博教育这样的教育上市公司。高校自己的科学技术工业园区也将在中国出现，著名高校也将更多地跨出校门和地区。一些高校的产业收入将会首次超过政府的财政拨款，成为学校经费的主要来源。中小学的一些校办企业也将进一步大浪淘沙，涌现出一些诸如好孩子、娃哈哈、吴中集团这样的基础教育产业的小巨人。同时，绝大多数的学校将实行校企分离，校长将不再既姓"钱"又姓"教"，而可以全身心地投入学校管理中去。

随着国家经济实力的增强，各级政府的一些"假民办"会逐步退出市场，为真正的民办学校提供发展空间；同时，政府会加大对于基础教育领域民办学校的支持力度，加大购买教育领域公共服务产品的力度，所以教育产业会有进一步的发展。

六、教育将更加追求科学精神与人文精神的统一

随着科学技术向着更高、更新、更尖方向的发展，教育领域将更加追求科学精神与人文精神的和谐，追求民主化与法治化的统一，教育将成为人类自我约束与自我完善的有力武器。

在新世纪，自然科学和技术领域将有许多新的突破，人们在享受高科技恩惠的同时，也会面临前所未有的挑战。森林毁灭、土地沙化、污染严重、酸雨肆虐、温室效应、臭氧危机、人口剧增、克隆问题以及物种绝灭等，都会严重威胁人类的生存。所以，新世纪的教育将更加注重科学精神与人文精神的和谐，更加注重伦理道德的培育。教育学生关心人类、关心社会、学会做人，将成为21世纪中国教育的主旋律。环境、资源、人口等可持续发展教育的内容，将在各级学校中渗透到各科教学中去。人类文明的遗产、传统道德的精华也将再次受到人们的广泛关注。

随着社会民主化进程的不断推进，人们的民主意识和民主环境的成熟与发展，教育的民主化也将日益受到重视。中国各地区在争取教育机会平等方面的主题，将由争取受教育的权利变为争取受更好的教育。所以，办好每所学校将成为各级政府的办学宗旨之一，提高薄弱学校的水平，将成为基础教育改革的重要内容。在学校内部，师生关系也将进一步民主化，越来越多的教师会自觉认识到，民主的师生关系是使教育过程生动活泼、学生创造精神和创造能力得以充分发挥的保证。教师和学生也会越来越多地参与学校管理事务，教师和学生的自治组织将会发挥更大的作用。

与民主化相适应，个性化教育也将成为中国教育的一道亮丽的风景线。将会有更多的学校开始放弃标准化和统一化的观点和做法，注重追求自己的办学特色和教育风格。在教育过程中，将会有更多的教师认识到，教育的真谛就是充分挖掘每个学生的潜力，形成学生的独特个性，充分发挥学生的创造性。

为了保障教育事业的健康发展，法治化也将成为中国教育的主要特征。中国教育的立法会更加完善、严密和体系化，执法会更加严格。教育行为和教育行政管理行为将会比较严格地按照有关的法律来进行。到21世纪20年代，中国教育的法律法规体系将会相当完备，并以其权威性保障中国的教育事业健康有序地发展。

教育是民族振兴、社会进步的基石，是提高国民素质、促进人的全面发展的根本途径，寄托着亿万家庭对美好生活的期盼。强国必先强教。我坚信，按照《国家中长期教育改革与发展规划纲要》的总体部署，充满生机与活力的有中国特色的社会主义教育事业，一定会在实现中华民族伟大复兴的过程中担当起历史的重任！

参考文献

A. 1普通图书

[1] 阿德勒. 儿童的人格教育 [M]. 彭正梅，彭莉莉，译. 上海：上海人民出版社，2005.

[2] 英格尔斯. 人的现代化 [M]. 殷陆君，译. 成都：四川人民出版社，1985.

[3] 莫兰. 复杂性理论与教育问题 [M]. 陈一壮，译. 北京：北京大学出版社，2004.

[4] 奥恩斯坦，丹尼尔. 教育基础：第八版 [M]. 杨树兵等，译. 南京：江苏教育出版社，2003.

[5] 博尔诺夫. 教育人类学 [M]. 李其龙，等译. 上海：华东师范大学出版社，1999.

[6] 蔡克勇. 21 世纪中国教育向何处去 [M]. 长春：吉林人民出版社，2001.

[7] 陈建翔，桑新民. 教育哲学对话 [M]. 石家庄：河北教育出版社，1996.

[8] 程方平，毛祖桓. 中国教育问题报告 [R]. 北京：中国社会科学出版社，2002.

[9] 褚宏启. 教育现代化的路径 [M]. 北京：教育科学出版社，2000.

[10] 刁培萼. 教育文化学 [M]. 南京：江苏教育出版社，1992.

[11] 房剑森. 高等教育发展的理论与中国的实践 [M]. 上海：复旦大学出版社，1999.

[12] 阿特巴赫. 比较高等教育：知识、大学与发展 [M]. 人民教育出版社教育室，译. 北京：人民教育出版社，2001.

[13] 顾明远. 中国教育的文化基础 [M]. 太原：山西教育出版社，2004.

[14] 国际 21 世纪教育委员会. 教育：财富蕴藏其中 [M]. 联合国教科文组织总部中文科，译. 北京：教育科学出版社，1996.

[15] 何小忠. 偶像亚文化与青少年榜样教育 [M]. 南昌：江西人民出版社，2007.

[16] 黄书光，王伦信，袁文辉. 中国基础教育改革的文化使命 [M]. 北京：教育科学出版社，2001.

[17] 克里希那穆提. 心灵自由之路 [M]. 廖世德，译. 北京：九州出版社，2005.

[18] 拉塞克，维迪努 . 从现在到 2000 年教育内容发展的全球展望 [M]. 马胜利，等译 . 北京：教育科学出版社，1996.

[19] 贝克 . 儿童发展：第五版 [M]. 吴颖，等译 . 南京：江苏教育出版社，2002.

[20] 艾斯奎斯 . 第 56 号教室的奇迹：让孩子变成爱学习的天使 [M]. 卞娜娜，译 . 北京：中国城市出版社，2009.

[21] 李镇西 . 爱心与教育 [M]. 桂林：漓江出版社，2014.

[22] 联合国教科文组织国际教育发展委员会 . 学会生存：教育世界的今天和明天 [M]. 华东师范大学比较教育研究所，译 . 北京：教育科学出版社，1996.

[23] 刘德华 . 让教育焕发生命的价值 [M]. 桂林：广西师范大学出版社，2003.

[24] 刘京海 . 成功教育 [M]. 福州：福建教育出版社，2001.

[25] 克拉克 . 优秀是教出来的 [M]. 汪颖，译 . 北京：电子工业出版社，2005.

[26] 冈特，埃斯蒂斯，斯瓦布 . 教学模式：第四版 [M]. 尹艳秋，译 . 南京：江苏教育出版社，2006.

[27] 尼尔 . 夏山学校 [M]. 王克难，译 . 海口：南海出版公司，2006.

[28] 帕默尔 . 教学勇气：漫步教师心灵 [M]. 吴国珍，余巍，等译 . 上海：华东师范大学出版社，2005.

[29] 钱理群，刘铁芳 . 乡土中国与乡村教育 [M]. 福州：福建教育出版社，2008.

[30] 石中英 . 教育哲学导论 [M]. 北京：北京师范大学出版社，2004.

[31] 苏霍姆林斯基 . 给教师的 100 条建议 [M]. 孟宏宏，译 . 桂林：漓江出版社，2022.

[32] 芬瑟 . 学校是一段旅程 [M]. 吴蓓，译 . 北京：人民文学出版社，2006.

[33] 托夫勒 . 权力的转移 [M]. 吴迎春，等译 . 北京：中信出版社，2006.

[34] 托夫勒 . 未来的冲击 [M]. 蔡伸章，译 . 北京：中信出版社，2006.

[35] 王坤庆 . 精神与教育 [M]. 上海：上海教育出版社，2002.

[36] 王晓辉，赵中建 . 为了 21 世纪的教育：问题与展望 [M]. 北京：教育科学出版社，2002.

[37] 舒尔茨 . 教育的经济价值 [M]. 曹延亭，译 . 长春：吉林人民出版社，1982.

[38] 肖川 . 教育的理想与信念 [M]. 长沙：岳麓书社，2002.

[39] 肖东波，朱永新，等 . 教育与中华民族凝聚力 [M]. 郑州：大象出版社，2005.

[40] 许嘉璐 . 未安集：许嘉璐说教育 [M]. 北京：教育科学出版社，2002.

[41] 许明，等 . 当代中国的文化发展 [M]. 北京：中国大百科全书出版社，2008.

[42] 亚米契斯 . 爱的教育 [M]. 夏丏尊，译 . 海口：南海出版公司，2011.

[43] 杨东平 . 中国教育公平的理想与现实 [M]. 北京：北京大学出版社，2006.

[44] 叶至善，叶至美，叶至诚 . 叶圣陶集 [C]. 南京：江苏教育出版社，2005.

[45] 易连云 . 重建学校精神家园 [M]. 北京：教育科学出版社，2003.

[46] 游乾桂 . 寻找田园小学 [M]. 北京：中国友谊出版公司，1999.

[47] 希恩 . 教育经济学 [M]. 郑伊雍，译 . 北京：教育科学出版社，1981.

[48] 张敏杰 . 中国弱势群体研究 [M]. 长春：长春出版社，2003.

[49] 张人杰 . 中外教育比较史纲：现代卷 [M]. 济南：山东教育出版社，1997.

[50] 赵建伟 . 教育病：对当代教育的拷问 [M]. 北京：中国社会出版社，2003.

[51] 郑金洲 . 教育文化学 [M]. 北京：人民教育出版社，2000.

[52] 中央教育科学研究所 .2001 年中国基础教育发展研究报告 [R]. 北京：教育科学出版社，2002.

[53] 朱永新，程晋宽，鲍寅初 . 中国道德教育 [M]. 苏州：苏州大学出版社，2004.

[54] 朱永新，徐亚东 . 中国教育家展望 21 世纪 [M]. 太原：山西教育出版社，1997.

[55] 朱永新，许庆豫 . 教育问题的哲学探索 [M]. 苏州：苏州大学出版社，2003.

[56] 朱永新，袁振国 . 中国教师：专业素质的修炼 [M]. 南京：南京师范大学出版社，2003.

[57] 朱永新 . 创新教育论 [M]. 南京：江苏教育出版社，2001.

[58] 朱永新 . 教育的奇迹：十八个让人刻骨铭心的教育故事 [M]. 上海：上海教育出版社，2009.

[59] 朱永新 . 科学发展观与中国教育改革：修订版 [M]. 福州：福建教育出版社，2009.

[60] 朱永新 . 新中国 60 年教育回顾与前瞻丛书 [M]. 天津：天津教育出版社，2010.

[61] 朱永新 . 中国教育缺什么 [M]. 苏州：苏州大学出版社，2003.

[62] 朱永新 . 中国著名班主任德育思想录 [M]. 南京：江苏教育出版社，2000.

[63] 朱永新 . 中国著名特级教师教学思想录 [M]. 南京：江苏教育出版社，2000.

[64] 朱永新 . 中国著名校长办学思想录 [M]. 南京：江苏教育出版社，2000.

[65] 朱永新 . 中外教育思想史 [M]. 南京：南京大学出版社，2000.

[66]NOLL J.Clashing views on educational issues[M].14th ed. New York: McGraw Hill，2008.

A.2 报纸期刊

[1] 杜岩岩，孙大伟 . 贫困地区区域教育发展的最优化抉择 [J]. 辽宁教育学院学报，

1999（2）.

[2] 傅维利 . 科学发展观视域下的人民满意的教育 [J]. 中国教育学刊，2008（1）.

[3] 李忠森 . 科学发展观的内涵 [N]. 文汇报，2004-03-15.

[4] 廖申展，等 . 从多学科模式到跨学科模式 [J]. 教育科学，2000（3）.

[5] 沈正元，凌龙华 . 教育，关注生命 [J]. 江苏教育，2002（8）.

[6] 刘好光 . 东部与西部、城市与乡村经济与教育差距在进一步加大 [N]. 中国教育报，2004-03-06.

[7] 鲁洁 . 现代化·人的现代化·德育现代化 [J]. 江苏教育研究，1997（1）.

[8] 慕毅飞 . 教育公平呼吁限定最高办学标准 [N]. 中国青年报，2004-02-25.

[9] 彭珂珊 . 中国国土资源与生态环境建设问题 [J]. 城市规划汇刊，1999（2）.

[10]《区域教育可持续发展研究》课题组 . 可持续发展区域教育研究 [J]. 中国人口、资源与环境，2000（1）.

[11] 人民日报评论员 . 高举中国特色社会主义伟大旗帜，为夺取全面建设小康社会新胜利而奋斗 [N]. 人民日报，2007-10-25.

[12] 人民日报评论员 . 重大而紧迫的政治任务：论深入学习贯彻胡锦涛总书记九月十九日重要讲话 [N]. 人民日报，2008-09-26.

[13] 石书臣 . 环境教育的人学价值 [J]. 廊坊师范学院学报，2002（3）.

[14] 苏选良 . 当前农村教育存在的问题及解决对策 [J]. 教育探索，2003（2）.

[15] 眭天桂 . 关于现代化的定义、内涵与标准 [J]. 群众，1996（3）.

[16] 唐德海 . 泛论教育学视野中的弱势群体 [J]. 教育发展研究，2003（8）.

[17] 田宝军，智学，李长城 . 弱势群体教育问题研究 [J]. 社会科学论坛，2002（11）.

[18] 田建国 . 树立科学教育发展观 [N]. 中国教育报，2004-04-21.

[19] 夏少萍 . 终身教育视野下中国农民教育的反思与理论构想 [J]. 河南职技师院学报，2001（6）.

[20] 谢胜瑜 . 用爱造句 [J]. 教师博览，1997（5）.

[21] 杨东平 . 教育现代化：跨世纪的伟大使命 [J]. 教育现代化探索，1996（2）.

[22] 杨洲松 . 教育哲学研究新议题：全球化理论初探 [J]. 教育研究月刊，2001（11）.

[23] 袁振国 . 科学发展观与教育政策选择 [J]. 教育研究，2004（4）.

[24] 钟婉娟，杨润勇 . 论区域教育政策制定 [J]. 教育科学，2003（6）.

[25] 朱永新 . 如何办好人民满意的教育 [N]. 中国教育报，2008-08-02.

主题索引

第六版后记

2011 年 7 月，作为"朱永新教育作品"第六卷的《我的教育理想》第四版由中国人民大学出版社出版。2011 年 10 月，《我的教育理想》插图版由文化艺术出版社出版。责任编辑是原漓江出版社的文龙玉，她调任文化艺术出版社后，也努力争取把这本书在她效力的出版社再次出版。所以，这个版本只保留了第四版的前十章，删除了后十章的内容，增加了两个附录，以及一些图片。所以，这次修订的《我的教育理想》应该是第六版。

第六版删除了第四版的附录《展现"本真"》，同时对第十六章《中国高等教育改革的方向》和第十九章《中国教师教育改革的未来前景》进行了比较大的增补修改，对其他章节的部分内容也进行了相关的调整，同时对书中的部分引文进行了再次核对。考虑到英文版翻译的需要和学术规范的要求，第六版增加了全书的主题索引和参考文献。

我一直希望通过反复推敲，能把我的作品修订得尽善尽美。可每次修订，总会脸红心跳，总会忍不住自责：为什么不能沉下心，用充足的时间认真打磨呢？其实，每次我都发愿要从容地修订，只是在政务、事务的双重压力下，最后只能抓紧业余时间，勉力做到当下条件里的最好。或许在退休前，都不可能有充裕的时间尽情打磨旧作了。

就这样，一直被出版社赶着向前跑，这次又是被英文版的作品集赶着跑出来的。

也罢，小步快跑，不断完善吧。许多想法，许多收集的素材，只能日后再添入书中了。

2012 年 5 月 1 日晨写于北京滴石斋

"朱永新教育作品"后记

10年前，我的"朱永新教育作品"16卷由中国人民大学出版社出版。

不久，这套文集就被麦格劳－希尔教育出版集团引进英文版版权，陆续出版发行。迄今为止，我的著作已经被翻译为28种语言，在不同国家有87种文本。

在版权到期之后，多家出版社希望重新出版这套文集。最后，漓江出版社的诚意感动了我。

长期以来，漓江出版社的文龙玉老师一直关注和支持新教育事业，《新教育实验年鉴》以及一批新教育人的作品都先后在漓江出版社出版，文老师也先后担任了我的《新教育》《教育如此美丽》《我的教育理想》《我的阅读观》《致教师》等书的责任编辑。这套文集在漓江出版社出版，也就成了顺理成章的事情。

这套"朱永新教育作品"沿用了中国人民大学出版社的文集名称和南怀瑾先生的题签。主要是想借重新出版之际，感谢南怀瑾先生对我的帮助和关心。在苏州担任副市长期间，我曾经多次去太湖大学堂与南怀瑾先生见面交流，请教教育、文化与社会问题。先生的大智慧经常让我茅塞顿开。

新的"朱永新教育作品"虽然沿用了原来的名称，但是内容还是有许多不同。原来的16卷，大部分都进行了不同程度的修订，其中一半是重新选编。全套作品按照内容分为四个系列。

一是教育理论系列，包括《滥觞与辉煌——中国古代教育思想的成就与贡献》《沟通与融合——中国近现代教育思想的起源与发展》《嬗变与建构——中国当代教育思想的传承与超越》《心灵的轨迹——中国本土心理学思想研究》《校园里的守望者——教育心理学论稿》五种。

二是新教育实验系列，包括《新教育实验——中国民间教育改革的样本》《做一个行动的理想主义者——新教育小语》《为中国而教——新教育演讲录》《为中国教育探路——新教育实验二十年》《享受教育——新教育随笔选》五种。

三是我的教育观系列，包括《我的教育理想——让生命幸福完整》《我的教师观——做学生生命的贵人》《我的学校观——走向学习中心》《我的家教观——好关系才有好教育》《我的阅读观——改变从阅读开始》《我的写作观——写作创造美好生活》六种。

四是教育观察与评论系列，包括《教育如此美丽——中国教育观察》《寻找教育的风景——外国教育观察》《成长与超越——当代中国教育评论》《春天的约会——给中国教育的建议》四种。

虽然都是现成的文字，但是整理文集却颇费时间。几年来的业余时间和节假日，大部分都用于这项工作。好在，我所在的中国民主促进会是一个以教育、文化、出版传媒为主界别的参政党，60% 的会员来自教育界，无论是调查研究、参政议政，教育一直是我们的主阵地，本职工作与业余的教育研究不仅没有矛盾，反而相辅相成。

感谢漓江出版社的文龙玉老师和她的团队认真细致和卓有成效的工作。

2022 年 10 月 17 日